Zweiundzwanzig Tage
oder Die Hälfte des Lebens

Franz Fühmann

Zweiundzwanzig Tage
oder Die Hälfte des Lebens

HINSTORFF

14. 10.

Ostbahnhof, Bahnsteig A, Nord-Süd-Expreß, 23.45 – dieser nächtliche Bahnhof wirkt wie immer so überaus traulich: die Nacht ist schwarz und die Lichter sind mild, der Himmel wölbt sich eisern über festem Grund, und Tauben schlafen in seinen sicheren Nestern. Wölkchen ziehen milchweiß und prall, gezähmte Drachen schnauben in ihren Sielen, und was sonst Wolf und Schaf ist, Löwe und Lamm, Pardeltier und Gazelle, liegt ganz ohne Arg und Furcht einander im Arm und wünscht sich gegenseitig von Herzen das Beste. Gott ist nah und erreichbar, seine Ordnung verständlich, der Erzengel trägt eine rote Mütze, der Schutzengel eine rote Schärpe, die Schlange hat hier keinen Zutritt, und noch der Verrußte leistet nützliche Arbeit. O wackre heile Welt

Man sollte vielleicht noch Palmen einbaun

Nationalcharaktere im Abschiednehmen: Ich glaube, der Deutsche fühlt sich geläutert

Zwangsvorstellung: Das Coupé mit jemandem teilen müssen, der gerade seine Doktorarbeit über das Thema »Das epische Theater und der Dramatiker Bertolt Brecht« vollendet hat. Aufatmen: das andre Bett ist hochgeklappt

Nebenan im offnen Abteil zwei Generäle mit offenen Krägen. Einer liest Zeitung – das ist ein ganz merkwürdiger Anblick. Ein Buch wäre denkbar und hätte auch Tradition. Eine Zeitung verfremdet. Warum?
(Ich glaube, ich weiß es

und natürlich prompt die Erinnerung: der General im Lager im Kaschakessel. Er war, mit dem Auskratzen an der Reihe, kopfüber dermaßen hineingekrochen, daß man – und dies vor dem leeren, fahlgrauen Horizont – nur seine Beine mit den Biesen herausragen sah; ich hielt Generäle danach nicht mehr für Götter

Ejaculatio praecox eines Taschentuchs, das sich schon entfaltet, da der Zug noch nicht fährt

Der Zeiger der Bahnhofsuhr gleitet nicht, er springt ruckhaft von Minute zu Minute, und dies mit solcher Betulichkeit, daß sein Gebaren ungemein tröstet

Am Bahnsteig erscheinen, im Geist in die Hände spuckend, zwei Scheuerfrauen mit riesigen Besen (vielleicht ein Einfall für meinen Prometheus: Am Schluß von Mekone

Der Poseidon hat in meiner Vorstellung oft Züge eines Bahnhofsvorstehers; den Apollo könnt' ich mir ganz gut so denken, den Hermes und Ares zur Not, den Hephaistos, Hades, Dionysos gar nicht. Auch Zeus nicht, ihn am wenigsten: Dies Amt wäre für ihn viel zu groß

Den Prometheus auch nicht, der spielte herum ... Aber Epimetheus wäre die ideale Besetzung

Interieur mit echten Wolken

Ein schriller Pfiff wie der Peitschenknall eines Dompteurs, und vor meinem Fenster die Hallenwand gleitet lautlos, wie sie's gelernt hat, zurück

Verblüffte Funken

Den Gang herab eine große, junge Rumänin, blauschwarzer Mantel unterm nachtblauen Seidentuch überm schwarzblauen Haar über den blau und schwarz schattierten Augen, und auf dem Bahnsteig stößt, schwankend auf Zehenspitzen und von zwei schwankenden Burschen gestützt, ein bis zur Sprachlosigkeit bewegter, sehr schmächtiger, sehr verwahrloster Mann unbestimmbaren Alters einen fuselumwölkten Kuß in den weißen Dampf, den die Frau, die plötzlich aufschluchzt, nicht mehr erwidert

»Der schöne Mensch ist eigentlich nur einen Augenblick schön« – wo nur habe ich dieses furchtbare Wort gelesen

Eisenschnurren der Räder wie von Katzen

und pünktlich kommt die Mitternacht ... Ein Blick auf die Uhr bestätigt: Die Zeit geht auf die Sekunde genau! O wackre heile Welt

15. 10.

Gespenstischer Gedanke, daß jeder Tag mit der Mitternacht beginnt, der Geisterstunde, der Stunde bis eins. Noch viel gespenstischer aber ist die Entdeckung, daß dies ja gar nicht der Fall ist: Die Mitternacht beginnt nicht um 0, sie beginnt um 24 Uhr, das ist es ... Der alte Tag schleift in den neuen, der dauerlose Zeitpunkt stockt eine volle Stunde, heute bleibt erst einmal gestern – da ächzen die Toten in ihren Gräbern, und die wachsamen, furchtsamen Hunde heulen

Ein Zeitpunkt – was ist das eigentlich? Dimensionslose Zeit, wie soll man sie sich vorstellen? Der dimensionslose Raum, der Punkt also, ist die Schnittfläche von zwei eindimensionalen Gebilden – was aber schneidet die Linie der Zeit? Der Meridian? Der schneidet die Projektion der Sonnenbahn. Eine zweite, andere Zeitlinie? Wie aber wäre die denkbar, und wäre sie denkbar: *wie* wäre sie dann zu denken? Und: Kann ein Zeitpunkt auch nur für ein Nu so existent sein, wie ein Punkt existent ist? Er ist doch immer nur das, was noch kommt oder schon gegangen ist, die Mitte zwischen zwei Grenzen, die ohne Mitte zusammenstoßen, das Präsens(- und damit auch das Präteritums)lose. Ob es Sprachen gibt, die solche Verben haben, also nur mit Zukunft und Vergangenheit

Und das Adverb für dies Gegenwartslose heißt doch »jetzt«, nicht wahr (wie »da« für das Raumlose), das ist ein Geheimnis

Linien, die einander schneiden – der Sadistenclub in der Geometrie

Jene Abschiedsszene vor fünf Minuten war wohl letzten Endes darum so merkwürdig, weil es eine Frau war, die Abschied – im Sinn des Weggehens – nahm. Dies ist ein neues, noch unentfaltetes Mythologem – in den überlieferten nehmen stets die Männer von den Frauen Abschied, ich kenne wenigstens kein andres. Ariadne geht zurück, nicht fort; Helena wird geraubt, und wenn Kore Abschied nimmt, verläßt sie nicht den Mann, da verläßt sie die Mutter

Reiselektüre: Einer bewährten Praxis folgend, sollte man stets etwas Andersartiges wählen, für eine Krimreise etwa die Schilderung einer Nordpolexpedition. Was sucht man da aus, wenn man nach Ungarn fährt, diesem Kreuzpunkt aller nur denkbaren historischen und geistigen Linien? Ich habe lange gesucht und immer wieder verworfen; ich wollte schon die Bibel mitnehmen, schließlich entschied ich mich für Jean Paul: Des Feldpredigers Attila Schmelzle Reise nach Flätz – ich glaube, das müßte trotz des Namens zu Ungarn ein Anderes sein

Belustigend fratzenhaft die Idee zu einer Geschichte, ein häßlicher Einfall, und plötzlich wie ein vergeltender Faustschlag die Müdigkeit

Einschlafen im fahrenden Zug: Erinnerung aus frühesten Tagen, vielleicht aus frühesten Zeiten der Wanderschaft: gedämpftes Stampfen von vielhundert Füßen, Rhythmen, Geborgenheit, huschendes Dunkel und sanftestes Schaukeln, Geraun fremder und doch vertrauter Laute, und dazu diese seltsam körperlosen und doch so bestimmt dich an Schulter und Hüfte fassend- und führenden Schübe und Züge der Fliehkraft in den Kurven ins Unbekannte

Nach Paß und Zoll, Zoll und Paß und langem, traumlosem Schlaf: Wo sind wir? Eine Böschung, darüber nur einzelne Kronen junger Kiefern, ganz würdevoll-ungestüm unterm gleichmäßig grauen Himmel – wo

Im Spiegel des Toilettenschränkchens wandert die Gegend entgegengesetzt zur Bewegung, die sie dem Blick aus dem Fenster bietet, und wenn sie dort von dir zu fliehen scheint, kommt sie im Spiegel auf dich zu. Die Zukunft zeigt sich als Gegenwart; Gestalt und Dauer der Welt draußen wird verdoppelt; ein magischer Gewinn, aber diese Doppelung erzeugt auch Schwindel, man kann seinen Platz nicht mehr bestimmen; die Frage: vorwärts oder rückwärts wird sinnlos, und die zerteilte Welt läuft in der Fuge von Spiegel und Fenster zusammen und schiebt sich in sich und hebt sich auf: Antimaterie und Materie, einander lautlos in einem Flimmern treffend und sich lautlos eins im andern vernichtend

Ist in jedem Jetzt Zukunft da? Es scheint so

Kalkweiß, mondweiß: Kilometersteine vor dem dunkelgrünen Wald hinter der sumpfigen Wiese: Wolfszähne in einem Walfischrachen. Jedesmal sehe ich diese eine, kaum zehn Zugsekunden lange Stelle, und jedesmal weiß ich, daß es jetzt langweilig wird, und schaue doch noch lange hinaus

Bratislava: Vier Soldaten, im Laufen aus Biergläsern trinkend, und hinter ihnen eilig trippelnd eine zarte kleine Frau mit einem riesigen Teddy quer in der Hängetasche, eine merkwürdige, auch durch die Bewegung so merkwürdige Pietà

Zigarettenpaffende Frauen: Ungarn ist nahe

Zwei Bauernmädchen mit Regenschirmen

Der frappierende Anblick auf einem Bahnhof: ein Schornsteinfeger mit Leiter, Kugel und Hut. Warum verblüfft, ja erschreckt einen dies so? Ein Indianer im Kriegsschmuck würde staunen machen, aber nicht so verblüffen. Nicht das Durcheinanderbringen von Geographischem bestürzt, sondern das von Tätigkeiten. Nicht der exotisch Fremde ist uns unheimlich, sondern der, von dem wir nicht wissen, was er tut oder eigentlich tut – Hoffmanns Hofräte zum Beispiel, oder, im Passiv, Gogols Aktenkopisten

Schmutz, wie bekannt, ist Materie am falschen Ort. Wäre Schrecken falsches Funktionieren? Dies erklärte auch seine Nähe zum Gelächter

Hinterm Bahnhof zwischen Krähenschwärmen massenhaft braune und graue Papierfetzen wie kleine Drachen, in heftigen winzigen Rucken sich hochschnellend oder stürzend und von erschreckender Bösartigkeit

Letzter Gruß aus der Slowakei: eine Zeile grüngedachter bunter Bienenhäuser, die Vorderfronten blau, grün, rot, gelb in allen Kombinationen wie Standarten von Vaterländern, eine summende friedliche Koexistenz ! Und noch ein Gruß: vorm

Maisfeld ein himmelblaues Auto, umringt von spielenden weißen Hühnern, an denen vorbei zwei Fasane schreiten

Nicht mehr in dem einen, noch nicht in dem andern Land: Drei Stunden Verspätung! Da hast du deine Mitte zwischen zwei Grenzen! Und ich hatte doch gerade diesen (unbequemen) Zug gewählt, um mit einer Schilderung Esztergoms über der Abenddonau mein geplantes Reisebüchlein zu beginnen

Die Doppeldeutigkeit des Wortklangs »grüngedacht« ist ganz lustig, etwa um eine Enttäuschung auszudrücken:

Ich hatt' es mir ganz grün gedacht,
nun aber ist's nur grüngedacht.

Was es ja gibt. Es wird schon ein Sinn hinter solchen Gleichklängen stecken

Zu schreiben (vielleicht im Széchenyi-Familienbad): ein Heftchen Gedichte, bei denen die Überschrift allemal länger als das ihr folgende Gedicht wäre

Budapest, Westbahnhof, Taxistand, Matsch und Regen. Ein schmuddliger, angetrunkener und überhaupt rundum unsympathischer Strizzi betätigt sich als unerbetner Helfer beim Koffereinladen; man läßt es ihn merken, daß er unerwünscht ist, und gelingt es ihm doch, jemandem das Gepäck zu entreißen und in den Kofferraum zu stopfen, übersieht man seine tief ins Auto gestreckte, wippende Hand. Auch ich bin entschlossen, mir nicht helfen zu lassen, und Gábor ist es offenbar auch, doch Elga läßt ihn ihren Einkaufsbeutel verstauen und steckt ihm beim Einsteigen etwas zu. »Ja doch«, sagt sie auf meine vorwurfsvolle Verwunderung, »ja doch, ein paar Forint«, und begütigend, ehe ich noch schimpfen kann: »Hast du denn nicht gesehn, der *muß* doch jetzt trinken, und ihm fehlen noch drei, vier Forint zur Flasche, da trägt er halt Koffer, und jetzt ist er glücklich!« – »Auch ein Glück«, sage ich aufgebracht, und Elga erwidert, Glück sei Glück, das habe mit Moral nichts zu tun, höchstens mit dem Gesetzbuch, und was für mich ein neues Buch sei, das sei für ihn heut abend die Flasche! Ich knurre gereizt; Gábor lächelt in sich hinein wie immer, und Elga sagt, mit dem Kopf nach mir deutend: »Er kommt halt frisch aus Preußen!« Doch da halten wir schon beim Astoria

Was diese Jahrhundertwendehotels so zauberhaft macht, ist ihre Verwandtschaft mit der Sesamhöhle. Auch wenn sie in vielem ihr Gegenstück sind (zum Beispiel aus dem Gestein der Umgebung hervortreten, statt sich ihm anzugleichen, und das Tor, statt es unsichtbar zu machen, betonen), gehören sie doch in den Bannkreis Ali Babas und Sindbads. Beim Duna-Continental oder Stadt Berlin oder Hilton-Havanna käme man gar nicht auf diesen Gedanken, sie haben zum Märchen nicht die geringste Beziehung, wohl aber zu der vollautomatischen Hühnerfabrik. Was nicht anders funktionieren könnte, als es funktioniert, ist kein Märchen, hier aber sind wir in der Sphäre des Zaubers und nehmen dafür gern auch Unbequemlichkeiten, so jetzt für die erste Woche ein Behelfszimmer (Interhotels hätten keines), in Kauf

Astoria: Auf dem Tresen der Rezeption hat jedes Telephon eine andere Farbe (rot, grün, braun, weiß); vor der Direktion kämpft lebensgroß ein Bronzekentaur mit einem Lapithen, und dahinter der Chef schreibt zwischen Marmor und Stuck surreale Gedichte – hätte mein Gastgeber, der Magyar PEN-Club, ein besseres Stammquartier wählen können

Und in meinem Zimmer der Wandschrank: ein Gemach, von Frankenstein oder Meyrink entworfen, ein Eichenverlies, ein Enakssarg, eine Goliathkammer: drei Meter hoch, zwei Meter breit, einen Meter tief, fächerlos, und quer durch den Kasten eine armdicke Stange, und ein Riegel wie vor Blaubarts siebenter Tür. Dieser Riegel aber ist innen, nicht außen, und wer das Sesam-öffne-dich seines Geheimnisses wüßte, erführe die tausendundzweite Nacht

Gábor wartet; ich wollte noch eine Fischsuppe essen, aber scharf, und mit richtigem Paprika, also nicht hier im Hotelrestaurant, und Gábor beginnt entzückt die Beiseln herzuzählen, doch da ich zu meinen Ansprüchen hinzufüge: »Und heiß, verstehst du, richtig heiß, nicht bloß lau, gleich vom Feuer weg auf den Tisch«, da runzelt auch er besorgt die Stirn. »Wie könnt ihr nur so ungesund essen«, meint er, »da verbrennt man sich doch die Eingeweide

Es gibt hundert Gründe für die ungarische Küche; der erste: Sie schmeckt. Und vier dagegen: Wenig Gemüse; ausschließlich Schweineschmalz; oftmals lau, und ausschlaggebend: Es schmeckt *zu* gut

Das berühmte Wildrestaurant war überfüllt; wir hätten zwar noch zwei Plätze an einem Vierertisch gefunden, allein es gilt als taktlos, Paare oder Gesprächspartner zu stören. Der Wunsch, seinen Abend ungestört zu verbringen, schließt hier die Bereitschaft ein, auch den anderen dies Recht zuzubilligen, und diese Sitte integriert sogar meine Landsleute ... Gewiß, an Wohnraum herrscht Mangel, an Restaurants Überfluß, aber es ist auch eine andere Haltung, das Leben ist öffentlicher und zugleich intimer als etwa in Berlin oder Erfurt, und dort schließt das Eine das Andere aus, hier aber bedingen sich diese Pole. Ob Restaurant, ob Café, man nimmt sich Zeit und kann sie sich nehmen: Kein Ober drängt zu ununterbrochenem Bestellen; Wartende gedulden sich ohne Quengeln und Drängeln, und wer, wie wir, wirklich hungrig ist oder Eile hat, kann ja ein paar Schritte weitergehen

Und schon im nächsten Restaurant ist Platz, viel Platz, im Speisesaal sind wir fast allein. Acht Tische, davon nur zwei besetzt, und eine Fischsuppe wird aufgetragen, nein, eigens nach Gábors Bestellung bereitet, eine Fischsuppe (»Wo?« wird Elga morgen aufgeregt fragen, »eine richtige Fischsuppe? Scharf? Heiß? In Pest? Unmöglich!« – und recht wird sie haben, denn wir sind ja in Buda!) – eine Fischsuppe also, ein dampfender Höllenkessel, der aber trotz aller Schärfe den Gaumen nicht betäubt oder ätzt. Der Karpfen kernig, schneeweiß, weder moosig noch zerkocht und dennoch locker und von einem Geschmack, als habe er sich zeitlebens nur von Nüssen genährt, und der regierende Maître des Tisches offenbart uns in einem Ton, der jeden Widerspruch zur Beleidigung machte: »Und danach, meine Herren, werden Sie Topfennockerln essen, ich hab' sie schon in der Küche bestellt!« – Oben ist's schummrig, aber, welch Labsal, keine Kapelle, denn unten, ein paar Stufen hinunter, wird Karten gespielt, ein gut ausgeleuchteter großer, fast quadratischer schmuckloser Raum mit weißen Holztischen; helles Licht unter grünen Schirmen; man spielt konzentriert, still, kaum Redensarten, kein Streit, die Kiebitze schweigen, fast keine Frauen. Man trinkt wenig; natürlich spielt man um Geld, natürlich scharf, natürlich nicht Hasard: Préférence, Tarock, Mariage, Sechsundsechzig. Das Geld, in Häufchen neben jedem Spieler, klirrt leise; die Kiebitze schweigen; die Ober bewegen sich geräuschlos; an einem Tisch starrt ein sehr schönes Talisman-Mädchen fasziniert auf die ausgeworfenen Karten

Nieselregen am Heimweg: die gespiegelten Lichter verfließen auf der Donau zu großen, zitternden, bunten Flecken: Im Regen blühen die Blumen auf, große Blumen, die Donau füllend, blühendes Grau unterm schwarzen Hügel, in dessen Mitte hell angestrahlt Sankt Gellért, der eifernde Heilige Budapests, steht

Ein Programm für die drei Wochen würden wir morgen machen, meint Gábor – das des PEN-Clubs wird erfahrungsgemäß human sein, und was mich betrifft, so habe ich keins. Ein Büchlein Reisenotizen soll werden, irgendwas Loses, Buntes, nicht einmal auf Ungarn beschränkt, ein bißchen erweitertes Tagebuch, und das führe ich ohnehin jeden Abend. Mit den Übertragungen von Füst bin ich längst fertig; der Prometheus ist vorerst im ersten Viertel abgeschlossen; ein paar Interlinearübersetzungen der späten Gedichte Józsefs habe ich im Koffer, und eine ungarische Grammatik und ein Ungarischlehrbuch wie immer auch. Wollen will ich nur Ruhe, Dösen, Faulsein, Nichtstun, Herumschlendern, Antiquariate, eben Urlaub; ich werd's zwar auch hier nicht länger als drei Tage aushalten, aber das wäre ja auch schon etwas

Und noch ein Blick in den Wandschrank: Sitzt Kasim oder gar Mardschanah drin? Der Riegel blitzt. Und ganz tief unten raschelt's: ein Mäuslein

Und schlafen

16. 10.

Die ersten Schritte vors Haus sind noch immer, wiewohl ich doch nun zum dritten Mal hier bin, Schritte in einer ganz fremden Stadt. Nein, ganz fremd ja nicht mehr, ich kenne die Hauptstraßen und Verkehrsmittel, ich kann mich notdürftig verständigen, kann Schilder, Tafeln, auch die Speisekarten in den Aushängen enträtseln, verstehe ein paar Wörter und Floskeln, und doch ist diese Sprache im Klang und selbst im lateinischen Schriftbild von solch konsequenter Andersartigkeit, daß man auch jetzt noch den hilflosen Immigranten begreift: Spähen nach einer lesbaren Zeile, Lauschen nach einem vertrauten Laut, und dann hörst du vertraute Laute und entdeckst eine gut bekannte, weil vorgestern schon gelesene Zeile und flüchtest kopfüber ins Andere

Zwei alte Herren in Silberhaar und Pelz rufen, jäh aus ihrer Würde fahrend, einander über die Straße ein lautes Servus zu, und ihre wild in die Luft geworfnen winkenden Hände über den zähen, im Lachen breitgezognen Gesichtern wischen mit einem Mal die Gegenwart fort: Zwei hunnische Reiter begegnen einander in der einsamen Steppe

»Was du siehst, ist ja nur die Oberfläche!«
Gewiß, aber was sonst könnte man denn sehen! Man muß nur bereit sein, sie überhaupt wahrzunehmen und als wesentlich, weil eben als Oberfläche des Wesens, anzuerkennen, dann sagt sie, wenn man sie mustert, vieles und weist, wenn man sie durchdenkt, fast auf alles hin. Auch die Oberfläche, die um ein fiktives Wesen erbaut wird, ist aufschlußreich. Voriges Jahr in der Pußta, in der Hortobágy: Die jungen Burschen, die in Lederwams und Niethosen Cola und Bier tranken, räumten auf einen Wink ihre Motorräder zur Seite, verkleideten sich zu Csikós und stellten sich posierend bereit, der Reisegesellschaft aus Nevada jene Operettenfolklore vorzutanzen, die sie als ihr wahres Ungarn erleben wollte. Man konnte auch, erzählte man mir, auf Räuber stoßen, auf messerschwingend den Bus umzingelnde, mit Entführung und Vergewaltigung drohende finstre Reiter, die, schon nach Schmuck und Brieftaschen greifend, zum Glück über ein Lösegeld mit sich

reden lassen und schließlich staubwirbelnd feldein davonsprengen, zurück zu Motel, Beat und der gierigen Kasse des Reisebüros … Die routinierte Lustlosigkeit der Burschen verriet häufige Inanspruchnahme bei karger Entlöhnung; deutlich sah ich die Physiognomien der meilenweit fernen Touristen und deutlicher noch den ganz tief im Augenwinkel des Erzählers aufblitzenden Wunsch, einmal wirklich die Rolle zu spielen, deren Rolle man nur spielte

Und bloß nicht überheblich werden: Hat man dir nicht auch bei deinem ersten Besuch eine Cigány-Herrlichkeit vorgeführt, und bist du nicht verzückt in der rauchigen schrillen Dämmerung der Csárda gesessen und hast ins Abendglühen geträumt (und du brauchtest, um dieses Glück zu genießen, vorher nicht einmal Koffer schleppen

Über die Kreuzung bei Rot läuft ein junger Mann, um noch auf die fahrende Straßenbahn aufspringen zu können, und der diensthabende Schutzmann schaut neugierig zu, ob er's auch schafft

Vor den Bäckereien nach frischem Brot am Samstag: das ist die einzige Schlange, die man sehen kann. Samstag ist immer zuwenig Brot da, erklärt mir Gábor; man vergißt, daß auf den Samstag regelmäßig ein Sonntag folgt, an dem ja nicht gebacken wird. Das Brot ist ausnahmslos Weizenbrot, das auch nach Tagen im Anschnitt noch frisch ist. Man verkauft es kilo- und halbkiloweise von großen, runden Leibern heruntergesäbelt, und man wählt aus den Stücken wie unter Filets aus: Das da nicht, aber bitte schön das dort, nein, nein, das dort hinten liegt, meine ich, ja, und dann noch das dort ganz rechts! Manchmal kaufe die Hausfrau einen ganzen Laib, den trägt sie dann unter dem Arm, so wie man hier die Kinder trägt. Dazu Weißbrot in vielfachen kleineren Formen: Zöpfe, Brezeln, Schnecken, gewundene Stangen, gesüßt, gesalzen, mit Mohn, mit Kümmel, doch immer Weißbrot, sehr weiß, sehr fest, sehr üppig, sehr ungesund. Schwarzbrot soll's geben, sagt Gábor, man müsse nur wissen, wo, doch er weiß es jetzt auch nicht, in irgendeinem Spezialgeschäft

Allüberall, an jeder Ecke, auf jedem Platz: die Fülle der Blumen! Kein Häuserblock ohne Blumenladen, und dazwischen die Stände der Händlerinnen: Kübel voll Nelken, Kübel voll Gladiolen, Kübel voll Margeriten, Kübel voll Astern, Schalen voll Stiefmütterchen, Gläser voll Veilchen, Krüge voll Gerbera, Körbe voll Strohblumen, Wannen voll Chrysanthemen, an den Wänden Kätzchen, Kastanienäste, Christblütenzweige, Wein- und Eichenlaub, Schilf und Reisig, und auf feuchten Tüchern Stapel von Rosen aller Farben, die billigsten zu fünf, die teuersten zu zwanzig Forint das Stück, und abends gehen die Händlerinnen mit Körben durch die Lokale, und willst du um drei Uhr nachts Blumen kaufen, findest du immer noch irgendwo eine Möglichkeit. Das Wort galant hat einen noch ganz ungebrochenen Klang; man schenkt Blumen, man schmeichelt, man macht Komplimente und küßt die Hände, und keine Schmeichelei könnte so überzuckert sein, daß sie nicht mehr schmeckte. Natürlich weist dieser Frauenkult auf eine robuste Männerherrschaft, die sich unverhüllt in der Sprache spiegelt: Die Frau verliert bei der Heirat nicht nur ihren Mädchen-, sie verliert auch ihren Vornamen: aus einem Fräulein Rózsa Polgár (oder sagen wir, dem Sprachgebrauch folgend: aus einem Fräulein Polgár Rózsa), das einen Herrn Szabó János heiratet, wird nicht etwa eine Frau Szabó Rózsa, sondern eine Szabó Jánosné, eine »Schneider-Hans-Frau«. Was ihr bleibt, ist ihr Tändelname, und den hat ihr meist auch der Bräutigam gegeben: Riki, Tiki, Fifi, Tuti, Taki, Flocki, Mini, Lili, Susu, Szuszu, Zuzu, Kiki, Zsuzsu

Im Antiquariat (dem um die Ecke, dem größten) unter wohl zwölftausend Büchern, davon tausend deutschsprachigen, für mich nur eines: Molnárs Líliom

»Das Frühstück ist im Zimmerpreis inbegriffen; eine unausrottbare Kompensation, die Habsburg seinem ehemaligen Machtbereich hinterlassen hat.« So hattest du in Gedanken formuliert, doch schon bei der Niederschrift fällt dir ein: Wieso: »unausrottbar«; warum: »Kompensation«; wozu: »Habsburgs Machtbereich« – was soll dieses Aufgebot an Pejorativen? Was ärgert dich dermaßen an dieser Regelung? Du hast eine schnelle Antwort bereit: Daß man deine Freizügigkeit ökonomisch beschränkt und dich zwingen will, das Frühstück eben hier einzunehmen! Aber das ist doch, Freundchen, auch wieder nicht wahr: Du bezahlst es doch gar nicht, der PEN-Club bezahlt es, und du könntest ohne die geringste Einbuße darauf verzichten oder woanders frühstücken gehn! Also kein ökonomischer Zwang, wohl aber eine Verführung, und der grollst du: Du hattest dir vorgenommen, dich nur von Obst und Eiweiß zu nähren, und nun steht neben dem warmen oder kalten Gericht deiner Wahl (kleines Filet; Rühreier mit Würstchen; Eier mit Schinken, Eier im Glas, Salami, Schinken, Aufschnitt, Braten, Käse) ein Glas duftenden süßen Pfirsichnektars, ein Schälchen schneefrischer Schlagsahne, ein Korb großer, noch warmer Bäckersemmeln oder (für Stammgäste) kleiner goldbrauner Salzhörnchen, und dies alles steht kostenlos vor dir und du solltest es stehenlassen? Du kannst es nicht; darum wird Habsburg bemüht

Im Grund genommen: du hast ein Privileg (das eines bezahlten Frühstücks) und möchtest es allgemein statt gebunden. Um diesen verborgenen Wunsch also wuchert Moral

Hat denn Habsburg diese Sitte eingeführt, hat es sie gefördert, hat es sie jemandem aufgezwungen? Du weißt es nicht, aber du formulierst eine Denunziation

Formel des Wunschdenkens: S soll nicht P sein! Das ist aber bereits die kultivierte, die vergeistigte Form; in ihrer robusten Ursprünglichkeit heißt sie einfach: S soll nicht S sein! So denken Kinder, und so handeln Schamanen

Aber es gab ja auch noch einen anderen, nicht minder wesentlichen (wirklich: nicht minder?) Grund für deine Formulierung: Du hattest einen Begriff für folgenden Tatbestand gesucht: das Weiterwirken spezifischer Züge der städtischen Lebensweise und Gastlichkeit auf dem heutigen Territorium des ehemaligen Habsburgerstaates – einfaches Beispiel statt mühsamer Beschreibung: »Eier im Glas« kennt man in jedem Nest zwischen Wien, Prag, Budapest und Lemberg, aber außerhalb erstklassiger Häuser nicht in Sachsen, Brandenburg, Schlesien – wie soll man diese Gemeinsamkeit nennen?

»Kakanisch« – das ist von vornherein viel zu negativ; »österreichisch« – das leugnete die multinationale Entstehung; »südosteuropäisch« – dann begänne Südosteuropa nordwestlich Bayerns und hörte an der griechisch-albanisch-bulgarisch-rumänischen Grenze auf; »balkanisch« oder »levantinisch« wäre völlig verfehlt – also wie? »In Habsburgs ehemaligem Machtbereich« – warum eigentlich nicht, was sollte schlecht daran sein? Und ist diese Bindung des Frühstücks an den Zimmerpreis etwa keine Kompensation? Es ist durchaus eine. Und ist sie unausrottbar? Da sie fortbesteht, trifft auch dies wohl zu. Also hast du mit deiner ursprünglichen Formulierung doch recht gehabt

Scheißhandwerk

Ich will mir den Status eines Stammgasts erobern und lege beim Weggehen ein paar Forint Trinkgeld auf den Tisch und sehe mißbilligend, daß alle es tun

Der Frühstückskaffee ist übrigens immer Zichorienkaffee, und jeder, der das nicht weiß und beim Bestellen an den legendären ungarischen Dupla denkt, verzieht beim Kosten das Gesicht. Man kann darauf warten – Futurologie. Warum man aber Zichorie zum Frühstück bekommt, weiß keiner, nicht einmal Zoltán, der doch alles weiß, was Ungarn angeht

Klarer Tag, blauer Himmel, Wind über der Donau. Also: zu Fuß um die Stadt, hinüber nach Buda, hinauf auf den Gellértberg, hügelauf, hügelab um die Burg bis zur Margareteninsel, und den Großen Ring auf die Rákóczistraße zurück ins Hotel

Zur Donau hinunter: Wieder, und zum ersten Mal nicht mehr beklemmend, kommt mir jener ungarische Offizier in den Sinn, der mich im Kaukasus, nachts, beim Entlausen, vor dem dampfenden Holzbottich über dem Feuer anschrie: »Ihr habt unsre Brücken gesprengt, alle Budapester Brücken, die Schönheit Ungarns habt ihr zerstört«, und ich schrie zurück: »Das war doch, daß die Russen nicht kommen«, und er schrie: »Sie sind ja trotzdem gekommen«, und ich schrie: »Weil viel zuwenig gesprengt worden ist!« Wie dieser Streit entstanden war, weiß ich nicht mehr; ich sehe nur das im Feuerdüstern kalkfarbne Gesicht des Ungarn und weiß, daß ich dann wütend hinauslief, nackt an den Stacheldraht zwischen den Eichen, und an die Kultur des Abendlands dachte, zu der Brücken offenbar nicht gehörten

Die Verzückung in der Stimme jenes Ungarn, die noch durch seinen Haß klang: Die Budapester Brücken, die Schönheit Ungarns ... Ich konnte nichts nachempfinden, ich hatte ja Budapest nie gesehen, und wenn ich es gleich gesehen hätte, ich war Faschist und schwelgte in einem »grade darum!«, das ich für höchst heroisch hielt; Pendant eines quia absurdum

Vierzehn Jahre später, bei meinem ersten Besuch, als ich hingerissen vom Freiheitsberg über die Stadt schaute, sagte György: »Was du siehst, ist eine nasenlose Schöne, die Elisabethbrücke fehlt noch, merkst du nicht die grauenvolle Lükke?« Ich nickte, denn ich sah sie, und ich sah sie doch nicht, denn ich sah sie nicht als grauenvoll, und György wiederholte leise: »Eine nasenlose Königin

Sind die Widersprüche in der Realität, oder entstehen sie durch die Abbildung der Realität? Bilde einen Körper in der Ebene ab, und es entsteht ein Widerspruch: daß etwas Dreidimensionales zweidimensional ist

(Mein Freund, der Mathematiker, pflegt zu spotten: Widerspruch ist, wenn montags, mittwochs und freitags der Satz A gilt, dienstags, donnerstags und samstags seine Negation und sonntags keines von diesen beiden

Ihr Brücken Budapests: Petőfi-híd; Szabadság-híd; Erzsébet-híd; Lánchíd; Margit-híd; Árpád-híd – Petöfibrücke, Freiheitsbrücke, Elisabethbrücke, Kettenbrücke, Margaretenbrükke, Arpadbrücke, immer habe ich ein Bild, euch zu fassen, gesucht, und auch diesmal werde ich keines finden können. Zwei Städte, und zweimal grundverschieden wie Tiefebene und Mittelgebirge *und* Weltstadt und Traumstadt: Buda in den Bergen um Burg, Rom und Rosenhügel; Pest tosend in Rauch und Neon um die Bahnhöfe West und Ost ... Die Donau trennt und hält doch zusammen; in ihr gespiegelt vereint sich das unvereinbar Scheinende, erst in ihr werden Buda und Pest zu Budapest. Der Strom vereint, und sein Strömen trennt das von ihm Vereinte; die Brücken klammern zusammen und schieben gleichzeitig die beiden Stadthälften wieder voneinander; die grandiosen Bögen der Hängebrücken leiten die Berge ins Flachland, und in den langgestreckten Rücken stößt die Ebene ins Gebirge vor und stößt an einer Stelle auch durch den Fels ... Durchgestreckte Arme in Blusenärmeln, das wäre der Ansatz zu einem Bild, aber dann müßten die Arme in einem Leibinnen wirken wie Rippen

Zusammenstoß von Pannonien und Pußta: Kühlte der Fluß nicht, entspränge Feuer, so aber bildete sich die Stadt

Und du Trottel zerbrichst dir den Kopf über die Realität der Widersprüche und stehst mitten in einem:

BUDA + PEST = BUDAPEST

Dann aber müßtest du das Wesen von Pest auch in Buda und von Buda auch in Pest erkennen, und genau das ist der Fall: Sich-Erkennen im Gegenpol

Und die Abbildung? Sie löscht den Widerspruch aus

Das Hegelwort, das zu durchdenken man nicht müde werden kann: Wenn p in q übergeht, dann geht auch q in p über

»Ich weiß nicht, was die Donau ist, ich habe sie noch nie wüten gesehen!« – Aber du sahst sie doch in ihrer Stille; hast du nicht Phantasie genug, sie in ihrem Zorn zu sehen? – Hast du Phantasie genug, das Insekt zu sehen, da du die Puppe siehst? – Also trügt die Oberfläche? – Sie weist auf die Tiefe hin

Bei meinem Gastgeber, das Programm besprechen: Ich kann tun, was ich will, fahren (umsonst), wohin ich will, besuchen, wen und was ich will, arbeiten, wann ich will, faul sein, wieviel ich will, und habe die einzige Verpflichtung eines Leseabends

Gespräch mit Ferenc über die Kaukasusanekdote; seine erste Reaktion: Diese Jahre jetzt seien die letzte Gelegenheit, sonst bleibe ein wesentlicher Zug unserer Epoche, jene Wandlungszeit im Lager eben, so gut wie ungeschrieben, denn nur unsre Generation könne diese Arbeit leisten, und tue sie es nicht bald, nein: sofort, sei jenes Stück Geschichte für immer dem sinnenhaften Bewußtsein verloren ... Er ereifert sich; ich zukke die Schultern und sage »na ja« und weiß, daß er recht hat, weiß es seit zwanzig Jahren und wußte es nie so gleichmütig wie jetzt

Warum wirkt es so häßlich, daß die Frauen hier rauchen, wo sie nur gehen und stehen, auf der Straße, in der Telephonzelle, beim Einkaufen, beim Mittagessen zwischen Suppe und Fleisch? Warum empfinde ich es als unschicklich, beinah als abstoßend? Wird hier ein Mannsprivileg angetastet? Dann wären die ungarischen Männer die ersten, die sich dagegen wehrten, aber sie tun's nicht. Gibt es ihnen ein Alibi, die Frauen für gleichberechtigt zu halten? Gewiß, die Männer rauchen ebensoviel, die Zigarette kostet fast nichts, doch bei den Männern erträgt man's. Interessante Probe: Stört es auch so an alten Frauen? Komisch: die rauchen nicht

Die Elisabethbrücke von unerhörter Schlankheit, kein Gramm Fett, völlig Funktion

Billig, das ist das richtige Wort. Dies ununterbrochene Paffen wirkt billig. Heißt das nun, daß der, der sich solcherart billig macht, dir teuer ist, oder daß er sich teurer geben sollte

Vor der Pfarrkirche betteln drei Zigeunerkinder, unsagbar schmutzig, unsagbar fröhlich, die Älteste vielleicht sieben, die andern fünf Jahre. Da sie mich sehen, umringen sie mich und strecken die Hände aus. Eine Dame, die auf der anderen Straßenseite inmitten einer Herrengesellschaft zur Kirche schreitet, ruft mir streng zu: »Geben Sie nichts! Geben Sie ja nichts!«, und da ich mich nicht abbringen lasse und die Kinder nicht fortjage, stampft sie mit dem Schirm auf: »Hören Sie nicht? Man soll ihnen nichts geben!« Ich gebe jeder einen Forint, die Kleinste strahlt, die Große aber sagt ganz ernst: »Ich bin die

Älteste, mir müssen Sie zwei Forint geben!« Ich gebe; sie klatschen in die Hände und lachen laut, und die Kleinste hopst wie ein Bär und zeigt stolz das Geldstück und singt: »Ich hab' einen Forint, ich hab' einen Forint!« Zwei ältere Frauen bleiben einen Augenblick stehen, streicheln wehmütig die Kinderköpfe, nicken dann schmerzlich und geben nichts. Die Kinder lachen. Ich bin unters Kirchenportal getreten, sie weiter zu beobachten; sie gewahren mein Interesse und stürzen schreiend auf mich zu. Die Älteste lupft im Laufen den knöchellangen Rock; ich flüchte mich ins Asyl der Kirche und sehe durchs offene Fenster vom schwarzen Hügel gegenüber Sankt Gellért wütend mit dem Kruzifix drohen

Die Zigeunerkinder sind verschwunden, und das Ufer mit seinen Spaziergängerscharen liegt entvölkert da

Was heißt eigentlich »billig«? »Dem üblichen Recht gemäß«; »an der unteren Grenze des Preisgemäßen«; »entschieden unter dem Wert«. Das Ungarische hat dafür zwei Ausdrücke: »méltányos« in der ersten Bedeutung; »olcsó« in der zweiten und dritten. Die Unterscheidung zwischen Preis und Wert stammt aus der politischen Ökonomie; der Wert drückt das ökonomische Wesen einer Ware aus, der Preis die Oberfläche dieses Wesens. »Billig« bezeichnet also beides, und wie stark empfinden wir in dem einen Wort solche Verschiedenheiten: »Dies Paffen ist billig« – »Dies Zimmer ist billig

Bei diesem Wort: Je mehr es ins Wesen geht, drängt ein moralischer Faktor die andern, vorher bestimmenden zurück. Ähnliche Wörter suchen

Ich versuche in einer Konditorei ungarisch zu bestellen und sage offenbar etwas höchst Anstößiges und weiß nicht was und bin vollkommen hilflos. In dieser Beziehung ist Ungarisch tückisch: Verwechslung von langen und kurzen Vokalen oder stimmhaften und stimmlosen Konsonanten führt oft zu phantastischen Mißverständnissen. Voriges Jahr, da ich in einem Dorfkonsum Grünzeug erwerben wollte und den dazu nötigen Fragesatz stundenlang vorher memorierte, habe ich schließlich die Verkäuferin gefragt, ob sie einen schönen grünen Arsch habe, und das nur, weil bei sonst gleichem Klang »Arsch« kurz und »Zeug« lang ausgesprochen wird. Sie, höchstens siebzehn, schrie auf und floh, und ihr Vater erschien, und er wog drei Zentner

Wodurch wirkt diese Sprache so fremdartig? Akustisch: durch die Häufung der im Deutschen ganz unbekannten, auf »k« auslautenden Silben »ak«, »ek«, »ik«, »ok«, »ünk«. Man muß ein albernes Beispiel konstruieren, um das nachzubilden: »Knack keck den Speck weg, hock nicht auf dem Fleck, Jüng, dünk dich nicht dick, hol schon das Speckeck!« Aber das klingt überhaupt nicht ungarisch, denn es gibt nicht wieder: die Akzentuierung von Länge und Kürze der Selbstlaute; das nur dieser Sprache eigene, dumpf aus der Kehle durch den halb offenen Mund gestoßene kurze »o« des Buchstaben »a«; die synkopenartig klingende Diskrepanz zwischen Betonung und Länge zweier Silben, wie etwa in »Úngaarland«, und die wuchtige Anfangsbetonung, die den ganzen Tonfall daktylisiert

Optisch: Die Überlänge vieler Wörter; der Zusammenprall von Zischkonsonanten und die Verwendung des »c« ohne milderndes »h« oder »k«; die Häufigkeit des »y«; die Massenhaftigkeit der Umlaute, vor allem des »ö«; die Massenhaftigkeit von Längenstrichen und Längenstriche auch auf Umlauten; die Massenhaftigkeit des Wortes »a«, des bestimmten Artikels, den man aber unwillkürlich und gänzlich irreführend als unbestimmten Artikel im Sinne des österreichischen »a Paar Würstl« versteht

Mein Hotelzimmer wieder zur schmalen Nebengasse, und gegenüber vor vier Fenstern des ersten Stocks noch immer wie voriges Jahr halbaufgezogen und schräg die defekten Rolläden, an denen manchmal vor mattem Licht menschliche Mittelstücke in Pullover und Hose vorübergleiten

Traum:
Ich wandere mit meinem Vater über ein Steinfeld; wir wandern den ganzen Tag, und schließlich, da wir fast zusammenbrechen, kommen wir

an ein Hotel. Man weist uns ein Zimmer an, vier kahle Wände, darin nur ein Stuhl und ein winziger Schrank. Mein Vater will protestieren, ich aber sage: Schau, Vater, das ist heutzutag so, da gibt's überall nur die Grundausstattung, Grundausstattung an Geld, Grundausstattung an Lebensmitteln, Grundausstattung an Freiheit, und das ist eben die Grundausstattung eines Hotelzimmers: Einen Stuhl braucht man, ein bißchen Schrank braucht man, einen Tisch und ein Bett braucht man schon nicht

17. 10.

Tägliche Frühstücksfreude: die glänzend gemachte, überaus schnell und trotz des beschränkten Raums vielseitig informierende zweisprachige Ausländerzeitung der Ungarischen Nachrichtenagentur. Schon die Aufmachung hat Pfiff: vornrum deutsch, hintenrum englisch, und dies wöchentlich wechselnd, damit keine Wertung entsteht

Diese Zeitung will nicht Reklame machen, sie will Zeitung sein, das heißt informieren, und auch amüsieren, und eben damit wirbt sie auch und wirbt vorzüglich

Der Temperatursturz gestern von fünfundzwanzig auf fünf Grad hat, lese ich, in Ungarn sechs Todesopfer gefordert

Antrittsbesuche: Wie bringt man es nur fertig, mir immer die fleckigsten und welksten Rosen einzupacken, ohne daß ich es merke? (Und es sind immer auch die teuersten

Die schmalen Etagengalerien um die Innenhöfe: Was umwandelt man da? Die Leere, den Hohlraum, das Nichts – Form des Barocks

Naturwunder vor Ilonas Haus: Wie bringt man drei Kater dazu, nebeneinandersitzend im gleichen Takt die Schwänze zu schwingen? Überhaupt nicht: Müßten sie's, sie täten's nie

Bei den Innenhöfen fällt dir der menschliche Leib ein, sein Außen und Innen – und gerade dieses Bild ist verfehlt! Dem menschlichen Leib entspräche das Punkthaus mit seinem unsichtbaren Innern des Müllschluckschachts

(Später: In einem alten Reiseführer finde ich diesen Vergleich: »Warum dürfte es nicht meiner Phantasie vergönnt sein, sich Pesth als eine reizgeschmückte Jungfrau in liegender Stellung mit jedoch rückwärts gebogenen Füßen zu denken, während der eine Arm gegen den Kopf ausgebreitet, die Linke aber (wie bei der mediceischen Venus) den Vorderteil des Leibes bis zur Hüfte herab schüchtern zu bedecken strebt. Das anmuthige Antlitz [die Neustadt] beschaut sich selbstgefällig in dem klaren Donauspiegel, und die aus der symmetrisch gereihten Häusermasse durch ihre überraschend schönen Formen hervorragenden Prunkgebäude, das Kasino und Theater, dürften als die Brüste der Jungfrau gelten. Eben so passend bezeichnen die krummen winkligen Gassen der Altstadt die Eingeweide, folglich die untere Leibeshälfte, und dieses Gleichnis gewinnt durch den Umstand an Kraft, daß jene die äußeren Enden der Altstadt bildende Wasserfront am linken Donau-Ufer meist aus den übelriechenden Gerberwohnungen besteht ...«

Ferenc: Ein Schriftsteller kann bei uns, Faschistisches ausgenommen, alles schreiben!
Das hört sich gut an, aber hat er recht? Man müßte in einer Gesellschaft, die sich im Besitz vollständiger literarischer Freiheit glaubt, systematisch von den selbstgesetzten Tabus ausgehen, von der Eigenkontrolle, der Innenzensur. Was einem dabei sofort einfällt: Rücksicht und Scham, und man darf diese beiden ja nicht nur als rein moralische, gänzlich außerliterarische Faktoren ansehn. Eine menschlich unanständige Verletzung gebotener Rücksicht stellt auch das vordem Geschriebene dieses Verletzers in Frage, und ein bestimmtes Maß an Scham (nicht nur, und gar nicht in erster Linie, sexueller) scheint mir Voraussetzung, um überhaupt als Schreibender autorisiert zu sein. Zudem gelten jene verformenden Beziehungen zwischen Betrachtungssubjekt und Betrachtungsobjekt, die wir aus der Physik, der Psychologie, der Medizin und anderen Disziplinen kennen, auch in der Literatur: Wäre eine vollkommen schamlose Betrachtungsweise möglich, hätte sie wahrscheinlich keinen menschlichen Gegenstand mehr, und auch ihr schließliches Geschöpf wäre nicht mehr menschlich. Aber das ist für mich noch alles so schrecklich verworren, auch terminologisch; ich fühle nur, daß es starke Strömungen gibt, denen man widerstehen muß

Schamlosigkeit ist natürlich nicht identisch mit Kraftmeierei oder Exhibition; die zeugen meist schwächliche Literatur. Ein Buch von erschütternder Schamlosigkeit sind die Konfessionen des Heiligen Augustinus

Und natürlich ist es ganz lächerlich, zwischen Moralischem (Pädagogischem, Politischem, Kulturpädagogischem, ja sogar Ethischem und Kulturellem) und Ästhetischem eine direkte Wechselwirkung und eine direkte Proportionalität im Sinne eines »je – desto –« anzunehmen, also etwa: Je keuscher, desto ästhetisch wertvoller, je obszöner, desto ästhetisch wertloser … Der Kulturpädagoge mag sein Recht haben, aber ich habe auch das meine und bestehe darauf, wenn ich jene Begriffe wertfrei gebrauche

Kann Scham auch in der Form, im Formalen, ihren Ausdruck finden? Eine Form kann Anstoß erregen, zumindest in deutschen Landen, das weiß man. Da müßte es doch auch Scham geben – nicht in dem Sinne, daß man sich mißlungener Formen schämt, sondern Form als Ausdruck von Scham, verschämte Form

Die gehäufte Verwendung von Anführungsstrichen am falschen Platz zum Beispiel ist ein Formausdruck innerer Unsicherheit

Eine Gesellschaft ohne Tabus wäre unmenschlich. Sie wäre auch nicht zu verwirklichen. Worauf setzt du da den Akzent? Ich will hoffen: aufs Inhumane

»Das Gegenteil eines Fehlers ist wieder ein Fehler« – Lieblingswort Bechers; plötzlich begreife ich seinen Hintergrund

In der Kossuthstraße fast nebeneinander: Auslagen eines Night-Clubs mit Photos der Varietédarbietungen und Auslage eines Ladens christlicher Bedarfsartikel, und auf dem Gesicht des huldigend knienden Tänzers und des huldigend knienden Heiligen der gleiche Ausdruck gestellter Verzückung, gleiche physische Dummheit bekundend

Stell dir solche Auslagen vor für alles, was angepriesen wird, aber sich nicht in materieller Ware verkörpert: Auslagen für Außenpolitik, für Volkswohl, für Jugendfreude, für Kulturpolitik

Abends Molnárs Líliom, und alle Sehnsüchte werden wach … Unvergeßliche Sätze: »Ein Dach reparieren, das kann doch jeder Dachdecker! Ausrufer sein im Stadtwäldchen ist etwas viel Schwereres!« – »Die Leute glauben, wenn sie sterben, dann ist schon alles in schönster Ordnung!« – »Ich sitze neben der Kassa und lese die Zeitungen und beaufsichtige die Kellner und das ganze großstädtische Treiben!« Das sagt der Besitzer eines Vorstadtbeisls, und grotesker Größenwahn soll darin klingen; aber: wenn das Vorstadtbeisl zur Großstadt gehört, muß sich die Großstadt auch darin spiegeln, und wenn sie's nicht zu tun scheint, soll man beide nicht schelten, sondern sich schärfer zu sehen bemühn

In Berlin Schillers »Vergnügen an tragischen Gegenständen« nachlesen; endlich Chestertons »Verteidigung des Schundromans, des Aberglaubens usw.« beschaffen; Material zu einer »Verteidigung des Rummels« sammeln; zum hundertsten Mal über Kitsch nachdenken

Ist das Vergnügen am Vergnügen des Kleinbürgers kleinbürgerlich? Allemal dann, wenn es auf kleinbürgerliche Weise, also hämisch oder pharisäerhaft geschieht. Das Verlangen nach Poesie ist immer, auch wenn es schließlich durch Talmi befriedigt wird, ein großer menschlicher Zug und kann durchaus Gegenstand großer Poesie sein. Lieschen Müller, überm Kitschroman schluchzend, ist mir unter manchen Aspekten sympathischer als der amusische Poesieverwalter, der, sie verurteilend, noch nicht einmal das tut

Abhängigkeit der Selbstzensur von der Sprache: In meiner Schublade liegen Fragmente, die ich aus Rücksicht auf einen mir Nahestehenden nicht weiterschreibe. Hätte die Sprache für alle Verwandtschaftsverhältnisse nur das eine undifferenzierte Wort »Verwandter«, könnte ich sie veröffentlichen, und die sachliche Genauigkeit würde nicht leiden, denn das Wort »Verwandter« enthielte dann ja auch jene besondere, die Pointe meiner geplanten Arbeit bildende Verwandtschaftsstellung, an die bei dem üblichen Gebrauch des Wortes »Verwandter« jetzt niemand denkt.
Aber: Gäbe es nur jenen Sammelbegriff ohne Differenzierung,

würde man jene Begebenheit wahrscheinlich nicht mehr als mitteilenswert empfinden

Oder Überdifferenzierung: Das Ungarische kennt eigene Wörter für den Begriff der jüngeren Schwester, der älteren Schwester – da könnte man einfach die Wirklichkeit umdrehen. Aber täuschst du dich da nicht abermals – entspränge diese Sprachdifferenzierung dann nicht einer solchen Differenziertheit der Realität, daß deine Geschichte durch die Verkehrung des Älteren in den Jüngeren oder umgekehrt auch wieder ungenau würde

Líliom: Der Haß zwischen Landstreicher und Polizist beinah als naturgegeben. Solche Haßverhältnisse, entstehen sie elementar, zum Beispiel der Haß, mit dem im Amerika Jack Londons die Eisenbahner einen Tramper verfolgen; ein Haß, der sich erst durch die Tötung des Anderen stillt? Oder dieser Haß auf alles Schöpferische, in dem ein bestimmter Typ des Sterilen Befriedigung sucht

Ob der Träger solchen Hasses immer der Neid ist

Quengelnde Vorschrift des ja manchmal übers Ziel hinausschießenden, besser: nach dem irrealen Ziel absoluter Reglementierung strebenden Duden, das Wort »andere« nur klein zu schreiben, wahrscheinlich weil es ja immer durch ein Substantiv ergänzt werden könnte (also hier etwa: des anderen Menschen). Was aber, wenn ich nicht das Gemeinsame, sondern das Trennende betonen will? Und was um Himmels willen, wenn einer nur der Andere ist, nichts als der Andere, im Dialog zum Beispiel: Der Eine – Der Andere? Oder wenn das Andere eben nicht nur das einem gemeinsamen Oberbegriff unterordenbar Andersgeartete, sondern das dem Meinen inkommensurabel Andere ist? Antwort eines Deutschen auf die Frage, warum er Romanistik studiert habe: »Es war die Sehnsucht nach dem ganz Anderen!« Oder bei Füst: »Dunkler Andrer« – eben nicht: »andrer Mensch«, eben nicht: »andrer Geist«, sondern: Andrer

»Er hat tausendmal mit dem Andern gerungen, der vielleicht

nicht lebt, aber dessen Sieg über ihn sicher ist. Nicht weil er bessere Eigenschaften hätte, aber weil er der Andere ist ...« Dieser Satz stammt von Karl Kraus, und der hat sich im Deutschen doch ausgekannt

»Paß auf paß auf Du Vagabund / Der Schutzmann der ist scharf auf dich/« – dieses Lied Lilioms gilt auch für den Schriftsteller: Leipzigs Orthographen wachen

Unten Lärm und Lachen und Singen: Junge Leute ziehen, eine Band aus Kochtöpfen und Waschbrettern und Nudelhölzern voran, durch die Straße

Vom Zimmer nebenan wühlt sich ein Walzer durch die Wand. Nein, er wühlt sich nicht, er sickert

18. 10.

Morgens beim Aufwachen diesen Traum:
Komme mit Ursula in ein saalartiges Zimmer, einen völlig leeren fensterlosen Raum mit weißgetünchten Wänden, der mir auf eine ungute Art bekannt erscheint. Wir sind durch eine Tür in der Rückwand eingetreten, stehen zögernd hinter der Schwelle und mustern das Zimmer: keine Spur von Benutzung, keine Spur von Verschleiß und doch nicht neu. Langes, beklommenes Schweigen, schließlich sage ich: Du, ich glaube, hier haben meine Eltern gewohnt! Ursula schüttelt den Kopf, und auch ich glaube nicht recht an meine Behauptung, aber ich tue forsch einen Schritt in den Raum und strecke dabei tastend, wiewohl es doch hell ist, die Hände aus, da streife ich Spinngewebe. Vorsicht, eine Falle! sagt Ursula. Unsinn, sage ich, schau her, da sind Spinnweben, das ist ein Zeichen, daß lange niemand hier war, wir können unbesorgt reingehen! Ursula schüttelt stumm wieder den Kopf, aber ich gehe weiter ins Zimmer, und gar nichts passiert. Plötzlich sehe ich vorn an der weißgetünchten Wand einen weißen Ofen, auch seine Kochplatte und seine Türen und sein Aschekasten sind weiß. Ich trete näher und fasse die Klinke der Ofentür an: Sie ist kalt, auch die Platte ist kalt, und ich denke: Na siehst du: unbenutzt! Ich öffne die Tür und sehe dahinter einen zweiten Ofen, ebenfalls gänzlich weiß, und klinke auch ihn auf, doch seine Tür ist nun nicht mehr so kalt. Da ich das spüre, überkommt mich Angst, doch ich öffne auch die zweite Tür und sehe im zweiten Ofen einen dritten, ebenfalls weiß, doch statt der Platte ein Rost, darunter Glut, und auf dem Rost ein Topf mit einer schwappenden Brühe, darin grauweiße Fleisch- und Fettstückchen schwimmen. Menschenfleisch, weiß ich sofort und fahre entsetzt

`herum und sehe, daß ich im Zimmer allein bin und die einzige Tür sich lautlos schließt`

Zeitungsnotiz: Die Grippe bricht in Ungarn ein

Der Traum hat mit der Episode am Bahnhof zu tun (Aufklappen des Kofferraums; schwarzer Wagen, zwei schwarze Koffer, wobei die übliche Verschlüsselung ins Gegenteil aus Schwarz Weiß macht; Elgas Kommentar: Er ist sonst verloren

Grammatik und Lehrbuch doch ausgepackt. Vokabeln werde ich mir kaum mehr merken, das ist die bittre Erfahrung ernsthafter Mühen; aber dem Geist der Grammatik, dem Geist der Sprache könnte man sich ein Schrittchen nähern. Was zum Beispiel steckt hinter der Wortstellung, die manchmal der unsern genau entgegengesetzt ist? Selbstverständlich ist diese Wortstellung genauso normal wie die uns vertraute; es gibt ja keine »normalen« oder »unnormalen« Sprachen – aber wenn man die Logik dieser Wortstellung begriffe, begriffe man mehr von der Seele der Sprechenden

(Eine plausible Erklärung wäre: das Wichtigste zuerst, also: »Lakatos Ferenc dr. phil. úr« anstatt: »Herr Dr. phil. Franz Schlosser«. – »1926. május 5.« statt: »5. Mai 1926«. Noch die Setzung des Punktes sagt da viel aus

(Ganz analog die Suffixe und Postpositionen: »Budapesten« – »in Budapest«; »Berlinnél« – »bei Berlin

Und warum ziehen die Zahlwörter keinen Plural nach sich? Man sagt: Zwei Brot, drei Blume, hundert Mensch, auch mit dem (im Ungarischen eingeschlechtlichen) Artikel: Das zwei Brot, der hundert Mensch. Das ist kein adjektivischer Gebrauch des Zahlworts, wie es auf den ersten Blick ausschaut (das Adjektiv bleibt im Ungarischen immer undekliniert); es weist auf eine Lautgleichheit von Sammelbegriff und Einzelbegriff hin. Auf meine Frage, wie es kling, wenn man das Zahlwort mit dem Plural verbindet, sagt Ferenc: »Komisch, weil gänzlich überflüssig, aber auch archaisch schön!« Und er fügt hinzu: »Der Plural steckt schon in der Zahl, da braucht man nicht doppelt zu moppeln!« Also etwa: »(Das da ist) zwei(mal ein) Brot, hundert(mal ein) Mensch«? – »Versuchen Sie nicht, sich Eselsbrücken zu bauen«, sagt Jutta, »sonst lernen Sie's nie! Es gibt keine Entsprechungen; man muß davon ausgehen, daß Ungarisch eben anders ist!« – Gut, aber was ist der Geist dieses Anderen? Wenn man ihn haben wird, wird man ihn auch formulieren können. Und wann wird man ihn haben? Wenn man die Sprache beherrschen wird. Es gibt keinen anderen Weg, wie überall! Was ich jetzt mache, wäre mit der Entdeckerfreude eines Manns zu vergleichen, der zum ersten Mal ein Mathematikbuch in die Hand nimmt und den beherrschenden Einfluß des Christentums auf die Algebra vermerkt, da er die Addition durch das Kruzifix ausgedrückt findet

Die Metro: Vierzig Meter hinab in die Tiefe, natürlich per Rolltreppe, nur per Rolltreppe, eine endlos scheinende malmende Fahrt, und mir wird schwindlig, wenn ich hinunterschaue. Der Abgrund zieht an; das schöne Herbstgedicht Gábors endet mit der Zeile: »Und hüt dich: Dürres Laub: Es zieht hinunter!«

Mein Briefwechsel über Schwierigkeiten des Schreibens kommt mir in den Sinn, die Klage meines Partners über den Schwund des Typus, der bis zur bürgerlichen Literatur geherrscht habe und durch Einführung solcher Kategorien wie innerer Widerspruch und Wandlung zerstört worden sei. Unterstellt, dem sei so, und auch abgesehen davon, daß die Versuche, die Tradition des unwandelbar festgelegten Typus weiterzuführen, überwiegend unglücklich verlaufen sind und weiterhin recht unglücklich verlaufen: die Zersetzung dieses statischen Typus war wohl der Preis für die Herausbildung einer Typik höheren Grades, der Typik von Bewegungen, von bestimmten Bewegungsabläufen, bestimmten Prozessen im individuellen wie sozialen Bereich. Solche Typen bringen sogar konkrete Genres hervor, zum Beispiel die Novelle oder heute die Kurzgeschichte

Die Frage nach dem nächsthöheren Grad überfordert die Möglichkeit menschlicher Erfahrung: Typen der Bewegung von Bewegungen, da antworten die Religionen, und die Teleologien rappeln sich hoch

Ich muß meinen Briefpartner nicht richtig verstanden haben. Die Bewegungen, die ich eben meinte, sind ja uralt: Es sind die Mythologeme, Verallgemeinerungen der Menschheitserfahrungen beim Weg aus dem Naturdasein zu sich selbst, Grundstoff und Urmuster der Dichtung

Auf der Metrotreppe nebenan, die aufwärts führt, während wir abwärts fahren: kauernde Kinder; einander zugewandte Liebespaare; Lesende; Plaudernde; ängstlich dem bevorstehenden schwierigen Übergangsschritt auf festen Boden Entgegenrollende; verdrossen in ihrem Hasten Gehemmte; Müde; Gleichgültige; Erwartungsvolle; Abgespannte; Ungeduldige; genußhaft ihre Ruhe Auskostende: Material einer ungeschriebenen, nie mehr zu schreibenden Literatur, und für immer vorbei, und ununterbrochen reproduziert, und also gar kein Anlaß zu Sentimentalitäten

Test: An welche Summe man zuerst denkt, wenn man diese Massen Unbekannter sieht. Unerläßliche Bedingung dabei: sie müssen durch eine Barriere von einem getrennt sein, nicht hautnah, keine unmittelbaren Schicksalsgefährten, mit kantischer Interesselosigkeit musterbar

Die Metrowagen so bequem und schön und sauber, daß nur die Schmuddligen wagen, sich hinzusetzen

Daß die Türen sich vollautomatisch nicht nur schließen, sondern auch öffnen, ist nicht nur eine Bequemlichkeit, es vermeidet auch manchen, wenn auch winzig beginnenden Ärger über seine Mitmenschen

Hungária, das berühmteste aller berühmten Budapester Caféhäuser, ist noch immer »wegen Umbau« geschlossen. Man fragt sich, wie dennoch ungarische Literatur entsteht

Antiquariat: Unmassen zerlesener Krimis, Unmassen zerlesener Lore-Romane, Unmassen zerlesener Illustrierten, und irgendwo dazwischen – wie haben wir daheim danach gesucht – : eine der Shakespeare-Adaptionen von Karl Kraus, die des »Timon von Athen

Stell dir's umgekehrt vor: Aus Stapeln von Fackeln, Stürmen, Aktionen, Jüngsten Tagen, Silbergäulen, Roten Hähnen, Linkskurven, Zwiebelfischen und Brennern zöge einer selig einen Krimi der Serie »Spannend erzählt

Im großen, schneeweißen, rechteckigen Tragetor der Elisabethbrücke erscheint wie ein Objekt im Sucher eines Photoapparates Sankt Gellért. Schwarz steht er da, schwarz im weißen Säulenrondell im schwarzen Felsen, und schwingt drohend das Kruzifix, als wolle er auf die unbotmäßige Stadt eindreschen, die trotz ihrer zahllosen Kirchen im Grund ihres Herzens heidnisch wie je ist

Elisabethbrücke: Ein zärtliches, unwiderstehliches Armeausstrecken eines Mädchens in Weiß nach dem grimmigen Mann, und wenn dieser wütend zur Abwehr das Kruzifix hebt, halten ihm die erhobenen Hände der Pfarrkirchtürme ganz sanft und demütig zwei goldene Kreuze entgegen, ein segnendes Friede-sei-mit-dir

Gellért: Mein Herr sagt: Ich bin nicht gekommen, den Frieden zu bringen, sondern das Schwert

Die Kreuze funkeln

Am Brückenufer in Buda: Im halben Berg weiträumig ein weißes Säulenhalbrund, Theaterrondell, darin der Heilige im Bischofsornat vor einem flehenden Weib agiert. Tief drunter im blanken Fels durcheinandergekrümmte Rümpfe und Leiber: vom Gürtel abwärts bis zu den Knöcheln ein aufsteigender Mann mit riesenhaftem Geschlecht; ihm gegenüber vom Becken bis zur Stirn ein Torso mit zerfetzter Bauchdecke: Prometheus, dessen Qual mit dem Felsen verwächst wie in Kafkas Gleichnis, und unten, auf den Säulen, vom Wasserfall übersprüht, hocken zischend die Adler

Gellért grünfleckig vorm Himmel; der Prophet im Zorn: großes Thema der modernen ungarischen Literatur, bei Radnóti, bei Füst … Ein Vergleich mit der zeitgenössischen deutschen Lyrik (George, Rilke) wäre aufschlußreich

Worüber erzürnt sich der Prophet, wem zürnt er? Radnóti behandelt den Gegenstand des Zornes; Rilke nimmt den Zorn als Gegenstand und beschreibt dessen Wie; George redet aus der Pose des Zornes; aus Füst redet der Zorn noch durch die Pose. Radnóti ist voll Zorn; George des Zornes voll; Füst der Zorn selbst; Rilke sucht sich als Gegenpol des Zorns, als Demut, zu sammeln. Aber all das sind natürlich keine Wertungen

»Der Zorn hält
dich am Leben; verwandt ist die Wut der Propheten und Dichter:
Speise und Trank für das Volk!«
(Radnóti, 8. Ekloge

Ich schaue in die ungarische Lyrik wie ein tauber Ali Baba, dem man, da er den öffnenden Zauberspruch nicht mehr lernen kann, Fensterchen in den Sesamberg schlägt, hier eins und dort eins und dorten noch eins, und durch diese Fensterchen sieht er dann Schätze funkeln, doch immer nur die, die das Fenster ihm zuweist, und nie die Gesamtheit, und nie den Zusammenhang. Das, was er übersieht, kann er beschreiben (in seine Worte übersetzen), doch er sieht nur sehr wenig, und nur der Zauberspruch könnte ihm den Berg aufschließen, doch diesen Spruch lernt er nimmermehr

Gellért lächelt: *Er* hat Ungarisch gelernt

Der dünnstrichige Wasserfall in der hochgezogenen Barockumrahmung in der breitgezogenen Umrahmung der Wegkapitälchen

Im Fels El-Greco-Gestalten

Im Fels ein riesiges Ohr

Im Fels ein Kind

Strafvollzug, Strafverschärfung durch Tiere: Zurückwerfen des Menschen noch vor seine Totemzeit; grausamste und zynischste Demütigung, und doch auf eine eigenartige Weise Zeugenschaft für das Humane: Der Büttel könnte, der Geier kann sich nicht erbarmen, er könnte nur dann und wann verschmähen, und das machte Qual wie Demütigung perfekt

Im Mittelalter die Habichtsstrafe: Entmannen eines mit rohem Fleisch Bestreuten durch einen Raubvogel

Ziel all dieser Scheußlichkeiten: dem Gegner das Menschentum aberkennen, durch Unterordnen unter das Tier, oder noch besser durch Selbstentäußerung des Delinquenten, aber es ist immer nur der Strafende, der sich entäußert ... Der Große Christliche Béla ließ eine Zauberin so lange einsperren, bis sie vor Hunger ihre eigenen Füße verzehrte, doch dem Chronisten schaudert nicht vor dem König, ihm schaudert vor dieser Fresserin

Abwälzen der Schuld: Das Tier war der Töter, es hätte ja verzichten können

Letzten Endes: das Alibi göttlichen Einverständnisses, und damit auch die Möglichkeit des gemeinsamen Interesses von Opfer und Henker. Dies ein Kriterium jeder Welt, die sich als heil empfindet

Allerdings hielt sie sich im kleinen und zu Kleinen auch an Konsequenzen: Riß der Strick, kam der Verurteilte frei

Die Vorstellung von Ordalien macht uns schaudern. Daß man die Entscheidung über wahr und falsch, über Schuld und Unschuld, über Leben und Tod an physische Vorzüge oder Nachteile band, will uns als ungeheuerlich erscheinen, und man fragt nach dem Verbleiben des gesunden Menschenverstandes. Dabei war der durchaus anwesend: Physische Ungleichheit war ja Voraussetzung, daß ein Wunder geschehe, und ein Wunder war der Wesenskern einer Gottesentscheidung (bei gleichen Voraussetzungen trat dann das Wunder in Form eines Zufalls auf). Mir scheint dies innerhalb jener Gesellschaft weit logischer als etwa heute, in einer sich aufgeklärt fühlenden Welt, das Ansinnen, jemand, der noch dazu unter stärkster psychischer und oftmals auch physischer Belastung steht, müsse zu einem ihm auferlegten Zeitpunkt »das richtige Wort finden«; »Reue zeigen«; »eine befriedigende Erklärung abgeben«; »seinen Fehler erkennen«; »sich überzeugend verteidigen«, das heißt in jedem Fall eine außergewöhnliche psychische Leistung vollbringen, die dann, wenn auch in den seltensten Fällen über Leben und Tod, doch über wesentliche Momente der zukünftigen Existenz entscheidet

Die Adler auf den beiden Säulen zu Füßen des Gellértberges halten in ihren Fängen Schlangen, die den Zahn ins Fleisch des Feindes zu schlagen versuchen, doch die Adler haben schon die Schnäbel widereinander geöffnet und verlassen sich, was das Gewürm unten angeht, gänzlich auf ihre tüchtigen Krallen

Der Chronist erzählt wie üblich kommentarlos; er verzeichnet, was er für außergewöhnlich hält, und das könnte ebensogut das Verhalten des Königs wie das Verhalten der Zauberin sein. Da wir den Zeitgeist in dieser Hinsicht kennen, müssen wir annehmen, daß ihm das Verhalten des Königs normal, das der Gefangenen anormal erschien. Damit hätte er durch das bloße Mitteilen Partei gegen das Opfer genommen, und seine Zeitgenossen und lange danach die große Mehrzahl der Christenheit werden ihn so verstanden haben. Natürlich gibt es nun manche, die ihn darum verurteilen. Ihnen entgeht, daß eben dieser Chronist mit seiner kommentarlosen Nachricht auch die Möglichkeit einer Umwertung, also einer Verurteilung des Königs gegeben hat, eine Möglichkeit, von der die Tadler des Chronisten ja Gebrauch machen ... Spätere Machthaber waren dann gewitzter und unterbanden solche Objektivität, und die schlimmste Pervertierung war dann wohl Eichmanns Film über das glückliche Leben der Juden in Theresienstadt

Radnóti hat es gesehen:

»Es schwindet aus der Welt
ins Nichts, wer heut sich rührt ...«

Hätte ein Kommentar des Chronisten an der Aufnahme seines Berichts etwas ändern, hätte er das Handeln des Königs moralisch in Frage stellen können? Wohl kaum, und die Frage ist auch müßig. Es war nicht Aufgabe des Chronisten, etwas zu ändern; es war seine Aufgabe, Merkwürdiges festzuhalten, und das hat er getan: Er hat berichtet, daß unter der Herrschaft eines christlichen Königs eine Frau unter solchen Bedingungen eingekerkert war, daß sie vor Hunger die eigenen Füße auffraß. Nicht mehr, aber auch nicht weniger, und das genügt. »Übernehmen Sie ruhig die Aufgabe einer Teilfunktion, die aber versorgen Sie genau ...«

Und das schöne Wort Theodor Haeckers, nach dem der, der verwirrt, weniger Schaden stiftet als der, der unterschlägt, denn das Verwirrte kann wieder geordnet werden, das Unvollständige aber bleibt immer außerhalb der ursprünglichen Ordnung

Zu Füßen Gellérts nach Pest hinüberblicken: Triumphierend strahlen die beiden Kreuze, und hinter ihnen lacht triumphierend die rauchige Stadt

Die Autos auf der Brücke fahren so langsam; sie gleiten, als würden sie geschoben: ein blaues Auto, ein violettes, ein sämischbraunes, ein gelbes, natürlich auch schwarze und grüne; und gelb daneben, und langsam, die Straßenbahn

Undenkbar, daß es ein Budapest gäbe ohne diese Brücke; undenkbar, daß hier eine Lücke klaffte: nasenlose Taglioni

Diese Brücke, das ist romantisches Ballett, ein Hauch, ein Wunder an Leichtigkeit, Sieg über die Materie. Fäden aus Mondlicht die Trossen, die Streben ein Filigran, ihr Schatten ein Glitzern

Ein Bild für die Gesamtheit der Brücken werde ich wohl nicht finden.
Die Einzelbilder drängen rasch heran:
Kettenbrücke: der rasselnde hunnenschwarze Ritter, zu dessen Füßen Löwen liegen

Freiheitsbrücke: waagrechter Eiffelturm
Margaretenbrücke: das Tor der sieben Märchenströme
Petöfibrücke: Mittelteil einer linearen Gleichung
die Arpadbrücke kannst du von hier aus nicht sehen (und aus späteren Notizen hierhergesetzt: drei Fliegen mit einer Klappe schlagen

Ein Zigeunermädchen, das am Kai entlangschlendert, hat ein zweisträhniges Peitschlein in der Hand, an dessen Schnurenden je eine rote walnußgroße Kugel hängt. Die zusammenprallenden Kugeln klappern, erst unregelmäßig und in den Geräuschen der Umwelt verloren, dann rasselt's plötzlich in schnellster Folge wie ein Maschinengewehr, und die Spatzen stieben schreiend aus den Kastanienkronen

Abends Konzert in der Musikakademie: Mozart, Ravel, Sárközy, concerto grosso, der zweite Satz ein Alptraum, das Jahr 43. Im Publikum sehr stark vertreten das konservative, seine Ablehnung untraditioneller Musik mit verschränkten Armen demonstrierende Publikum

Draußen die Leuchtschrift funktioniert nicht; man liest an Stelle von ZENEAKADÉMIA (Musikakademie) nur ADÉMIA, ein Wort, wie geschaffen für einen Schlager, Neonröhrenpoesie; eine Sammlung davon anlegen

Abends auf dem Rosenhügel in einer kleinen Gesellschaft sich untereinander russisch verständigender junger Leute: Diese, wie alle Äußerungen des Internationalismus so begrüßenswerte Unterhaltung rührt an eine nie vernarbende Wunde: ich könnte nach den mir gebotenen Möglichkeiten heute sieben Sprachen sprechen! Wie habe ich meine Jugend vertan, und hier kann ich wahrhaftig niemand anderm als mir allein die Schuld geben

Von höchster Wichtigkeit wäre eine ganz exakte und ganz unpathetisch nüchterne Analyse unseres, des sozialistischen Gegenentwurfs zu Europa: seine Basis, seine Wesenszüge, seine Stärken und seine Mängel, seine Möglichkeiten und seine Perspektiven (die realen wie die traumhaften

Draußen die Nacht riecht nach Büffeln und Rauch

Blick nachts auf Buda:
Ein Stück Milchstraße siedet
Blick nachts auf Buda:
Ein Sack Diamanten
Blick nachts auf Buda:
Kongreß der Sterne
Blick nachts auf Buda:
Der Stier schnaubt Silber
Blick nachts auf Buda:
Das Nest Vogel Rocks
Blick nachts auf Buda:
Die Mondgöttin gebiert
Blick nachts auf Buda:
Die Hirten wachen
Blick nachts auf Buda:
Eine Druse aus Licht
Blick nachts auf Buda:
Senis Verzückung
Blick nachts auf Buda:
Siderisches Gastmahl
Blick nachts auf Buda:
Das Dunkel fängt Feuer
Blick nachts auf Buda:
Danaë wartet
Blick nachts auf Buda:
Der Gürtel der Venus
Blick nachts auf Buda:
Brandung aus Bojen
Blick nachts auf Buda:
Die Tröstung des Waisenkinds
Blick nachts auf Buda:
Bergwerk der Träume
Blick nachts auf Buda:
Aladin reibt die Lampe
Blick nachts auf Buda und Wehmut
befällt dich
blick nachts auf Buda, und prompt wird Ilona kommen und sagen: »Wenn du mal raus mußt, hier gleich vorn links

Das Taxi, das uns ins Hotel zurückbringt, steuert eine schmächtige, recht hilflos aussehende Fahrerin. Wie erwehrt sie sich eines betrunkenen Zudringlichen? Ich bitte Zoltán, sie danach zu fragen; er tut's, und sie winkt lachend ab: »Oh, da helf ich mir schon!« – Fast die Hälfte aller Taxis, sagt Zoltán, werden von Frauen gefahren, zumeist, wie hier, in einem immer mehr sich durchsetzenden Arbeitsverhältnis: Der Wagen wird gegen ein Monatsfixum von der Firma gemietet und geht nach einiger Zeit, meist nach zehn Jahren, in den Besitz des Mieters über, der ihn von Anfang an nach eigenem Ermessen und eigener Regie einsetzt und die Miete unabhängig vom Umsatz bezahlt. Dies scheint mir angesichts unserer Taximisere zumindest überlegenswert

Vorm Einschlafen: Eine Fliege, die müde zur Lampe hinaufsteigt und ihren langen Schatten hinter sich herzieht

Ein lustiger Traum, doch da ich an der Tür bin, das Licht anzuknipsen, habe ich ihn vergessen. Ich weiß nur, daß ich jemanden herzhaft verprügelte und aus voller Brust dazu sang und daß ein leuchtend blauer Mond dazu schien

19. 10.

Budapest: Vielleicht doch noch mehr Minis als in Berlin, auf jeden Fall kürzere, manchmal noch über dem Strumpfansatz endend, gewöhnlich billige Stoffe mit einer Dreiecksfalte vorn und hinten und die stoffärmsten über den unförmigsten Schenkeln

An der Kreuzung vorm Astoria ist Halteverbot, ein Taxi hält, der Fahrgast kommt mit dem Geld nicht zurecht, der Fahrer erklärt, der Fahrgast sucht, die Autos staun sich, die Autos hupen, die Autos lärmen, der Fahrgast verhandelt, der Fahrer zeigt die Zahl mit den Fingern, die Autos staun sich schon bis zur tieferen Kreuzung, der Fahrgast versteht nicht, die Autos brüllen, der Fahrer des Wagens hinter dem Taxi springt heraus und drischt fluchend auf die Taxikruppe, der Fahrer macht eine abwinkende Geste, der Fluchende wirft die Arme zum Himmel, und die Autos ganz hinten stoßen zurück oder wenden und suchen sich einen anderen Weg

Im Torbogen neben dem Bistro an die Wand gelehnt die Augen schließen: Was treibt vorbei? Ungarisch, Wienerisch, Holländisch, Ungarisch, Englisch, Wienerisch, Sächsisch, Wienerisch, Ungarisch, Ungarisch, Sächsisch, Italienisch, Englisch, Sächsisch, Englisch, Slowakisch, Steirisch, Bayrisch, eine slawische Sprache, Ungarisch, Ungarisch, Ungarisch, Schwyzerdütsch, Ungarisch, Englisch, Französisch, vielleicht Arabisch oder Hebräisch, Sächsisch, Wienerisch, wieder Semitisch, wieder Slawisch, Bayrisch, Russisch, Ungarisch, Schwyzerdütsch, Polnisch, Polnisch, Wienerisch, Tschechisch, Englisch, Slowakisch, Ungarisch, Schwäbisch, Sächsisch, Sächsisch, Hochdeutsch, Ungarisch, Steirisch, unbekannt, Englisch, Ungarisch, Englisch, Englisch, Ungarisch, Englisch, Französisch, und das Französische bleibt stehen und spricht mich an, und es ist György und Professor M. aus Strasbourg, der über Radnóti arbeitet und leider heut abend schon zurückfährt

Zu Mittag mit György und M. in einem Beisl, ganz nah, zwei Straßen weiter in die Josephstadt, und dort gibt es, Gábor, bableves, Bohnensuppe, und einen Zigeunerbraten, und beide scharf, und beide heiß, und beide solcherart serviert, daß man dem Ober gern den Tribut bewilligt, den er sich in Preishöhe eines nicht gelieferten Salats auf die Rechnung schreibt (was mir übrigens gestern schon in Buda passiert ist und was sich gewiß wiederholen wird

Radnótis grandioses Beispiel moderner Verwendung klassischer, vor allem auch antiker Formen. Im Deutschen wurde in diesem Jahrhundert fast stets ein steriler Neoklassizismus, pathetisches Kunstgewerbe (Weinheber) oder eine kaschierte Form der Formauflösung (Hauptmanns »Till Eulenspiegel«) aus solchen Versuchen. Die einzigen – mir bekannten – wirklich großen Ansätze finde ich bei Hermlin, aber er hat sie nicht ausgebaut

Radnóti hat in seiner zweiten Ekloge, einem Gespräch zwischen Dichter und Bombenwerfer, eine neue Form des Distichons entwickelt: den Alexandriner mit wechselnd vier und drei Hebungen in der ersten Halbzeile, und wenn er auch resignierend geschrieben hat: »keiner wird's merken«, so ist dies analytische Merken ja erst eine zweite Stufe der Rezeption. Vor dem prosodischen Begreifen steht das leibhaftige Gegriffenwerden, und dies Gedicht hätte ohne Gebrauch jener neuen Form seinen Leser nicht mit diesem grausamen Griff gepackt, mit dem es ihn jetzt festhält und zum Zuendelesen zwingt

Die grandiose Übergangssituation bei Radnóti: Nicht nur der Mensch geht in die Maschine, auch die Maschine geht in den Menschen über, und in dem Maße, in dem der Bombenwerfer sich mechanisiert, vermenschlicht sich der Mordapparat und wird zum leibhaftigen Gefährten. Was allerdings auch Radnóti nicht voraussehen konnte, war die neue Qualität der Automatisierung des Genocids, der Schreibtischtäter am Steuerpult

Vorausahnungen allerdings:

> »Wer mit dem Aeroplan fliegt, sieht dies Land als Meßtischblatt

und weiß nicht, wo Vörösmarty sein Haupt gebettet hat;
...
Er sieht das Bahngleis: Nur ein Ziel, darauf man Bomben wirft,
ich seh den alten Wärter, wie er aus dem Häuschen schlürft ...«

Aber diese Piloten und Bombenwerfer sahen wenigstens noch das Land als Meßtischblatt, während die Bombardierer Vietnams nur mehr das Meßtischblatt als Land sehen. Diese Umkehrung ist eine Mutation

Wie bei der Habichtsstrafe: Trennung von Täter und Tat, von Verbrecher und Verbrechen

Bei Radnóti ist diese Trennung noch nicht vollzogen, darum ist sein Bombenflieger so etwas wie ein Fliegender Holländer des Luftmeers, ein technisierter Ahasver. Sein Bombenflieger schläft noch schlecht; die Mörder heute schlafen ruhig

Was Radnóti auch nicht vorhersehen konnte: die Ermordung der Erde. In Vietnam wird die Erde gemordet, das Land, der Urgrund des Lebens

Diese quälende Verengung der Frage: Was soll ich tun? zu: Was kann ich tun

Das fast völlige Verschwinden der politischen Lyrik ist ein Phänomen, das beunruhigen sollte. Gewiß: andere Formen haben sich herausgebildet, der Protestsong etwa, aber der ist kein vollständiger Ersatz. Eine Ursache liegt sicher darin, daß ich über Vietnam nicht mehr weiß als die Zeitung und ich daher nicht mehr sagen könnte als eben die Zeitung. Nichts schlimmer, weil der guten Sache undienlicher, als ein gereimter Leitartikel

Das Zeitungsblatt als das Land sehen – eben das darf man nicht. Was bleibt? Die eigenen Erfahrungen der Zerstörung von Mensch und Erde zu schildern

Wieder: »Übernehmen Sie ruhig die Aufgabe einer Teilfunktion, die aber versorgen Sie genau …«
Die Literatur als Totemgesellschaft: Der Schreibende in sein Thema verschmolzen wie dort der Einzelne in seinen Clan

Ich bin gegen alle Gesetze zur Regelung ästhetischer Praktiken und Probleme, aber eines wäre mir doch sympathisch: das Verbot, Gedichte in freien Rhythmen zu veröffentlichen, bevor ihr Verfasser nicht eine überzeugende Probe in strengen Formen (natürlich auch im Reim) gegeben hätte

Da ich den Theaterspielplan an der Litfaßsäule buchstabiere, spüre ich plötzlich etwas Warmes über meine Füße wuseln: Zwei Zigeunerkinder putzen meine Schuhe, doch schon stürzen die Blumenweiber mit geschwungenen Hadern heran und schlagen keifend und drohend hinter den Forthuschenden in die Luft, und eine schreit Worte, die ich nicht verstehe, die ich aber nach Miene und Geste ihrer Erzeugerin nur als böseste Drohung empfinden kann

Gebadet; Hemden gewaschen; die Nylonhemden, da ich sie ja nicht naß in den Kasten hängen kann, natürlich ausgewrungen und zu spät dran gedacht, daß man das nicht darf … Draußen Regen, Dämmerung, nebenan Radio, im Kleiderschrank rhythmisches Tropfen, und über der Lektion mit den ik-Verben (das sind die, die beim Gebeugtwerden ihren Stamm nicht entblößen) schlafe ich ein

20. 10.

Schnupfen; Fieber; bleischwere Glieder: die Grippe ist da! Komme kaum auf die Beine, aber draußen ist's strahlend schön, und ich habe mich zu vier Besuchen angemeldet

In der Apotheke verkauft man zu den Tabletten, damit sie besser rutschen, quadratische Gelatineblättchen

Wieder jene Doppelschnur mit den roten klappernden Kugeln

In der Vörösmartykonditorei, dem berühmten Gerbeaud, dem heimlichen Mittelpunkt Budapests: Ich bin jetzt zu grippestumpf, und auch zu verdrießlich, um diesen Duft und Glanz skizzieren zu können: Lusterkristall, das Kristalluster spiegelt; weißbraune Mädchen in braunweißem Dreß, die Kastanieneis mit Sahne servieren; Kaffee in Täßchen mit Deckelhäubchen; im Elisabethzimmer löffelte die Königin Ungarns Pistazientorte, und heute sitzen da die Dichter vor ihren täglichen zwölf Gläsern Wasser, und Gábor stellt mich Iván Mándy vor, einem großen Kind mit großen Augen, und Gábor sagt zu Mándy: »Du, der schreibt auch über alte Kinos«, und Mándys große blaue Augen werden noch größer und blauer, und Mándy sagt: »Natürlich, worüber sollte man sonst denn schreiben

Alles schmeckt nach Chinin und eingeschlafenen Füßen

Mándy lächelt sogar mit der Weste ... Ich frage Gábor, worüber Mándy noch schreibe, und Gábor sagt: »Über Fußball. Über Flittchen. Über Hungerleider. Über Melonenesser. Über Träumer. Über Arbeiter. Über Ladenmädchen. Über Kinder. Über verrückte Lokalreporter. Über Katzen – «, und Mándy faßt, mit einem Fingerkreisen die Zusammenfassung zusammenfassend, zusammen: »Alles achter, alles nur achter Bezirk

Antiquariat: Knapp tausend Bücher in den Regalen, und der Preis derer, die ich auf den ersten Blick schon kaufen möchte, übersteigt mein Forintvermögen ums Zweifache

Der Liebhaber von Stabreimen hat eingekauft: Móricz; Mándy; Madách; Markus von Kalt; Magyarische Märchen

Aber leider keine Mythologien, kein Kerényi, keine der vergriffenen Publikationen des ungarischen Akademieverlags, die ich suche

Vor Bergen graugelber, flaschenlang gestreckter Birnen und faustgroßer rubinroter Äpfel ein Korb frischer Feigen: zartrosa, zartgrau, zartbraun, zartviolett; Milchtropfen am Stengel; (so stell ich mir nach der Beschreibung von Ferenc die Lyrik des Szabó Lőrinc vor

In meinem Nachruf wird einst stehen: Er hat viel Bücher und Obst geschleppt

Die Lebensmittelhalle quillt über von Waren, nur etwas fehlt leider: Oliven und Olivenöl. Fast überall die gewohnte Selbstbedienung mit hier sehr tiefen Plastkörbchen; nur am Käse- und Wurststand das Bon-System. Ich handhabe es nach russischem Muster, rechne den Preis der gewünschten Ware zusammen – zwanzig Deka Schinken, zwanzig Deka Emmentaler –, erwerbe an der Kasse einen Bon und will dafür die Ware eintauschen und werde gewaltig ausgeschimpft: »Was soll ich denn mit dem Zettel da, was soll ich damit? Können Sie nicht erst abwiegen lassen und dann bezahlen? Wie soll ich denn das aufs Gramm abschneiden, zwanzig Deka aufs Gramm, wie stellen Sie sich denn das vor, junger Mann? Zwanzig Deka aufs Gramm, das ist nicht zu glauben!« Und sie säbelt (natürlich ist sie gewaltigen Umfangs, natürlich stemmt sie den linken Arm in die Hüfte, natürlich schwingt sie das Fleischermesser, natürlich kommen die Mädchen vom Nachbarstand kichernd heran, und natürlich hat mir ein würdiger alter Herr mit eisgrauem Schnurrbart getreu und nachsichtig ihre Schelte verdeutscht), sie säbelt also ein Stück Emmentaler ab, fast zehn Deka drüber, und ich sage: »Gut, gut!« und bezahle den Rest

Die Verkäuferin lacht; der alte Herr lächelt; die jungen Mädchen kichern und stecken die Köpfe zusammen und prusten dann auf und stieben mit roten Köpfen davon

Guter Brauch: Am Fleischstand kann man gleich Brot und Semmeln kaufen; man wird darauf aufmerksam gemacht, wenn man's nicht tut

Das Attribut »russisch« droht – aus den achtbarsten Motiven – im Attribut »sowjetisch« aufzugehen, mit dem es durchaus nicht synonym ist. »Sowjetisches Recht«, »sowjetische Diplomatie«, »sowjetische Ethik«, das trifft ins Wesen, aber »sowjetischer Kognak« ist einfach Unfug, da Kenner doch zwischen armenischem und georgischem unterscheiden. Oder »sowjetischer Wodka«, da doch der russische gemeint ist, zum Unterschied vom polnischen etwa. »Original sowjetische Küche« las ich einmal in Leipzig – der Gastwirt löschte mit diesem Schild kurzerhand ein paar hundert Völker aus

Komme grad noch nach Hause, falle ins Bett, schlucke (mit Gelatine) Chinin für fünf Tage und rufe Gábor, Jutta, Ferenc und Zoltán um Medikamente für eine Roßkur an

Eine Anthologie ungarischer Liebesgedichte von Corvina (deren Belegexemplar ich unverständlicherweise nicht bekommen habe). Sehr schön ein Liebesgedicht von Nemes Nagy Ágnes, von der ich bisher kaum etwas kenne: »Durst«; es ist das Dürsten nach einer Rauscherfüllung durch reales Verschlingen, Vernichten des Partners, aber: »Ich liebe dich; du liebst mich ... Hoffnungslos!«
Dies Gedicht ist in meinen Hausschatz aufgenommen. Und: eine Verneigung vor dem Nachdichter

Übrigens höchste Zeit, aus den Grüften herauszukommen

Bei einer Übertragung dieses Bandes finde ich meine Devise, ob derer man mir Hochmut vorgeworfen hat, bitter bestätigt: Keine Übertragung ist immer noch besser als eine schlechte ... Hier eine eines Gedichtes von József; hätte ich nicht zufällig die Interlinearübersetzung in meinem Koffer, so würde ich nach der zweiten Strophe die Schultern zucken und sagen: Ein sehr schwaches Gedicht!, und wüßte ich nichts von Józsefs Größe, würde ich folgern: Ein sehr schwacher Dichter! Hier allerdings weisen antiquierte Wörter und Wendungen so stark auf den Nachdichter, daß ich mich eines Schlusses auf das Original enthalten würde. Das Schlimmste ist jene Mittelmäßigkeit, die alles in gleichen Brei verwandelt

Rücksicht auf den Nachdichter? Nahm er denn Rücksicht auf den Vordichter

Die Wut und die Grippe kämpfen miteinander: Hai gegen Krake, und Krake siegt

Unter meiner Beute: G. Róbert Gragger, Altungarische Erzählungen, und hier finde ich endlich etwas über den zornigen Gellért, von dem ich bislang nur wußte, daß er in einem nagelbestückten Faß von eben dem Berg, auf dem er nun dräut, in die Donau gerollt worden ist. Dies wäre die Vita: Gebürtiger Venetianer; reiche Familie; glänzende Bildung; Vater im Kreuzzug gefallen; der Sohn, schon Abt, will es dem Vater gleichtun und wider die heidnischen Hunde ins Morgenland ziehen, zieht aber durch des Höchsten Fügung zu den heidnischen Ungarn; als Vorbereitung dazu betet, fastet und wacht er sieben Jahre in der Wüste Beel ... Vertrauter König Stephans; Prinzenerzieher; Bischof; Gelehrter von Rang; nach Abfall der Ungarn vom Christentum gesteinigt, in die Donau gekarrt und schließlich von einer Lanze durchstoßen, und »sieben Jahre schäumte der Strom an jene Stelle und wusch doch das Blut nicht ab ...«

Eine sehr schöne Beobachtung des alten Chronisten: »Als er [Gellért] eines Tages schrieb und ihn vor allzu großer Phantasie der Schlaf überfiel ...«

Ein Zug, den du an Gellért nicht vermutet: »Sooft König Stephan einen der Söhne, die er gezeugt hatte, mit der Rute der Gerechtigkeit strafen wollte für seine Missetat, verteidigte ihn Vater Gellért mit Tränen des Mitleids ...«

Und eine Episode, über die man nicht genug nachdenken kann: Gellért ist mit Reisigen unterwegs und hört plötzlich das Knarren einer Mühle und dazu den Gesang einer Frau. Näherkommend entdeckt er ein Weib, das singend die Wei-

zenmühle dreht, und fragt seinen Begleiter: »Sag, Walter, läuft die Mühle nun durch die Kunst oder durch die Arbeit?«
Walter: »Durch beides, Vater, durch die Kunst und die Arbeit, denn es ziehet ja nicht irgendein Tier, sondern man muß die eigene Hand dabei herumdrehn!«
Gellért: »Welch eine merkwürdige Sache, wie das Menschengeschlecht sich ernährt. Gäbe es keine Kunst, wer könnte die Arbeit ertragen?«
Ein Satz, den ich sofort unterschreibe

Datum des Martertods: 1047; in diesem Jahr erscheinen auch die Hexen vor Macbeth

War Gellért wirklich der Eiferer, als der er dasteht? Ich glaube es nicht; kein wackerer Bonifaz, kein Eichenfäller, wohl ein sehr kluger Diplomat. Außerdem war er, lese ich, »von kleinem Wuchs«, und »alle seine Kräfte waren im Dienste Gottes gänzlich verbraucht«.
Man ist versucht, ihn auf die Formel zu bringen: ein hochkultivierter Reaktionär, aber solche Formeln sagen wenig, und diese ist wahrscheinlich auch noch falsch. Wer die Magyaren zu dieser Zeit zu einem europäischen Volk machen wollte, mußte sie wohl christianisieren. Doch sei dem wie immer: daß er ein Denkmal hat und daß es nachts angestrahlt wird, ist einfach nett

Nebenan brüllt das Radio Walzer um Walzer. »Gäbe es keine Kunst, wer könnte die Arbeit ertragen?«
Aber wie erträgt man die Kunst

Durch Arbeit

21. 10.

Fieber. Matschig. Blöd. Verquollen. Und nun auch noch Herzschmerzen vom Chinin

Jutta, Gábor, Ferenc und Zoltán schicken Medikamente: Jutta buntgesprenkelte Käpselchen ohne, Gábor weiße Kügelchen mit doppelter Gebrauchsanweisung, Ferenc Chinin mit Gelatine, Zoltán Marillenschnaps, und Elga lädt ins Lukácsbad ein: Heut sei ihr Schwimmtag, ob ich mitkommen wolle. Ich schlucke drei Kapseln, drei Kugeln, dreimal Gelatine, verneige mich sehnsüchtig tief vor dem barackpálinka und nehme Elgas Einladung an

Der Himmel schickt ein Warnungszeichen: Der Taxifahrer kennt das Lukácsbad nicht, preist mir dafür das Rudasbad an, rühmt das Királybad, will hinter der Elisabethbrücke statt nach rechts nach links zum Gellértbad steuern und setzt mich, da ich auf Lukács beharre und mir auch die Frankel Leó utca einfällt, an der es liegt, schließlich am benachbarten Császárbad, dem Kaiserbad, ab. »Császárbad«, sagt er, »sehen Sie doch selbst, nichts als Császárbad, nur Császár, kein Lukács; hier Császárbad, da Császárbad und daneben Császárbad und nochmals Császárbad und dann nichts mehr

Dort, wo nichts mehr ist, ist der Eingang zum Lukácsbad

Habe ich das Császárbad nun geschädigt? Gesetzt, es erfülle durch dieses Manko seinen Plan nicht und seine Brunnenmädchen bekämen keine Prämie – wäre ich dessen schuldig

Im Hof die uralten, gelben Platanen flößen Vertrauen ein. Sonnenflecken, Schatten und Stille, langsam fallende große Blätter, Votivtafeln innigen Dankes an den zerbröckelnden Wänden, und an ihnen vorbei schwingt sich an zwei vernickelten Krücken eine zierliche junge einbeinige Frau

Ein Text, der in Mustersammlungen aufgenommen zu werden verdiente: »Als Arzt und Patient danke ich für das wundertätige heilende Wasser!«

Daneben, darüber: lateinische, kyrillische, deutsche, arabische Lettern

Zwei Schwimmbecken, ein quadratisches und ein rechteckig langgezogenes; wärmeres Wasser hier und kälteres Wasser dort. Wir sind fast allein, ein paar alte Herren, ein paar alte Damen, Sonne und Stille, mich friert an der Luft, doch das Wasser tut gut

Im Winter, als hier die Schneeflocken fielen, die schauerliche Verdammung und Erhebung Flauberts

Die einbeinige Frau hüpft ins kalte Becken; sie ist noch zierlicher und zarter, als das Kleid verriet, vielleicht auch durch den Kontrast zum unförmig baumelnden Fleischstumpf aus der rechten Hüfte. Von hinten aufs äußerste abstoßend und Bedauern erregend (was beinah dasselbe ist); von vorn, da man die Schnitte im Stumpf sieht, phantastisch obszön

Eine alte Frau absolviert, von einer älteren überwacht, ihr tägliches Schwimmpensum, und die Ältere geht rauchend und sich die Nägel am Handtuch reibend neben der Alten und redet pausenlos auf sie ein

Die sieben Bademeister gähnen

Ein wohlbeleibter Sechziger, vielleicht noch dicker als ich, in blauweiß gestreifter knielanger Leinenbadehose, zelebriert das Einsteigen ins Becken (kalt) als Ritual. Auf den flachen Stufen zum Bassingrund sitzend, schöpft er in die Schüssel der Handteller Wasser, schüttet es über Knie und Waden, schaut fröhlich zu, wie es rinnt und tropft und im Triefen funkelt, begießt dann die Brust und den Wulst um den Nabel und schaukelt sich auf Händen und Füßen Zoll um Zoll in die Fluten hinunter, Lust breit überm braunen Gesicht und stoßweis stöhnend; noch wölbt sich der Bauch, da die Brust versinkt, nun tauchen die Schultern ein, der Hals, der Hinterkopf, und schon die Ohren, und im Tauchen geschmeidig wendend, stößt er sich ab und schwimmt langsam und glücklich hinaus durchs Asowsche Meer zum mäotischen Urland

Das Verhältnis des Ungarn zum Wasser ist ganz naiv und ganz elementar, das habe ich wieder und wieder erlebt ... Der Kraftfahrer voriges Jahr, der unsere Plattenseefahrt mit einer Ladung leerer Flaschen im Kofferraum antrat, um Wasser von unbekannten Quellen heimzubringen – wie er kostete, wie er mit Nase und Zunge schmeckte, wie er die Flasche gegen das Licht hielt, wie er das Wasser zerbiß! Oder in den Thermalbädern die Plauder- und Tratschstündchen, im Wasser sitzend, richtig auf steinernen Sesseln und Stühlen, im Wasser rauchend, im Wasser Konfekt knabbernd, im Wasser Schach spielend, im Wasser Mineralwasser trinkend, im Wasser von Badeerlebnissen schwärmend, ganz ungeniert im Behagen der heiß und schweflig umspülten Leiber ... Damals in Hévíz, dies Suhlen im blutwarmen Modder war orgienhaft ... Oder die Wasserproben in den Landnahmelegenden:
»Als nun Kusid in die Mitte des Landes Ungarn kam und die Donaugegend erreichte, sah er, daß die Landschaft schön, der Boden gut und fruchtbar, das Wasser des Flusses gesund und das Gras saftig war; das gefiel ihm alles. Dann ging er zu dem Fürsten des Landes, Swatopluk, der nach Attila herrschte. Er überbrachte Grüße von den Seinen und berichtete, weswegen er gekommen sei. Als nun Swatopluk dies hörte, freute er sich sehr, denn er glaubte, daß Bauern gekommen wären, um sein Land zu bebauen. Er entließ also den Boten in Gnaden. Kusid jedoch füllte ein Fäßchen mit Donauwasser, steckte Gras in seinen Ranzen und nahm auch Schollen der schwarzen Erde mit sich, und so kehrte er zu den Seinen zurück. Dort erzählte er alles, was er gesehen und gehört hatte, legte ihnen das Fäßchen mit dem Wasser, das Gras und die Schollen vor. Das alles gefiel ihnen sehr. Sie kosteten auch das Vorgelegte und überzeugten sich, daß der Erdboden ausgezeichnet, das Wasser süß und auch das Gras der Wiesen so war, wie es der Bote ihnen erzählte.
Árpád aber füllte mit dem Wasser der Donau sein Horn und flehte vor allen Ungarn über diesem Horn die Gnade des allmächtigen Gottes an: Der Herr möge ihnen dies Land für ewig überlassen. Und als er sein Gebet beendet hatte, riefen alle Ungarn dreimal: ›Gott, Gott, Gott!‹«

In der Klosterschule mußten wir mit der Badehose in die

Wannen in den Einzelkabinen, und der Badefrater spähte durchs Schlüsselloch und wünschte, wir zögen sie aus

Voriges Jahr hier auf dem Sonnendach tagaus tagein die endlosen Diskussionen über Moral und Literatur, über Homer und die Moderne, über Lukács und Anna Seghers, Thomas Mann, Henry Miller, Camus, die neuen russischen Namen, Semantik und Spieltheorie, József und Freud, Füst, Madách, Ady, Wittgenstein. Mir liegen solche Gespräche im größren Kreis gar nicht, da aber machte ich mit, und man sah beim Debattieren Berge und Wolken, und das Wasser war nah

Schönes, trauriges, gelbes Laub

Sankt Lukas zwischen den Platanen schaut gütig zwei blutjungen Ärzten nach

Da ich zum Abschluß ins kalte Becken steige, warnt Elga und rät angesichts meines Zustands zu dieser Reihenfolge: Erst warm, dann immer wärmer und schließlich heiß und hinaus, so sei es richtig, dann schade auch die kalte Luft nichts; bei der systematischen Abkühlung aber hole man sich doch den Tod

Ins Dampfbad – welch ein Minospalast! Vom Schwimmtrakt kommend, steigst du aus dem Hof ein paar Stufen hinauf, durchquerst einen Flur und gelangst nach einer Halle mit schwitzenden alten Männern in Mänteln und Hüten durch eine Tür mit der Aufschrift AUSGANG in einem von Laken durchwandelten, alptraumhaft aus der Nacht einer Schraubendrehung zu einer Eisenleiter hochführenden Kachelgang zum Sitz eines knebelbärtigen Wärters, der dir, nachdem er dich durchdringend gemustert und dein achtlos geknicktes Billett mißtrauisch beäugt, es gegen das Licht gehalten, durch Fingerreiben geprüft und in Steilsicht das Vorhandensein eines geheimen Paßzeichens visitiert hat, eine handtellergroße Holzmarke aushändigt, die ein hinterm Gipfel der Eisenleiter in einer Art Zwinger beheimateter zweiter, noch knebelbärtigerer Wächter dann gegen ein kunstvoll zusammengefaltetes Leinensäckchen, eine Blechmarke samt Schlüssel und eine richtungsweisende Handbewegung von solcher, wenn auch vager, Großartigkeit eintauscht, daß du in dem wie ein Ghetto verfitzt- und verfilzten Wirrsal der aus Latten, Leisten, Stäben, Rosten, Lamellen, Ritzen, Fugen, Löchern und Luft gebildeten, heillos durcheinandernumerierten, käfighaft zwischen Käfigen über Käfige in den einen, rundum offen nach allen Seiten durchschau- und eben darum unergründbaren Käfig dieses Labyrinths von Gängen, Gaden, Nischen, Winkeln, Gaupen, Ecken, Verschlägen, Kauen und Koben sprossenden Kabinen, worein man dich nun stößt, nicht sofort kapitulierst, sondern voll Hoffnung, die deine zu finden, so lange die Koben, Kauen, Verschläge, Ecken, Gaupen, Winkel, Nischen, Gaden und Gänge dieses unergründ-, obwohl rundum offen nach allen Seiten durchschaubaren Labyrinthkäfigs der über Käfige zwischen Käfigen käfighaft sprossenden, heillos durcheinandernumerierten, aus Luft, Löchern, Fugen, Ritzen, Lamellen, Rosten, Stäben, Leisten und Latten gebildeten, wie ein Ghettowirrsal verfitzt- und verfilzten Kabinen durchirrst, bis du, da auch all deine Fragen an die teils lakenumhüllten, teils lendenbeschürzten Schicksalsgefährten nur eine deutsche Nennung deiner Kabinennummer erwirken, begreifst, daß deine Hoffnung doch Hoffart gewesen und du dich schon glücklich preisen müßtest, auch nur zu dem Wächter zurückzufinden – da springt just aus jenem Knie, das schon fünfmal umbogen zu haben du ohne Zögern beschwören würdest, lächelnd und unübersehbar deine Kabine, und aufatmend trittst du ein, ziehst dich aus, stehst nackt, schaust dich um, lugst hinaus und schaust hinter Latten und Leisten und Luken zwischen Leisten und Luken und Latten nur Lakenumhüllte und Lendenumschürzte und wähnst dich in deiner Blöße ein zweites Mal am Ende: die endlich gefundne Kabine wieder verlassen, um eines lumpigen Leistenschurzes willen zurück ins verfitzt- und verfilzte Leistenlattenlamellenlöcherlukenluftlabyrinth käfighafter Kauen Gaupen Kojen Gaden Koben Gänge Kanäle Gatter Kabinen der rundum nach allen offenen Seiten

durchschau- nein; und da, schon bereit, lieber nackend hinauszugehn, gewahrst du, da du, deine Wertsachen zu verstauen, entschlossen das Säckchen entfaltest, daß dies Säckchen kein Säckchen, sondern ein Schurz ist, ein Lendenschurz aus grauem Leinen, mit einer Hanfschnur um die Hüfte zu knoten, begreifst es, tust es und gehst gleich allen andern mit beschürzter Blöße aufatmend hinaus und erkennst, daß du, denn du bist es, verloren bist: die Kabine findest du nimmermehr, die Kabine mit deinem Paß und deinem gesamten Geld und all deinen Papieren, doch nun ist's zu spät, kein Knie springt mehr vor, der Strom erfaßt dich und spült dich ins Unbekannte, und dich ins Schicksal ergebend und die Grippe verfluchend, die deinen Willen dermaßen gelähmt hat, treibst du im Strom, vorn beschürzt, hinten bloß, und nun wird das Treibgut gesondert: nur Lendenschurze noch, keine Laken, das Labyrinth verengt sich zum Gang, und der Gang schraubt sich, in unendlicher Krümmung sich verengend, hinunter in den Rachen der Hölle; Dampf wallt, Schweiß dünstet, Dunst dampft, wellende Wolken, schaukelnde Lichter, vorübergleitende Leiber, Keuchen und Tosen, Säulen erscheinen wie Schemen, Grotten, Höhlen, Stufen hinab und hinan und Becken mit Köpfen und flatternden Händen, der Boden ist glitschig, die Stufen sind schlüpfrig, die Wände sind salbig, du rutschst und faßt an Holz und greifst einen Riegel, und knarrend geht eine Tür auf und du erstarrst: Da sitzen, in kochender trockener Luft, um ihren Fürsten Álmos geschart, die Hetumoger …

»Valóban nagy tudós vagy, idegen …«

Sie sind es wahrhaftig, die Hetumoger, die Helden der Landnahme, die sieben Getreuen des Álmos, braunhäutige magyarische Recken, die Mehrzahl schon silberhaarig, die Schnurrbärte schön geschwungen und von Turul-Falken der Blick; sie sitzen auf Reckengestühl, Holzsesseln mit breiter Brüstung, die schwert- und zügelmüden Arme behaglich zur Ruh drauf zu legen, dieweil sie den Worten des Fürsten lauschen, denn der da zu ihnen redet ist Álmos, Sohn des Eleud, Sohn des Ugeg, Sohn des Ed, Sohn des Chaba, Sohn des Ethele, Sohn des Bendeguz, Sohn des Turda, Sohn des Scemen, Sohn des Etei, Sohn des Opus, Sohn des Kichids, Sohn des Berend, Sohn des Zulta, Sohn des Bulchu, Sohn des Bolug, Sohn des Zambur, Sohn des Zamur, Sohn des Leel, Sohn des Levente, Sohn des Kulche, Sohn des Ompud, Sohn des Miske, Sohn des Mike, Sohn des Beztur, Sohn des Budli, Sohn des Chanad,

Sohn des Buken, Sohn des Bondofard, Sohn des Farkas, Sohn des Othmar, Sohn des Kadar, Sohn des Beler, Sohn des Kear, Sohn des Kewe, Sohn des Keled, Sohn des Dama, Sohn des Bor, Sohn des Hunor, Sohn des Nimrod, Sohn des Thana, Sohn des Japhet, Sohn des Noah, der über die Sintflut zum Ararat schwamm … Die Stammväter Ungarns sind's, und Álmos spricht zu ihnen vom Traum seiner Mutter, es gehe ein reißendes Wasser aus ihr, das Strom werde in einer fremden Ferne, und Álmos spricht von dem Land mit dem grünesten Gras und der schwärzesten Scholle und dem mehligsten Korn und dem süßesten Wasser, und es nicken die Fürsten, die sieben, die kampferprobten: Árpád nickt, Vater des Zoltán, Vater des Toxum, und es nickt Zobolch, Vater des Chak, und es nickt Gyula, Vater des Gyula, Vater des László, und es nickt Cund, Vater des Kusid und des Czupan, und es nickt Leel, der die Böhmen von Golgatha trieb, gepriesen sein Name, und Werbulchu nickt, und es nickt auch Urs, und Werbulchu winkt dem Fremdling, der demütig unter der Pforte steht, einzutreten und das Tor zu schließen, und Gyula, Vater des Gyula, Vater des László, Vater der sternschönen Sarolt, weist nach dem Gestühl am Ende der Runde –

– doch da fahren die Edlen entsetzt aus dem wägenden Sinnen, auffährt Álmos der Alte und Árpád der Kühne und Zobolch der Burgenerbauer und Gyula, Vater des Gyula, Vater des László und Vater der sternschönen Sarolt, und auffährt Cund und Leel und Werbulchu und Urs mit dem längesten Bart unterm Kinne, auffahren alle und runzeln die Brauen und Stirnen und senden acht mal zwei Blicke aus Stahl und Zorn nach dem Fremdling, der es gewagt, den Schurz von der Blöße zu nehmen und auf die Feuchte zu breiten, die den Sitz des Gestühles bedeckte, und der nun schamrot sich wendet und flieht

Zwischen Säulen, in Nischen, unter Arkaden: Vier Becken, drei größere, ein kleineres, muschelförmig eines, eins stadionförmig, vom kleinsten zum größten das Wasser um jeweils vier Grad von achtundzwanzig auf vierzig Grad Celsius steigend, und auf dem Wasser im Rund der redenden Köpfe die Lätze gleich Lotosblüten

Dreizehn Leopold Blooms: welche Metamorphose

In der Sauna: Die Alten sind weggegangen; und nun sitzt überm Volk ein Athlet auf einer Stuhllehne und wringt sich. Verbissen, mit dem unerbittlichen Ernst eines Elftplazierten bei Kreismeisterschaften, quetscht er Pore um Pore das Wasser aus seinem Gewebe und läßt bei jedem Anheben des Ellbogens die Armmuskeln spielen, und keiner beachtet ihn, weise Nation! Während einer Viertelstunde behandelt er das Stück zwischen Schlüsselbein und Brustansatz der linken Seite, ich wäre neugierig, ob das Tempo so fortgeht, aber die Hitze treibt mich hinaus

und im Herzen der Schraube, in der Opfergrube zwischen zwei wuchtigen kurzen Treppen, wartet lächelnd der Minotaurus: Ein Jüngling, schön und schwarz wie nur ein Pasiphaïde steht er bis zum Gürtel nackt in der Mitte der Grube, und alle müssen an ihm vorüber, die Schurze fallen, nackt stehen die Opfer, und lächelnd verschmäht er und reicht einem jeden mitleidig ein Laken, die ganze Blöße zu verhüllen

und du betrittst einen riesigen Saal, in dem auf vierzig Pritschen reglos und bleich und schauerlich ächzend vierzig vermummte Leiber liegen, indes an der Vorderfront vier Beschneider mit weit aufgerissenen Scheren lauern, und auch du mußt an ihnen vorbei, auch du

und an der Pediküre vorüber und abermals durch eine, und diesmal weihevolle leere Halle kehrst du durch den der Nacht sich entschraubenden Kachelgang zurück und klimmst gelassen in deinem Laken am Wärter vorüber die Leiter zum Wärter hinan, dieweil zwei linkische Neuankömmlinge verschüchtert ihre Billetts präsentieren

und wieder drohst du im Labyrinth zu verirren; der Wärter im Zwinger hat auf die Frage nach deiner Kabine dir nur die Blechmarke abgenommen und in die Landschaft der Latten und Leisten hinein seine große Geste groß wiederholt, doch da nimmt Gyula, Vater des Gyula, Vater des László, Vater der sternschönen Sarolt, dich unterm Arm und führt dich, und plötzlich ist deine Kabine da und drinnen, o Wunder, Rock und Hose mit Geld und Paß und allen Papieren, und Gyula, Vater des Gyula, Vater des László, Vater der sternschönen Sarolt, fragt voller Neugier: »Was hat denn der Kunert Neues geschrieben

und durch den Ruheraum mit schwitzenden alten Männern in Mänteln und Hüten (zu welchen nach dieser Irrfahrt trotz deiner Mantel- und Hutlosigkeit nun auch du gehörst) und den Ausgang mit der Aufschrift EINGANG hinaus, und da rutscht der Hof weg; ich muß mich setzen, und mir ist nun wirklich bang vor dem Heimweg, doch da erscheint Ferenc, tatsächlich: dieses Bad ist Ungarns Akademie. Ferenc hat nach einem Taxi telephoniert, und nun sitzt er neben mir auf der Bank in der frischen Luft und bläst mir den Rauch seiner TERV unter die Nase; ich huste und huste und wedle den Qualm fort, und Ferenc sagt teilnahmsvoll: »Ja, Grippe ist schlimm, da verträgt man den Rauch nicht«, und sich an der alten die neue Zigarette anzündend, fragt er näher rückend, ob es stimme, daß György gesagt habe, ihm hätte Gábor gesagt, ich würde zu Elga gesagt gehabt haben, daß ich ein Buch über Budapest schreibe, und er betont die letzten Worte mit solch schneidend skeptischer Ironie, daß ich trotz Fieber und Ärger laut lache: Keine Sorge, Ferenc, keine Sorge, ich fühle mich ja nicht befugt, auch nur einen Aufsatz über eine der Brücken zu schreiben, ich führe mein Tagebuch weiter, das ist schon alles, und spiegeln sich auch Splitter von Budapest drin, so nicht Budapest

Abends bei Elga zu paprikáskrumpli und bableves aus daumengroßen Saubohnen mit selbstgemachten Spätzle, Spezialität (die Spätzle) des Jüngsten, des Mathematikers (der Älteste ist gleich dem Vater Musiker). Das Hauptgericht ein Bauernessen: Kartoffeln in großen Stücken, Wurst in großen Stücken, Rauchfleisch in großen Stücken, Paprika in großen Stücken zusammen geschmort, natürlich mit Schweineschmalz, das Gewürz ist Geheimnis der Hausfrau, und ich esse und esse

Ferenc bemängelt den von mir gebrauchten Ausdruck »Bauerngericht« als operettenhaft; ich solle Móricz lesen, verlangt er, dann werde ich wissen, was ein ungarischer Bauer gegessen habe

»Paprikáskrumpli«, sagt Elga, »hat auch der Grass Günter bei mir gegessen, der hat zwei große Teller gegessen, dann hat er sich einen dritten genommen, da haben wir aufgehört zu essen und haben nur nach dem Grass geschaut, doch der hat auch den dritten Teller verschlungen, dann hat er sich einen vierten genommen, da hab' ich mir gedacht, das kannst du nicht dulden, der platzt auseinander, aber dann war ich doch neugierig und hab' ihn gelassen, und da hat er auch den vierten Teller hinuntergebracht!« – »Und dann?« frage ich begierig, und Elga sagt strahlend: »Und dann hat er Salami und Käse gegessen

Der Jüngste, der Mathematiker, verabschiedet sich zeitig: er fährt in aller Herrgottsfrühe zu einer Tagesexkursion nach Wien. »Bekommt er denn dafür frei?« frage ich, und Peter sagt, es fahre ja die ganze Klasse, und auf mein sicher verdutztes Gesicht hin sagt Elga: »Schau, wir sind doch dran interessiert, daß die jungen Leute die Welt kennenlernen, sie sollen sich doch einmal zurechtfinden und Ungarn nicht allzu blöd vertreten, da können sie nicht früh genug anfangen, Erfahrungen zu sammeln!« (Der Musiker studiert in Leningrad

Zu Hause nachforschen, von wem das Wort stammt: »Der Österreicher hat im Ausland nichts zu suchen!«

Mándys Erzählungen: Zeug, aus dem die Träume sind, Träume und Tage der Josephstadt, des VIII. Bezirks, des Viertels der Kleinsten unter den kleinen Leuten. Ich kenne diesen südöstlich hinter dem Großen Ring gelegnen Bezirk nur aus Mándys Geschichten; der Fremde kommt dorthin ebensowenig wie etwa ein Fremder in Berlin in die Ackerstraße, und es ist genau jene Welt, zu der ich in meiner Jugendzeit flüchten wollte und die mir versperrt blieb, so gierig ich auch einen Schlüssel suchte

Damals, auf der Reichenberger Penne, die jähe Liebe: das Mädchen, das nach der Seiltänzernummer mit dem Teller kassieren ging; damals hatte ich auch Fieber; ich wollte mein ganzes Monatstaschengeld auf den Teller werfen und schämte mich dann und schämte mich überhaupt, Geld zu geben, und floh, und sie fluchte hinter mir her

Welt am äußersten Rande des Bürgertums, wo die Reiche Hoffmanns und Gogols beginnen

Ich weiß noch, wie die Kinder im Rinnstein der Hübnergasse spielten, als ich aufs Gymnasium nach Reichenberg kam; sie waren viel jünger als ich, und ich stand im Matrosenanzug vor ihnen und beneidete sie und wollte mit ihnen Papierfetzen aus dem Gully angeln, indes mein Vater drinnen bei Makosch & Makoschek um den Preis einer Knickerbockerhose feilschte, worüber ich voll wütender Scham aus dem Laden gelaufen war

Diese Welt war für mich das Andere, und das Andere mußte das Wahrhaftige sein ... Die Welt, in der ich lebte, war die Welt der Lüge. Nichts verlogener als die Weihnachtsabende, da das Dienstmädchen hilflos und rot am Familientisch saß und ihre Dienstherrin sie bediente und der aus dem Wirtshaus geholte Dienstherr »Stille Nacht, heilige Nacht« sang und die Kerzen strahlten ... Der Christbaum reichte vom Erdboden bis an den Plafond; es gab Fischsuppe, gebackenen Karpfen, Rotwein, Torte, Mokka und selbstgegossene Schokolade, dann ging die Familie zur Mette, und dann zog sich das Dienstmädchen an, sie mußte sich anziehn, wenn sie zu Bett ging, da es in ihre Kammer schneite

Welt des Tagtraums, der Schwüre, der Opfer, der Illusionen, wo Glauben, Hoffnung und Liebe so schrecklich abgenutzt und dennoch nicht schäbig waren

Welt der Rebellionen, der Aufsässigkeit, des Ungehorsams: Mit welchem Schauder der Verzückung sah ich die Flammen aus dem Krematorium, das ein Verband für Feuerbestattung und Freidenkertum nah meinem Heimatdorf erbaut hatte. Sie waren im katholischen Land Luzifers Atem, sie brüllten wider Gott und trotzten der Hölle

Oder in Reichenberg die Hirtenschenke unten im Tal, das war die verrufenste Kneipe, wir trauten uns nie hinein, wir trauten uns nicht einmal in ihre Nähe, und oft, wenn es dämmerte, standen wir oben vor den Sportplätzen und sahen hinunter und faßten einander an und standen ganz still, und der Malaye stieg aus dem Folterkeller

Bei Mándy (was heißt: »bei Mándy«; ich kenne ja nur dieses Büchlein von fünf Geschichten) ist kein Gran Sentimentalität. Diese Erzählungen sind Kristalle: hart, scharfkantig, klar, genau; unergründlich

Mándy: »Eines Nachmittags warf sich Onkel Barna seinen Krankenhausmantel um. Er wirkte in dem verwaschenen Umhang wie ein heruntergekommener Meuchelmörder, der nur noch ganz schäbige kleine Aufträge erhält.«

Oder: »Die Tochter aß, sie blickte nicht einmal von ihrem Teller auf. Mit ihrem dichten, blonden Haar, ihren gebräunten Armen sah sie aus, als säße sie am Rande eines Schwimmbeckens.«

Nein, das gibt keinen Eindruck. Man kann aus Mándy nichts zitieren

Welt der Groteske: Die Armut grotesk, der Hunger grotesk, die Pläne grotesk, die Verbrechen grotesk, die Schmerzen grotesk, die Lüste grotesk, die Klagen grotesk, die Physiognomien grotesk, und die Groteske so schauerlich wirklich – war es das, was mich anzog

Es war einfach das Andere ... Natürlich das Andere innerhalb meiner Welt, sonst wäre es ja nicht träumbar gewesen. Und nicht die Arbeiterklasse: Zwischen ihr und mir stand jener riesige graue dumpfbrüllende menschenverschlingende Moloch, der zweihundert, dreihundert Meter gegenüber meinem Vaterhaus stand: die Haneyfabrik

Seltsam, oder eigentlich gar nicht, daß dieser andre Bezirk auch immer der Bezirk der körperlichen Mißgeburten war, der Bezirk der Buckligen, der Liliputaner, Verwachsenen, Blinden, Taubstummen, Krummen, Krüppel, Humpler und Hinker. Die Arbeiter sahen alle normal aus, nur blasser, schmächtiger und grauer: Dort konnte das Andere doch nicht sein

Ist Mitleid nur reaktionär? Es gibt auf diese Frage bejahende Pauschalantworten, aber jedes Gefühl, auch der Haß, kann soziale Energien schwächen oder stärken, und aus jedem Gefühl, wenn es nur ehrlich und stark empfunden wird, kann starke und ehrliche Literatur wachsen, die ja allein schon eine soziale Tat ist

Und Mitleid ist ja nicht Bemitleidung und schon gar nicht Selbstbemitleidung. *Das* allerdings ist widerwärtig

Tradition Gogols, Dostojewskis, Tschechows, Gorkis, Jean Pauls, Barlachs, Laxness' und Kazantzakis'; man soll nicht so vorschnell die Nase rümpfen

Das Wort »abgedroschen« enthält doch Tragödien ... Die Opfer sind schon weggeschafft; die Ruten liegen noch in der Ecke und sind zerfetzt, und Blut klebt dran

»Abgedroschen« – im »o« dieses Wortes schwillt noch einmal der ermattete Bizeps des Prügelmeisters

»Dazwischenstehen« – das ist doppeldeutig: Barriere oder Verbindungsstück

S = P – da steht das Gleichheitszeichen dazwischen
S ≠ P – da steht das Unvereinbarkeitszeichen dazwischen

Jean Pauls Attila Schmelzle: Man lacht ihn als Hasenfuß aus, doch aus ihm schreit schon so schrill und lächerlich hilflos jene Angst, die später dann gar nicht mehr komisch ist, die auch Woyzeck und sein Hauptmann schon kennen

und auch schon die neue Qualität einer Untertänigkeit: der tragisch-groteske Untertan

Schmelzle versucht verzweifelt, dem Schicksal eines K. zu entgehen. Drei Tage und zwei Nächte dieses Versuchs sind überliefert, und sie sind schrecklich lustig; von den späteren wissen wir nichts mehr

Jene Angst vor dem Außen *und* vor dem Innen: In der vollen Kirche unter der Kanzel sitzen und plötzlich den unstillbaren Drang spüren, zum Prediger hinaufzubrüllen: »Ich bin auch da, Herr Pfarrer ...«

Oder an einem fremden Ort am Gefängnis vorbeigehn und denken, einer rüttle drin an den Gittern und schreie, auf dich zeigend, herunter: »Da drunten geht mein Spießkamerad ...«

Jener andere Attila, jener so andere Attila, der Dichter des Solidaritätsliedes, hat diese Angst auch gekannt: »Ich werd' meiner Straf' nicht entgehen!«

Und mit welchem Heulen im Herz ist der Wuz geschrieben

Und die Rede des Toten Christus ist trotz ihrer tröstlichen Einkleidung die düsterste Grabrede auf die Heile Welt, die ich kenne

»Und als ich aufblickte zur unermeßlichen Welt nach dem göttlichen Auge, starrte sie mich mit einer leeren, bodenlosen Augenhöhle an; und die Ewigkeit lag auf dem Chaos und zernagte es und wiederkäuete sich ...«

Jean Paul und Ernst Barlach – das wäre ein Thema

Oder den »Komet« zu Ende bringen

Bescheidener: ein Bändchen Träume

Ob Mándys Josephstadt das Herz Budapests ist, darüber könnte man sicher streiten, aber das Herz der Josephstadt ist unbestreitbar der Pantheon-Friedhof, wo hundertfältig Ungarns Genius ruht

Die Exekution des ungarischen Husaren in Jean Pauls »Fälbel« und die Exekution des Partisanen bei Jünger ... Das Vorlesen dieser beiden Stellen ersetzte ein Kolleg ... In beiden Stellen steckt das gleiche Mythologem, und wie grundverschieden ist es erzählt: hier vom plebejischen Demokraten, dort vom aristokratischen Faschisten! Daß *eine* Klasse derart Unvereinbares als Flügel haben kann

Mein Verhalten am Taxistand war schäbig ... Was aber hätte ich dann tun sollen? Das ist nicht so sehr die Frage. Das Schäbige war die Reaktion der Verachtung, ohne einen Versuch zu machen, den Kofferschlepper zu verstehen, genau das und gerade da. Aber kommt es nicht auf die Handlung an? Ja, auf die nächste

(auch um dieser nächsten Handlung willen: »Übernehmen Sie ruhig die Aufgabe einer Teilfunktion ...« Ich komme von diesem Satz nicht mehr los

Der Kofferschlepper war ein Bürger aus der Welt meiner Sehnsucht ... Ich habe sie nie erreicht, und nun werde (und will) ich sie auch nicht mehr erreichen. Aus der alten Welt bin ich fortgegangen

Wo bin ich

»Drinnen«, vollkommen drinnen, in vollkommener, glückhafter Übereinstimmung, war ich eigentlich nur zwei Male, und da war ich beidesmal an der Peripherie: hinter Stacheldraht auf der Antifaschule und damals auf der Warnowwerft

Zweimal: das ist viel. Die Regel ist: keinmal

Im Nachbarhaus sind die sonst immer halboffenen schrägen Rolläden plötzlich geschlossen, eine phantastische Veränderung

22. 10.

Lang geschlafen, etwas besser

Fort mit euch, ihr Nachtgedanken

Gegenüber die Rolläden sind wieder halb aufgezogen, und ihre Unterkante steht schräg zum Fensterbrett wie ein Fächer

und der Teufel zieht in Budapest ein: Durch die Magyar utca fährt langsam ein schwefelfarbner geschlossener Wagen mit der pechschwarzen Aufschrift

VOLAND

Was sucht der Meister in Budapest, woher kommt er, wo wohnt Margarita? Der Kater ist ja schon überall

Voland fährt zur Donau hinunter: natürlich, zur Margareteninsel, und da fällt mir auch ein, daß der Gellértberg früher Blocksberg hieß

Im Gang das grinsende Stubenmädchen: Weiß sie schon von der Ankunft des Meisters? Sogar die dicke Alte im Bügelraum trällert kokett

Stell dir diesen Satz vor: »Im Gang die grinsende Raumpflegerin«.
– m – würde sagen: Die Sprache rächt sich

Der Ober hat den Schnurrbart gezwirbelt; er geht geschäftig auf und ab und reibt sich die Hände, und in seinem Blick ist ein gelber Glanz, da er die ahnungslos Essenden mustert

Zeitungsnotiz: Wissenschaftler von der Straßenbahn überfahren

In der Hotelhalle plötzlich Gebrüll und Gekreisch

Das rote Telephon läutet Sturm

Aus der Küche dringt Qualm

Der Himmel wird milchschwarz, trächtige Wolken ziehn auf, Schwärme von Fliegen, Mücken, Läusen und Schaben fallen herunter und lösen sich über den Dächern auf

Zwei dicke rothaarige Mädchen hasten untergehakt zur Donau hinab

und ein junger Mann schreit aufgeregt: Da, da oben! und schlenkert den Finger dorthin ins Leere, und alle starren hinauf und die Augen sprühn

und einer geht unsichtbar mit Erzschritt, das ist Adys Seele, und sie flüstert grimmig verzückt: Seltsame Dinge werden geschehen, seltsame Dinge werden geschehen

Im Schriftstellerverband im kleinen Kreis eine Diskussion über Moral in der Literatur; dabei war bei den ungarischen Kollegen die Auffassung vom Schriftsteller als diagnosestellendem Arzt der Gesellschaft der selbstverständliche und einzige Ausgangspunkt. Mir scheint diese Definition zu eng und zu weit zugleich: Verallgemeinerungen von Einzelaspekten decken sich nie mit dem Ganzen, aber ein jeder Aspekt ist wichtig und läßt etwas vom Wesen erkennen

Das moralische Element in der Literatur scheint mir heute all das zu sein, was auf die Demokratisierung der Gesellschaft zielt. Im weitesten Sinne des Wortes: aufklärerisch ... Natürlich folgt daraus nicht, daß der Schriftsteller Moralist sein müsse. Ich bin wohl einer

Ging Voland vorüber; flog Margarita die Népköztársaság útja entlang? Plötzlich ein wüstes Bild im Hirn, das lang nicht mehr weicht, und daraus die Idee einer Doppelerzählung: »Der schmutzige Heilige«, und: »In einer gänzlich sauberen Welt

In der Nähe vom Astoria ein österreichisches Beisl; mit Zoltán zu Leberknödelsuppe und Tafelspitz; mit dem Griff nach Messer und Gabel verweisen wir gleichzeitig auf die berühmte Beschreibung des österreichischen Sonntagsessens in Joseph Roths Radetzkymarsch

Zoltán verabschiedet sich bald, er erwartet Voland, der Gütertaxibetrieb heißt so

Im Zimmer Józsefs »Rebellierenden Christus« zu übertragen versucht; zwei Stunden blöd aufs Papier gestarrt und Männlein gekritzelt. Das muß so sein, das weiß ich nun endlich; mein Gehirn stellt sich von einer Arbeit zur andern mit fast knarrender Umständlichkeit um

Madáchs Tragödie des Menschen: der Herrgott als König Lear, der Teufel als Cordelia … Der Herausgeber verweist auf Hiob; er will, und das mit Recht, gegen das Schlagwort vom »ungarischen Faust« angehen, doch übersieht er dabei, daß, anders als bei Madách, im Buch Hiob die Engel Gott nicht lobpreisen und der Teufel ein echter Partner ist

Man hat Madách historischen Pessimismus vorgeworfen. Aber was man nie vergessen darf: Madách erzählt die Weltgeschichte aus der Sicht des Teufels. Und der Teufel bei ihm ist nicht der Revolutionär, er ist das Gegenteil eines Idealisten, und da Gott von vornherein der Überlegene ist, müßte man ihm eher Optimismus ankreiden

23. 10.

Mein Grundsatz, mich auch bei Krankheit so zu behandeln, als wäre ich gesund, wird heute gewiß auf die Probe gestellt

Mein Gehirn hat umgeschaltet: Vom Józsefgedicht ist fast unversehens die erste Strophe da, doch dann bin ich erschöpft

Ausdauer wird doch belohnt: Salzstangen zum Frühstück, und im Kännchen die doppelte Portion Kaffee

Artikel über Umweltschutz und Umweltverschmutzung: Alles, worauf man noch vor zehn Jahren so stolz war: Verkehr, Qualm, Gestank, Lärm, einst regelrechte Orden der Großstadt, das wird jetzt in Acht und Bann getan. Aber auch hier: der Unterschied zwischen »noch nicht« und »nicht mehr«. Stell dir dein Berlin vor, Unter den Linden, mittags, und da sagte einer ganz stolz: Hier, unsre Errungenschaft: soo wenig Verkehr

In die Markthalle: Schon zweimal wollte ich sie skizzieren; tue ich's diesmal nicht, tue ich's sicher nicht mehr

Erster Eindruck: Eisenkathedrale. Sieben Schiffe, Säulen, Pfeiler, Wandfenster und Maßwerk, Empore, und die Menschenmenge so wenig andächtig wie in jedem anderen Dom. Aber weiter trägt das Bild nicht; das Wichtigste erscheint nicht darin

Besser: Ein Kopfbahnhof, auf den Gleisen überquellend die Güterzüge ... Eisen, Glas, Menschenstrudel, Elektrokarren, Bepackte, grüne und rote Lichter – es könnte ganz gut ein Vetter des Westbahnhofs sein

Seltsame Stille, nur leises Geraun, Gemurmel der Kaufenden und der Verkäufer; kein Lärm; kein Zank; auch keine Ausrufer, es sollen nur die Waren sprechen. Sogar die Vigyász-Rufe der Elektrokarrenfahrer sind leise, nur für das Hindernis unmittelbar vor ihnen bestimmt

Längssymmetrischer Aufbau: Ein breiter, von Ständen eingefaßter Mittelgang, parallel dahinter je ein sehr schmaler zweiter und ein etwas breiterer dritter, und senkrecht zu allen nach etwa drei Ständen Quergänge, insgesamt ihrer neun. Rund um den ersten Stock eine Innengalerie mit zwei Transversalen, durch stellenweise übermannshohe Eisengitter geschützt. Überm Eingangstor ein Büfett. Die Wände aus Eisen, Keramik und Glas bis unters jalousieartige Holzdach, das achtfach gebrochen in sanfter Wölbung die Halle ockerbraun überspannt

Verkauft werden ausschließlich Lebensmittel, oben auch Blumen (und Blumen vor jedem Tor und in jedem Eck). Längs des Mittelgangs vorwiegend Fleisch, Brot, Käse, Konditoreiwaren; vom Kopfende an die Parallelgassen hinab und in hohen Wogen die Wände hinaufschlagend: das Früchtemeer

Ganz oben die Pilzstände: Kremplinge, Habichtspilze, Grünlinge, Milchlinge, Riesenschirmlinge, Ritterlinge, alle halbiert und auf den Brettern noch im Gänsemarsch watschelnd wie einst durch die Wälder

Gelbe Fässer voll Birnensaft die Birnen; rote Tonnen voll Apfelmehl die Äpfel; goldbraune Seidel voll Zwiebelfrische die Zwiebeln; Sprengkapseln Schärfe die Paprika

Berge von hirnweißen Wal- und mondweißen Haselnußkernen; in flachen Schüsseln alle Sorten von Linsen und Bohnen; schneeweiße Knoblauch-, schneegraue Kartoffelgebirge; Wurzelstrünke des Krens und der Sellerie; Gewitterwolken der Auberginen; Märchengrotten der Kürbisse ... Faustgroße Radieschen, kopfgroße Rüben, armdicke Möhren, bauchgroßer Blumenkohl; kleine kohlschwarze Rettiche, kleine honiggelbe Zitronen, kleine grasgrüne Gurken, blutrote Tomaten, meergrünes Kraut, zartgrüner Mais, stumpfgrüner Spinat, smaragdgrüne Äpfel, schilfgrüne Paprikaschoten, grüngraue Alexanderbirnen, bernsteingelbe Trauben, olivgelbe Trauben, olivgrüne Trauben, opalgelbe Trauben, Regenbogen des Suppengrüns, Iris der Kräuterbündel, Palette der Näpfe mit gesprenkelten, gescheckten, gestreiften, getigerten, getüpfelten, gepunkteten, gemaserten Saubohnen aller erdenklichen Farben; leuchtend rot, leuchtend grün, leuchtend schwarz die Wände der Buden, Lampions gelber Äpfel, Girlanden der Paprika, und über allem schmetternd ein knallbunter mannsgroßer Hahn

In Glasbassins hübsche wulstlippige Fische

Eier in Kiepen, Eier in Körben, Eier in Horden, Eier in Schüsseln, Eier auf Eiern auf Eiern auf Eiern, und sie zerbrechen nicht unter der eigenen Last

Von oben: In allen Farben das Meer, nur das Blau fehlt: die Zeit der Pflaumen ist vorbei, und die der blauen und grünen Trauben nicht minder. In der Stadt kann man zwar noch Pflaumen kaufen, doch die haben alle schon Frost abbekommen, und die Markthalle führt solche Ware nicht

Es gibt keinen Rotkohl, keinen Wirsing, keine Orangen, keine Bananen – kurzum: nichts Exotisches

Und es ist, sagt mir Jutta, überhaupt jetzt eine ganz schlechte Zeit, die Markthalle zu beschreiben: Es gibt, wovon sie im Sommer und Frühherbst sonst strotzt, keine Erdbeeren, keine Himbeeren, keine Johannisbeeren, nicht schwarze, nicht weiße, nicht rote, nicht gelbe, keine Brombeeren, keine Heidelbeeren, keine Stachelbeeren, keine Hagebutten, keinen Spargel, keinen Salat, keine Pfirsiche, keine Aprikosen, keine Reineclauden, keine Mirabellen, keine Herzkirschen, keine Weichselkirschen, keine Kornelkirschen, keine Schwarzkirschen, keine Wassermelonen, keine Zuckermelonen, keinen Waldmeister, keine Pfifferlinge, keine Steinpilze, keine Rotkappen, keine Birkenpilze, keine Maronen, keinen Ziegenbart, keine Krause Glucke, es gibt einfach gar nichts, überhaupt nichts, was wolle ich hier

Ich stehe im ersten Stock an der Brüstung und schreibe und schreibe, und niemand guckt sich auch nur nach mir um

In der vorderen Transversale: yellow submarine … Hier hausen die Enten, und alles ist gelb hier: gelbes Fleisch, gelbes Fett, gelbe Schnäbel, gelbe Füße, gelbe Innereien; dazwischen Eierteigwaren, auch die gelb: gelbe Nudeln, gelbe Flecke, gelbe Muscheln, gelbe Makkaroni, dahinter dann gelbe Besen, gelbe Bürsten, gelbe Körbe, und noch die Blumen im Eck, wo die Transversale in den Längsgang mündet, sind gelbe Astern

Stell dir vor, daß einer dastehe und die Menschen danach sortiere, ob sie in die gelbe Welt paßten, und sie danach erhöbe oder verwürfe

»Mich müssen Sie hier einlassen, ich hab' doch eine ärztlich bescheinigte Anlage zur Gelbsucht

Und wie der Neid sich da blähte und verächtlich auf die Hoffnung oder den Glauben hinunterschaute

Die zweite Transversale: der schäbige Winkel. Die Stände nur ein, zwei rohe Bretter, darauf ein, zwei Gläser Sonnenblumenkerne; ein paar Knollen schwärzlichen Knoblauchs, ein paar fleckige Äpfel; ein entsetzlich mageres Entlein wie das von Andersen

Undenkbar, daß hier etwas verkauft wird. Warum aber kommen die Hökerinnen hierher? Es muß doch einen Grund haben? Gehört es zum Status

Eine alte Bäuerin richtet sich ganz ungeniert ihr Strumpfband aus breitem geknotetem Gummi

Wieder hinunter: und in drei fast senkrecht steigenden Horden Jonathan, Cox und Goldparmäne erblickst du die Fülle des Jahres vom Erdbeerrot bis zum Stachelbeerviolett

Man kauft in Netzen ein, und die Buntheit wiederholt sich kaleidoskopartig; die Ware liegt drin, wie's grad kam: Kartoffeln, Eier, Karfiol, Wurst, Kuchen, Limonade, und alles verträgt sich und nichts zerbricht

Die vielen Baskenmützen; überhaupt viele Männer, die einkaufen, das ist seltsam

Fische: rötlichgrau, rötlichsilber, silbergrau, silberschwarz, schwarzgrau, doch dies nur der Untergrund unter einem Glänzen, das alles dies zusammen ist und in dem, ein Hauch, die Blutfarbe vorherrscht

Draußen ein Anfall ... Heiße Sonne, heftiger Wind, ein letzter Versuch, sonst muß ich morgen zum Arzt: Ich gehe ein Stück die Donau hinunter, ziehe Mantel, Jacke und Hemd aus und lege mich am Ufer hin

So, vor dieser Stadt, am Wasser, auf den Steinen, ein paar angelnde Kinder, die mich nicht beachten, zur Seite: hier wäre ein guter Ort, Bilanz zu ziehen. In ein paar Wochen werde ich fünfzig. Was habe ich eigentlich vorzuweisen? Wie habe ich meine Teilfunktion versorgt

Auf der Freiheitsbrücke humpelt an zwei Krücken ein Bettler, der linke Unterschenkel amputiert, der rechte zwischen Eisenschienen. Der Mann ist klein, bucklig, das Gesicht unförmig gedunsen, zerfressene Oberlippe, im grauen Schädel, da er ihn entblößt, eine tiefe Delle. An der erkerartigen Ausbuchtung zu seiten des Pfeilers flußabwärts vorm Buda-Ufer bleibt er stehen, mustert böse den Boden, den der Wind fegt, stößt fluchend einen Knochen mit der Krücke auf die Fahrbahn und läßt sich, Rücken zum Gitter, ächzend nieder: Er hat seinen Platz und nutzt seinen Tag

Beobachten, wie er die Münzen empfängt ... Nein, ihn gar nicht anschaun und ihm auch nichts geben

Wovon ausgehen bei der Bilanz? Natürlich von »meiner Funktion« – aber wer weist sie einem zu? Die Gesellschaft, die Kritik, später die Literaturgeschichte, oder ist sie die souveräne Entscheidung des Schriftstellerindividuums? Sie kann für den einzelnen Schreibenden nur heißen: jenes Stückchen Literatur, das nur er und kein anderer schreiben kann. In diesem Sinn ist er unersetzlich (vorausgesetzt immer, daß das, was er macht, Literatur ist), und von dieser Unersetzlichkeit sollte auch die Gesellschaft ausgehen

Der Frühstücksober, wie er das Trinkgeld empfängt: Zur Sekunde, da du die Münzen auf den Tisch legen willst, erscheint er aus der Küche und strebt, dich gar nicht beachtend, einem Tisch am Saalausgang zu. Du würdest nicht wagen, ihn aufzuhalten, ermutigte dich nicht ein eben noch wahrnehmbares Nicken zu der Annahme, daß du, aber nur du allein ihn sogar jetzt behelligen darfst. Du reichst ihm die Geldstücke; er läßt sie, ohne den Blick zu senken, gleichgültig in seine Tasche gleiten, wobei er, den Gang um nichts verzögernd, gelassen zum Saalende weiterschreitet, wo er einem Serviettenzipfel mit leisen Strichen die vollendete Form gibt und dich, da du hinausgehst, lächelnd mit einer Verbeugung grüßt, deren Tiefe genau deinem Trinkgeld entspricht

Heftiger Schweißausbruch; Schwindelanfall; Erleichterung

Keinen Mut zur Arbeit; keinen Mut zum Ausgehn; keine Lust zum Lesen, keine Lust zum Essen, mit niemand verabredet, von niemand erwartet: Was machst du da? Ein bißchen konkrete Poesie

Variationen über ein Thema I

```
SPITZESPITZESPITZESPITZESPITZESPITZE
SPITZESPITZESPITZESPITZESPITZESPITZE
SPITZESPITZESPITZESPITZESPITZESPITZE
SPITZESPITZESPITZESPITZESPITZESPITZE
SPITZESPITZESPITZESPITZESPITZESPITZE
SPITZESPITZESPITZESPITZESPITZESPITZE
SPITZESPITZESPITZESPITZESPITZESPITZE
SPITZESPITZESPITZESPITZESPITZESPITZE
SPITZESPITZESPITZESPITZESPITZESPITZE
SPITZESPITZESPITZESPITZESPITZESPITZE
SPITZESPITZESPITZESPITZESPITZESPITZE
S   Z S   Z S   Z S   Z S   Z S   Z
 P T   P T   P T   P T   P T   P T
  I     I     I     I     I     I
```

Spitzen

$s^{p^{i}}t_{z}$
SPITZ
SPITZ
SPITZ
SPITZ
SPITZ
SPITZ
SPITZ
SPITZ
SPITZ
SPITZ
SPITZ
SPITZ
SPITZ
SPITZ
SPITZ

Die Spitze

$S^{P}I^{T}Z$
wau-SPITZSP
wau- SPITZSP
$SPITZSPITZSPI^{T^{Z}}$
S P IT

Der Spitz

Variationen II

$s^{p^{i}}t_{z}$	$st^{um}pf$		ST UMPF
spitz	stumpf		ST UMPF
spitz	stumpf		ST UMPF
spitz	stumpf	STUMPF	ST UMPF
spitz	stumpf	STUMPF	ST UMPF
spitz	stumpf	STUMPF	ST UMPF
spitz	stumpf	STUMPF	ST UMPF
spitz	stumpf	STUMPF	ST UMPF
spitz	stumpf	STUMPF	ST UMPF
spitz	stumpf	STUMPF	ST UMPF
spitz	stumpf	STUMPF	ST UMPF
spitz	stumpf	STUMPF	STRUMPF
spitz	stumpf	STUMPF	STRUMPF
spitz	stumpf	Der Stumpf	Die Laufmasche

Oder auch so was ist schön:

Flöß die Donau
Durch die Don-Au
Schrie der Don au
Ob der Donau

Traum:
Zwei Männer mit weißen Bärten, in Nagelschuhen, Loden und Zipfelmütze, jeder eine Huckenlast frisches Rundholz auf dem Rücken, treten ins Zimmer und begrüßen mich. Ich weiß, daß es Landsleute sind, und ich fordre sie auf, das Holz abzulegen und Platz zu nehmen, aber sie schütteln bedauernd den Kopf. Wir können nicht, sagt der eine, der größere: sonst geht's uns am End' doch noch verloren! - Schleppt ihr das schon lange? frage ich, und der zweite nickt, und der erste sagt stolz: Schon ab Bernau! – Ich weiß, daß sie den Weg zu Fuß gehn, und frage, was denn an dem Holz Besonderes sei, man könne es doch in jedem Wald auflesen, da schauen mich die beiden verwundert an, und nun sagt der zweite: Aber man hat's uns doch geschenkt

24. 10.

Genesung: voll klappriger Hoffnung auf wackligen Beinen

Warme Sonne: mit Józsefs »Rebellierendem Christus« in der Tasche rhythmenklopfend und reimemurmelnd hinaus in die Sonntagsstraßen auf irgendeine ruhige Bank

Unter den Bäumen des Freiheitsplatzes: Die Steine bedeckt mit Kinderzeichnungen: Autos, Busse, Häuser, Drachen, Ballspieler, Katzen, immer wieder Autos, immer wieder Katzen, und der Grundriß der Welt im Himmel-und-Hölle-Spiel

Faszinierender Gedanke: Auf immer schwierigeren Wegen, mit immer schwierigeren Sprüngen zum Ausgangspunkt zurück und auf jeder Station ein Zeichen setzen und wieder löschen

Mit verschlossenen Rolläden die amerikanische Botschaft ... Vorgestern ist der Kardinal abgeflogen, und Zoltán sagt: »Keiner ist froher darüber als die Amerikaner – sechzehn Jahre ununterbrochen einen Sittenprediger in der Wohnung, wer hält das aus

Drei weitere Strophen im rohen fertig, die schwierigsten Passagen beim ziellosen Umherlaufen, und dabei ganz in der Nähe auch das zaubrische Jugendstilhaus wiedergefunden, das ich schon all die Tage gesucht habe

Wie schade, daß dieser Bau so verborgen liegt und zudem so verdeckt und umbaut ist, daß man keinen Gesamteindruck gewinnt – man müßte zwei Straßenzüge zurückgehen können, und die Gasse gibt keine vier Meter Distanz. Aber aus den Details wächst das Traumbild eines ganzen Viertels solcher Architektur, und die Jugendstilhäuser aller Städte versammeln sich

Für Wieland Förster

Große Falter aus Ziegeln und Beton
mit goldenen, grünen, roten und
blauen Schuppen
Stücke zerhauener Leiber, vom Himmel
gefallen nach einer Drachenschlacht
Erstarrte Lotosblumen auf asphaltenen
Sümpfen
Trümmer des Jura
Trümmer der Kreide
Trümmer des Perms
Horoskope für eine Fliegerpatrouille
Suren, Mohammed zu ergötzen
Kronen für kommende Archaeopterixe
Uniformentwürfe für ein Geschlecht
von Enaksdiplomaten
Goldene Knaufe und Knöpfe
Goldene Anker, durchs Meer der Lüfte
zum Grund gelassen
Vergoldete Scheiben Schweizer Käse
Leporello-Alben für Onanisten des Alpha
Centauri
Guano der Engel
Rokoko aus Retorten
Unterste Sprosse der Jakobsleiter
Gefängnisse eines 30. Jahrhunderts
Pilzsaurier, die ihre Schirme entfalten
Tiger, auf Elefanten thronend
Zitadellen, die zum Sturm einladen
Wappen der Kaiser von Australien
Atolle einer kleinen Sintflut
Ali Babas Schatzhaus
Beardsleys Regale
Krönung des Seifenblasenkönigs
Kinderläden
Schilderhäuser der Garde Gargantuas
Schabrackenecken zwischen Damasthöschen
Antennen zum Empfang von Träumen
So stand das Rote Meer zu seiten
der Isrealiten

Außenfronten des Venusberges
Hier erzählt Scheherezade
Ateliers für meine Bildhauerfreunde

Könnte man eine Straße, ein Viertel, eine Stadt, ein Land durch die Gedanken, Träume, Erinnerungen, Gefühle beschreiben, die einem in ihrem Bannkreis kommen? Sähe ein Zweiter aus solchen Aufzeichnungen jene Stätten, erkennte er sie wieder, oder könnte er sich ein Bild von ihnen machen? Ein topographisches Abbild gewiß nicht, aber vom Geist des Ortes sagte solch ein Ideennotizbuch schon etwas aus

Aus einem grauen, abgeblätterten Haus trägt ein kleines graues Männlein eine riesige Torte feierlich über die leere Straße in ein anderes, ebenso graues Haus

Engel schaukeln auf rostroten spitzigen Rosenketten, und jemand stümpert dahinter Czernyetüden mit nur einer Hand

Bärtige Faune, die bärtige Faune bespötteln

Eine Greisin im lila Nachthemd neigt sich weit aus dem Fenster

Eine Fassade mit blauen Lilien, und ihr gegenüber entdecken, daß einem die Brieftasche gestohlen worden ist

Kleine Engel auf schwankenden fünfstockhohen Säulen, die ihre Augen schließen, nicht schwindlig zu werden

Häuser, die sich in sich zurückziehn

Fenster, kurz vor dem grünen Star

Im Giebel einer sechsstöckigen Fassade ein liegender weißer Apollo, zwischen dessen Beinen eine Fernsehantenne aufragt. Er blickt degoutiert schräg nach unten, als möchte er jemandem auf den Kopf spucken

Es gibt bestimmte Örtlichkeiten, deren Abbild oder, schwächer, deren Abschilderung dem Publikum ein bestimmtes Gefühl vermittelt, also: Grauen vermittelt durch das Bild einer düsteren Burg, oder Fröhlichkeit vermittelt durch ein helles offenes Wäldchen. In der Burg braucht nichts Grauenvolles geschehen, und dennoch stellt sich Grauen ein. Gibt es nun Gefühle, die eine Örtlichkeit (oder genauer: eine Naturstätte) nicht auszulösen vermag? Gibt es zum Beispiel eine Landschaft, die erotische Gefühle auslöst

Gewiß, ein Naturgegenstand kann obszön wirken, da er etwa an einen Geschlechtsteil erinnert, manche Morcheln zum Beispiel oder Schnecken, oder der Baum in Mephistos Traum. Aber eine obszöne Landschaft

Gibt es eine spannende Landschaft? Wenn das Merkmal des Spannenden das Auslösen der Frage: Wie geht es weiter? ist, dann gibt es spannende Landschaften, im Gebirge etwa, in einer Grotte, an einer Flußbiegung

Ganz gewiß obszöne Landschaften in Träumen

Jean Paul ist der größte Träumeerzähler, wiewohl seine Erzähltechnik für dieses Genre die allerungeeignetste sein müßte

Die Jugendstilhäuser haben alle hochgezogene Augenbrauen und eine hochmütig gerümpfte Nase

Engelsplatz: Zwei Autos bleiben auf der Kreuzung stehen, öffnen rechts und links die Tür und unterhalten sich, und der Schutzmann schlendert heran und plaudert mit

Steigerung eines nicht steigerungsfähigen Eigenschaftswortes: »In Ungarn ist Jean Paul noch unbekannter als in deutschen Landen, wo er von allen unbekannten Genies das unbekannteste ist

In einem kleinen Park: Steintische und Steinbänke für die Kartenspieler, und wieder: Sammlung; Hingabe; Stille; kaum Halbwüchsige; keine Frauen. Haufen vertrockneter Akazienschoten; Haufen zusammengekehrten Laubes; lautloses Fallen der Blätter; lautloses Fallen der Karten

Kino: »Ameisennest« nach dem gleichnamigen Roman von Margit Kaffka; ein Nönnleingewimmel mit viel nackter Brust. Das Publikum überwiegend Frauen; neben mir in dickem Flausch eine füllige Mittsechzigerin; verbissener Kampf um die daumenbreite Ellbogenlehne zwischen unseren Plätzen; mein Sieg in der siebzigsten Minute, da sie, von Rührung übermannt, nach dem Schnupftuch griff

Mándy hat einen ganzen Band von Geschichten, die nur in alten Kinos spielen. Wie stelle ich's nur an, sie übersetzt zu bekommen

Die Kinogeschichte, die mir Serjosha erzählt hat, und wie er nicht Ruhe gab, ehe er nicht dieses Kino, ein zerfallenes Bumsdings in Köpenick, wiedergefunden

Der Clown vor dem brennenden Haus – unvergeßlich

Und die Schatten des Panzerkreuzers auf der gekrümmten Wand des Finnenzeltes im Lager im kaukasischen Urwald

Und die Hand mit dem Finger der sich nach mir ausstreckte und wie ein Revolverlauf auf mich zielte mitten auf meine Stirn nur auf meine unter den hunderten und die donnernde Stimme die mir ins Ohr schrie Hast du das schon einmal getan

Und ein Weidenbaum, eine Weide aus Schatten, und stummes, schattenhaftes Wasser, und ich wußte plötzlich, wer Odysseus war

Eine der Kinogeschichten, die ich seit Jahren schon schreiben will: Es muß 1943 gewesen sein, im Sommer, in Wien, in der Rilkezeit, da zeigte die Wochenschau Bilder aus einem Konzentrationslager, und man sah drei Häftlinge mit dem Judenstern, die, offensichtlich Mitte irgendeiner Kette, einander langsam Steine zureichten ... Der Kommentator bemerkte, daß die Juden das erste Mal in ihrem Leben arbeiteten, was man ja auch an dem rasanten Tempo ihrer Bewegungen sehe, und das Publikum brüllte vor Lachen, und ich erstarrte, denn man sah Sterbende mit verlöschender Kraft die Arme ausstrecken und Steine von Sterbenden empfangen und Steine an Sterbende weitergeben

Es war ein österreichisches Gelächter; Gelächter meines Heimatlandes ... Leiden an Deutschland ist Bitternis; Leiden an Österreich ist Verzweiflung

Plötzlich merken, daß man genesen ist – woran? Am Selbstverständlichen: Du kannst wieder stundenlang gehen; der Kaffee schmeckt wieder wie früher, die Gedanken spielen wieder Ping-Pong, kurzum, du bist wieder normal. Aber was ist das Normale, woran mißt man es? Nur am Kranksein, und das wieder mißt man am Gesundsein. Das Normale ist nicht denkbar ohne das Anormale und umgekehrt

Für einen Moment eine Wolke in Gestalt einer Fledermaus

Das Anormale – was ist das? Zweierlei: Einmal Negation des Normalen: du kannst nicht hundert Meter gehen, ohne in Schweiß auszubrechen; dir schmeckt der Kaffee nicht usw. Aber es sind auch eigenständige Züge, die nicht als Negativa formuliert werden können, zum Beispiel dieser fade Geschmack im Mund, oder die Bleischwere in den Gliedern, oder das Ohrensausen, das ist nicht einfach Negation des gesunden Zustandes, das ist etwas Neues, das du dir, erführest du es nicht in der Krankheit, als Gesunder nie vorstellen könntest. Kann man nun sagen, daß die Krankheit deinen Gesichtskreis erweitert? Wenn du sie zum ersten Mal erfährst, zweifellos. Menschen zum Beispiel, die sich Kopfschmerzen einfach nicht vorzustellen vermögen, könnten sich doch nie zur Marxschen Lieblingsmaxime bekennen: Nichts Menschliches ist mir fremd

Das aber hieße, daß Kranksein nicht einfach die Negation des Gesundseins, daß es mehr ist. Ist umgekehrt das Normalsein, Gesundsein auch mehr als das Kranksein, oder ist es nur die Negation aller Arten von Kranksein

Aber daß ich sehen kann, ist doch unendlich mehr, als daß ich nicht blind bin, oder

Und daß ich blind bin, ist doch auch unendlich mehr, als daß ich nicht sehen kann, oder hebt das eine »unendlich mehr« das andere auf

Gibt es Sprachen, die diesen Unterschied ausdrücken können: eine Fähigkeit (Eigenschaft, Zustand) als etwas problemlos Gegebenes, und dann ihre Selbsterneuerung als Negation ihrer Negation; also: Sehen; und ein Sehen, das die Erfahrung des Blindseins einschließt? Könnte es das Deutsche durch den Tonfall ausdrücken? Könnte es das Ungarische mit seiner Unterscheidung von objektiver – subjektiver Konjugation

Der erzkonservative Gehalt der Wendung: »Ich bin wieder der alte!«
Interessant, in welchen Sprachen sich Ähnliches fände! Und ist meine Empfindung richtig, daß der Ausdruck »Es bleibt alles beim alten!« früher wertfrei gebraucht wurde und heute pejorativ zu werden beginnt

Das Bereich des Gesunden (Normalen) hat, wenn auch nicht immer ganz scharf, so doch deutlich eine Grenze nach unten, jenseits derer das Bereich des Kranken beginnt – hat es diese Grenze auch nach oben? Bei einem gewissen Grad verminderter Sehschärfe gehe ich zum Augenarzt; aber könnte ich sagen: »Herr Doktor, ich sehe krankhaft scharf

Aber: »Ich höre krankhaft scharf«, das würde dieser und jener Arzt vielleicht gelten lassen, und ein hypertrophierter Geruchssinn ist ohne Zweifel eine furchtbare Krankheit

(Ob es bei Nasentieren auch einen hypertrophierten Geruchssinn gibt, oder ob die »nicht scharf genug« riechen können

Zu scharf sehen spielt eine Rolle in Utopien; wie zum Beispiel Gulliver im Riesenreich Haut und Brust seiner Wärterinnen sieht

Und Frau Trude warf das Kind ins Feuer, weil es zu scharf, weil es in ihrem Galan den Teufel sah

Das Unmenschliche fängt oberhalb wie unterhalb des Menschlichen an. Auch der Übermensch wäre unmenschlich, und das Verlangen nach ihm ist es auch

Superlative setzen Schlußpunkte: Bis dahin und nicht weiter! Was darüber hinausgeht, sei eine neue Qualität und beginne wieder mit dem Positiv! Ein Riese ist größer als ein Mensch, aber der größte Mensch ist noch kein Riese, und Riesen sind nicht größte Menschen, sie sind riesig

Jede Verwendung des Superlativs ist ein Stückchen Pessimismus: Hier ist der Gipfel, nun geht's nicht mehr weiter

Man erzählt von Tamerlan, daß er die Selbstempfehlung eines seiner Verwandten, er könne acht Tage und Nächte ohne Essen, Trinken und Schlafen kämpfend im Sattel verbringen, mit dem Ausruf quittierte: »Dann darfst du ja niemals Vorgesetzter werden: Wie könntest du je meine Krieger verstehen, die nach einem Tagwerk essen und schlafen müssen!«
Diese Anekdote fällt mir immer ein, wenn Leute wie – n – sich als allwissend unfehlbar empfehlen, als Supermenschen, die sich alle Philosophie, Literatur und Kunst aller Zeiten und Völker an den Schuhsohlen abgelaufen haben, denen stets alles klar ist, die nie vor einem Problem stehen, nie eine Frage (außer inquisitorischen) haben usw. usf. Gesetzt, dem wäre so: wie könnten sie dann jemals das sein, was sie zu sein doch gerade beanspruchen, nämlich unsre Mentoren? Wie könnten sie uns Normalmenschen verstehen, uns, die wir uns mit Problemen herumschlagen, die wir so viel nicht wissen, die wir manchmal verwirrt sind, denen manchmal das Klarste trüb wird und manchmal im Trüben auch etwas klar? Und wenn sie uns nicht verstehen können, wie sollten sie leiten

Es gibt nur ein Gesundsein, aber es gibt viele Arten von Kranksein. Kann ich sagen: Das Gesunde ist zu jeder Krankheit das Andere

Kann ich sagen: Das Gesunde (Normale) ist das, von dem es nur einen Zustand gibt? Eben das ist ja der Begriff der Norm

Wieso befremdet dich der eben formulierte Satz, wenn du ihn – was doch zulässig ist – umkehrst: Das, von dem es nur einen Zustand gibt, das ist das Normale

Kann ich die Begriffe »gesund (normal)« – »krank« auf die Gesellschaft übertragen? Der Sprachgebrauch tut es, und auch politische Kräfte aller Richtungen tun es, aber damit sieht man doch einen Zustand der Gesellschaft (ob nun als Ideal, in der Utopie oder schon in der Realität vorhanden) als einzig dem Menschen gemäßen an. Das verwirrt dich; du verweist auf die Gesellschaft als historischen Begriff und demzufolge auf die Notwendigkeit, den Begriff »Gesundheit« als sozialen Begriff ebenfalls historisch zu fassen. Aber die Gesundheit, die Normalheit eines einzelnen Menschen wird doch auch historisch gefaßt: Es ist für einen Säugling normal, nicht geschlechtskräftig zu sein, während dies für einen Zwanzigjährigen anormal und krankhaft wäre. Kann man auch die Menschheit insgesamt so, als sich vom Säugling zum Greis entwickelnde Spezies betrachten? Marx hat es getan; er spricht ja von der Antike als von der Kindheit der Menschheit (was nachzuvollziehen mir Schwierigkeiten macht). Aber lassen wir das außer Betracht: Man sagt ja von eben einer historisch konkreten Gesellschaft, nämlich der bürgerlichen unserer Tage, sie sei krank, und du hältst das für zutreffend. Was sind nun die Kriterien des sozial Gesunden? Man hat Pauschalantworten parat, etwa: die Entwicklung aller menschlichen Fähigkeiten zu gewährleisten; auf daß der Mensch zu sich selbst komme; auf daß er wahrhaft menschlich lebe usw. usw. Aber was sind die konkreten Kriterien für das alles

Das Wörterbuch des klugen Daniel Sanders definiert »krank« als »das Gegenteil von gesund« und »gesund« als »das Gegenteil von krank«; in *allen* Wörterbüchern nachsehen

Wie halten diese Doppelbegriffe sich und einander? Sind sie Pole von etwas, das eine Mitte hat (die dann »das Normale« wäre), oder halten sie einander in gegenseitiger Anziehung wie zwei Körper im All, oder sind sie Berg und Tal einer Welle, die einander zu Nichts aufheben können

Meine vergeblichen Versuche (waren es überhaupt Versuche, war es nicht vorerst nur ein Wunsch, ein Verlangen, ein Ziel), das zu beschreiben, was man Wandlung nennt! Sie ist die Erfahrung meines Lebens, sie ist seit zwanzig Jahren mein Thema, aber sie ist es eigentlich noch immer als Vorsatz, geleistet habe ich dazu bestenfalls Vorarbeiten! Ich habe das Vorher geschildert, ein wenig das Nachher, aber der entscheidende Prozeß, eben der der Wandlung, ist literarisch nicht bewältigt. Ich komme aus diesem Gestrüpp nicht heraus: Um etwa nachvollziehbar meine erste, für mich überwältigende Begegnung mit dem Marxismus zu schildern (mit dem Marxismus als Theorie, als geistigem Erlebnis, erfahren bei der ersten Lektüre der Schriften Lenins über Lew Tolstoi und der Skizzen Lukács' zur Geschichte der deutschen Literatur, wo es mir »wie Schuppen von den Augen fiel«), müßte ich vorher die geistige Verfassung des jungen Faschisten, der ich ja war, geschildert haben. Die aber könnte ich doch wiederum nur auf dem Kontrastgrund des gewandelten Weltbildes darstellen, also auf dem Neuen, das ich doch grad ohne das Alte nicht glaubhaft als neu darstellen kann. Müßte man, könnte man beides vor dem Hintergrund eines Dritten schildern (im Sinne jener eben gebrauchten »Mitte«, oder gibt es, um mit Majakowski zu reden, »keine Mitte mehr in der Welt«)?
Und was heißt: »Faschist, der ich ja war«? Bis wann war ich es, bis wohin, und in welchem Bezug bis wann und bis wohin? Da ich Lenin las, las ich Lenin doch als Faschist (der allerdings schon durch bestimmte, wesentliche Erlebnisse mit der Sowjetwirklichkeit, also mit dem Marxismus als Praxis, hindurchgegangen war) – las ich ihn also faschistisch, und gibt es das überhaupt: faschistisch lesen? Ich war, das vergesse ich nie, wie von einem Zauberstab angerührt – was von meinem Wesen war da so beeindruckt? Gehörte dies Beeindruckt-Werden zum Faschistsein; war es das Zeichen für die schnelle Besiegbarkeit einer miserablen Weltanschauung; war es das erste Zeichen des Anderen? War es das Setzen eines Widerspruches? Oder gäbe es allgemein-menschliche Züge, eben das »Normale«, und wäre das vielleicht ein Früheres, das vom

Faschismus überdeckt und vom Sozialismus wieder freigelegt wurde

Warum habe ich damals im Kino nicht mitgelacht

Metamorphose – Königin der Mythologeme

(Sich aber ja nichts drauf einbilden: Man könnte dieses Verhalten doch auch als Versagen, als Unzuverlässigkeit auffassen

Beim Anfang anfangen: Ein Mensch kommt zur Welt. Was da an der Nabelschnur hängt und schreit, ist doch zweifellos im gesellschaftlichen Sinn gänzlich unbestimmt, nicht Kaiser König Edelmann Bürger Bauer Bettelmann; nicht Kapitalist, nicht Sozialist, nicht Ausbeuter, nicht Ausgebeuteter, nicht Revolutionär, nicht Reformist, lediglich: Mensch. Kann man sagen: Das ist der normale Mensch? Aber dieser »normale Mensch« ist doch noch gar keiner; er ist das, was biologisch zwar der Gattung Mensch zugehört, sozial aber erst zum Menschen werden muß; Mensch in der Keimform des Menschentums

Meine schon fast manischen Versuche, zu dem Punkt hinabzugehen, wo die gesellschaftliche Determinierung des Menschen beginnt, konkret für mein Leben zu dem Punkt, von dem ich sagen könnte: Ab da war ich Faschist. Die Antwort schien leicht: Seit meinem Weglaufen aus dem Kloster, spätestens seit dem Sommer 1936. Aber die Wurzeln reichen viel tiefer hinab und verlieren sich im Erinnerungsleeren ... Und andrerseits: einige typische Züge faschistischen Handelns und Denkens haben sich sehr spät und einige nie ganz ausgebildet, zum Beispiel militante Intoleranz

Was wären solche typischen Züge im Denken? Angesichts des inflationären Gebrauchs des Wortes »faschistisch« täte eine genaue Bestimmung schon not. Die klassische Definition Dimitroffs trifft das politische Wesen, doch die Erscheinungsformen differieren sehr. Gemeinsam im Ideologischen scheint mir bei allen Spielarten jüngster Vergangenheit und Gegenwart: elitäre Massenverachtung bei gleichzeitiger Sehnsucht nach dem Aufgehn im Anonymen (»Magie der Viererreihe«); militanter Nationalismus bei gleichzeitigem Bemühn, eine Internationalität herzustellen; starres Schwarz-Weiß-Denken; Verherrlichung des Brutalen, Grausamen, Blutigen, Vorgesellschaftlichen bei gleichzeitiger Faszination durch Technisch-Industrielles; Verlangen nach Militarisierung des gesamten gesellschaftlichen, ja persönlichen, ja privaten Lebens bei gleichzeitiger Bejahung des anarchischen Kampfs aller gegen alle; Denunziation von Vernunft, Gewissen und Bewußtsein; Führerprinzip; Demagogie; Fanatismus; extremer Antikommunismus – und eben dies alles zusammen, nicht isoliert

Aber die Wurzel ist doch auch schon die Pflanze, und schließlich kommst du doch beim Säugling an wie Augustinus auf der Suche nach dem Anfang des Bösen. Was du nämlich bei deiner Überlegung nicht berücksichtigt hast: Dieses Bündelchen an der Nabelschnur ist ja vom ersten Schrei und Atemzug an Sohn einer ganz bestimmten Mutter, Sproß einer ganz bestimmten Familie, Pflegling eines ganz bestimmten Krankenhauses, Bürger eines ganz bestimmten Staates, Angehöriger einer ganz bestimmten Klasse und einer ganz bestimmten Nation; er wird in einer ganz bestimmten Sphäre von Ideologie und Kultur heranwachsen, wird mit dem Sprechenlernen zugleich ein ganz bestimmtes Weltbild erfahren und ist dadurch eben doch vorweggenommen determiniert, und zwar so streng, wie dann niemals mehr (was nicht heißt, daß er sich nicht wird wandeln können

Kann man mit dem Denken in vorsprachliche Regionen eindringen? Das war ungenau formuliert; gemeint ist: Kann man das sprachlich ausdrücken, was sich selbst nicht (auch im innern Monolog nicht) artikulieren kann? Kann man ausdrücken, was im Säugling vorgeht, wenn er lächelt

Er empfindet Lust; ja, aber wie empfindet er Lust, wie empfindet er Schreck, wie Angst (empfindet er schon Angst?) usw.? Aber ich habe ja schon die größten Schwierigkeiten, meine Ängste, die ich doch genau zu kennen glaube, nachvollziehbar zu schildern

Konkret: Ein vier Monate alter Säugling sieht zur Fläschchenstunde die Mutter kommen und hört zu schreien auf und macht sich auf seine Weise zum Empfang der Mahlzeit bereit. Das ist doch zweifellos mehr als ein Reflex, das ist doch schon, und sei es nur ein Keim, Sozietät – kann man ebendies »mehr« artikulieren

Kann man sagen, was man nicht denken kann? Was zum Beispiel denkt man, wenn man »aua« sagt? Denkt man da etwas, oder sagt man da etwas, ohne zu denken, und zwar etwas, was man auch denken könnte, oder sagt man da etwas, was man in Gedanken nicht fassen kann? Natürlich kann ich »aua« in dem Sinn denken, daß ich diese Laute mit innerer Stimme ausspreche, aber dann denke ich nicht »aua«, dann realisiere ich meinen Vorsatz, den Lautkomplex »aua« unhörbar zu reproduzieren

Denkt man den Unterschied zwischen »au!«, »aua!«, »ooij!«, »rrrrhah!« usw., ehe man sich für eine dieser Formulierungen entscheidet? Kann man den Unterschied denken (nicht: sich einen Unterschied denken)? Und denkt man »pph!« oder »chchch-« oder »iiiiii

Meine Mutter, wenn sie manchmal verzweifelt sich müht, einen Zusammenhang, von dem sie ahnt, daß er wichtig sei, sprachlich auszudrücken: Dies Keuchen mit weit offenem zahnlosem Mund und das Schnappen der gespreizten zitternden Hand wie das der kaum mehr sichtbaren Lippen und dann der Zusammenbruch, das röchelnde selbstanklägerische Wimmern: »Wenn ich's nur sagen könnt', wenn ich's nur sagen könnt', es wär' die Offenbarung für dich

Ein berühmter Satz der modernen Logik, der Goedelsche Satz, sagt etwa dies (meine Terminologie wird haarsträubend ungenau sein, aber ich bin ja kein Mathematiker und frage auch nicht als Mathematiker und erwarte auch von dort keine Antwort): Stell dir ein bestimmtes System von klar definierten Begriffen vor, sagen wir: die Algebra. Mit diesen Begriffen, die ausschließlich aus den Axiomen deines Systems abgeleitet sind, kannst du Aussagesätze bilden, und diese Sätze müssen doch entweder wahr oder falsch sein, und eben diese Wahrheit oder Falschheit mußt du doch nachweisen können. Der Satz zum Beispiel: »Die Summe zweier gerader Zahlen ist wiederum eine gerade Zahl«, dieser Satz ist wahr; der Satz hingegen: »Jede Zahl, die durch 3 teilbar ist, muß auch durch 6 teilbar sein« ist falsch, und Wahrheit dort und Falschheit hier kann man gültig beweisen. Und nun, so Goedel, gibt es Sätze und muß es sie geben, die aus den Begriffen eines Systems gebildet sind, doch innerhalb dieses Systems nicht entschieden werden können. Sie mögen nach unsrer begrenzten Erfahrung, nach unsrem Probieren, nach unsrer Empirie als wahr erscheinen, doch diese Wahrheit ist nicht bewiesen, es könnte doch einmal ein Fall eintreten, der sie falsch machte, und läge er im myriadenstelligen Zahlenbereich (etwa die Goldbachsche Vermutung, daß jede gerade Zahl, die größer als vier ist, die Summe zweier ungeraden Primzahlen ist). Um solche Sätze zu entscheiden, muß man, so Goedel weiter, über das System, in dem sie aufgestellt worden sind, hinausgehen und ein nächsthöheres System konstruieren; dort sind diese Sätze dann entscheidbar, allein es treten neue unentscheidbare Sätze auf, die wieder ein höheres System zur Entscheidung verlangen, und so fort ins Unendliche

Mir scheint dieser Satz – mutatis mutandis – von eminenter Bedeutung für alle Bereiche menschlichen Wirkens, nicht nur für die Wissenschaft. Um zum Beispiel wesentliche ästhetische Phänomene zu erhellen, muß ich über den Bereich des Ästhetischen hinausgehen. Aber welches System ginge über den Menschen hinaus

Im Wörterbuch nachgeschaut – es heißt wirklich »Binsenwahrheit«. Dieses Wort ärgert mich; es müßte Binsenweisheit heißen. Es gibt keine wichtigen und unwichtigen Wahrheiten

Daß der Regen von oben nach unten fällt, war so lange eine Binsenwahrheit, bis Brecht was draus gemacht hat

Paprikawurst mit Semmeln – woher, um alles in der Welt, nimmt dieses schäbige Beisl am Sonntagabend frische Semmeln (nein, auch nicht in der Röhre aufgebacken; frisch

Und jetzt erinnere dich an diesen faden Geschmack, der dir gestern noch jede Mahlzeit verleidet – er ist fort, und keine Anstrengung des Erinnerns bringt ihn zurück. Versuche ihn jetzt nicht als »fad« zu charakterisieren; versuche ihn konkret zu fassen: »Geschmack nach« – ja nach was? Du findest es nicht

Warum kann man diesen faden Geschmack nicht genauer bezeichnen? Das »kann« ist hier vieldeutig – was kann man nicht? Kann man sich nicht mehr konkret an ihn erinnern, oder kann man ihn nicht vergleichen, weil man auf diesem Gebiet nicht metapherngeübt ist oder weil der Geschmack zu undifferenziert ist oder weil sich Geschmäcke prinzipiell nicht vergleichen lassen oder weil es im gegebenen Fall nichts Zweites gibt, mit dem er sich vergleichen ließe? Oder aus mehreren dieser Gründe, oder aus allen zusammen

Kann man sagen: Adjektiva sind Sigel von Erinnerungen

Unsre Vorstellungskraft ist doch eigentlich sehr beschränkt. Was ich nicht erfahren habe, kann ich nur in dem Sinne wissen, daß ich Informationen aus zweiter Hand (Hörensagen) darüber im Gehirn gespeichert halte, die aber ebensogut das Lexikon für mich speichern könnte. In einem anderen Sinne weiß ich das nicht: »Ich habe da (davon; darüber; darin; auf diesem Gebiet; damit; in dieser Hinsicht) keine Erfahrung

Dann kann ich aber auch sagen: Ich weiß alles, was mein Lexikon weiß! Doch ohne Erfahrung weiß ich das alles eben nur so, wie ein Lexikon etwas weiß: Es kann nicht danach handeln

Aber wenn sich ein Techniker einer Übersetzungsmaschine bediente, kann man dann von ihm sagen, er beherrsche die Sprache? Gesetzt, sein Computer sei so handlich, daß er ihn immer bei sich tragen könnte, müßte man doch die Frage bejahen, ja es könnte doch einer, der nie Ungarisch gelernt hat, mit seinem Computer viel besser Ungarisch verstehen und sprechen als einer, der sich zehn Jahre mit dem Lernen abgeplagt hat. Warum wehren wir uns, das anzuerkennen? Ist es ein Schauder vor der Auflösung der Persönlichkeit

Aber:

»Wenn ich sechs Hengste zahlen kann,
Sind ihre Kräfte nicht die meine?
Ich renne zu und bin ein rechter Mann,
Als hätt' ich vierundzwanzig Beine.«

Jener Supermensch Tamerlans hatte das Normale nie erfahren, und das machte ihn schon zum Kameraden unbrauchbar. Als einzelgehender Kundschafter mochte er unübertroffen sein

Der tief humanistische Sinn des Märchens von dem, der auszog, das Gruseln zu lernen: »Ei, Vater«, antwortete er, »ich will gerne was lernen; ja, wenn's anginge, so möchte ich lernen, daß mir's gruselte: davon verstehe ich noch gar nichts!« Er fühlte, daß ihm eine menschliche Dimension fehlte, wenn er das Gruseln nicht kannte

Worin zeigt sich meine Erfahrung? In meinen Handlungen. Meine Sprache kann Erfahrungen vortäuschen, meine Handlungen können das nicht

Aber ich kann Erfahrungen doch auch injizieren, das hat uns doch dies Jahrhundert gelehrt! Reiche Würmern das Futter verschieden angestrahlt und kopple das blaue Licht mit elektrischen Schlägen: nach einiger Zeit werden die Würmer das blaue Futter meiden, und ihre Erfahrung kannst du weitergeben, wenn du ihre Nervenmasse extrahierst und sie normal gefütterten Würmern einspritzt. Sie werden dann nach dieser Erfahrung handeln. Aber sie werden blaues Futter auch dann meiden, wenn es frei von elektrischen Schlägen ist – kann man ein solches Verhalten »Erfahrung« nennen

Kann man von dieser extrahierten Substanz sagen: Das da, dies Salz mit der und der chemischen Formel, diesem spezifischen Gewicht, diesem Wasserlöslichkeitskoeffizienten, dieser Kristallisationsform, das ist eine Erfahrung? Stell dir ein

Medikamentenkästchen Erfahrungen für Menschen vor; stell dir's konkret vor: für junge Mädchen, für Dichter, für Kunstpolitiker, für Redakteure

Nun züchte Würmer, die *nur* bei blauem Futter keine Schläge bekommen, und spritze einem Wurm gleichzeitig Blau und Antiblau, was geschieht da? Heben sich da die Erfahrungen auf, oder stirbt der Wurm Hungers, oder passiert etwas gänzlich Anderes

Kristallisierte man Blau und Antiblau und löste sie in einer Flüssigkeit, drin sie sich lösen lassen – was würde man sagen, was diese Flüssigkeit enthalte? Man könnte doch draufschreiben: Wenn ein Wurm das trinkt, wird er Buridans Esel

Und nun kopple *jedes* Futter mit elektrischen Schlägen – was geschieht da? Entweder: Die Schläge töten den Wurm, dann gibt es keine Erfahrung zu vererben. Oder er erwirbt die Erfahrung, daß man auch bei elektrischen Schlägen fressen kann

Die Dennoch-Haltung

Könnte es Erfahrungen geben, die sich prinzipiell nicht injizieren lassen? Eigentlich doch nein

Solche Spritzen könnte man doch als Verbot (oder Gebot) samt dessen Befolgung auffassen. Kann man von einem Salz sagen, es sei Ethik

Gegenüber die Rolläden werden für einen Augenblick hochgezogen; das Zimmer ist hell erleuchtet, ein luxuriöser Raum, Teppiche auf dem Boden, Teppiche an den Wänden, Klubsessel, ein Schachtisch, Fernseher, Hausbar, und der, der die Läden aufzieht und sofort wieder schließt, ist kein andrer als Liliom

Unwiderstehliche Lust, noch einmal wegzugehen: Genesen

25. 10.

Traum:
`Ich liege im Lazarett, soll eine Spritze bekommen. Die Schwester sticht in den Oberarm ein, gibt die Injektion, zieht aber dann, während die Nadel noch im Arm steckt, den Spritzkolben mehrmals auf und nieder und pumpt so Luft ins Blut, daß es schäumt. Ich sage entsetzt: Um Gottes willen, was machen Sie denn da, das gibt doch Luftembolie! Sie sagt: Das ist nur, daß sich's besser mischt – bei mir hat's ganz selten Luftembolie gegeben, und wenn, müßten Sie's in der nächsten Minute spüren! Sie pumpt weiter, und ich sage ganz ernsthaft: Ich habe volles Vertrauen zu Ihnen`

Das Ungarische kennt zwei verschiedene Ausdrücke für »wieviel«: »hány« fragt nach der Zahl; »mennyi« fragt nach der Menge: »Mennyi kenyér« – »Wieviel Brot?«; »Hány kenyér« – »Wieviel Brote?« Solche Unterscheidungsvermögen sind das Salz einer Sprache; verlieren sie sich, wird die Sprache schal. Man sollte, so wie man vom Aussterben bedrohte Tiere und Pflanzen hegt, auch bedrohte Wörter und Wendungen vor dem Untergang retten, zum Beispiel den Positiv mit »als«. »Wie« vergleicht die Quantität, »als« die Qualität; der Unterschied zwischen »Ich bin so klein wie du« und »Ich bin so klein als du« ist der Unterschied zwischen einer Übereinstimmung in Zentimetern und einer in der Machtstellung. Man wäre darum geneigt, auch die Komparativbildung mit »wie« zu begrüßen, käme es dem Vergleicher auf die Verdeutlichung einer Nuance an, aber hier scheint sich nichts anderes als eine weitere Verdrängung des »als« abzuzeichnen; in ein paar Jahrzehnten wird es verschwunden sein

Das Tempo von Sprachprozessen festzustellen wäre wichtig – welche Zeitspanne liegt zwischen dem ersten Auftauchen einer neuen Form und ihrem Üblichwerden (zum Beispiel jenes gräßlichen, aber irreversiblen »orientieren auf

Und verlaufen Sprachprozesse, die du begrüßt (gibt es die? Es muß sie doch geben) gleich oder verschieden schnell mit solchen, die du, wärest du Don Quijote, bekämpftest

Auch das »wieviel« beider Gestalt zieht im Ungarischen wie das Zahlwort den Singular zu sich, und da kommt mir ein Sprachspiel Wittgensteins in den Sinn, das er so formuliert: »Ich schicke jemand einkaufen. Ich gebe ihm einen Zettel, auf diesem stehen die Zeichen: ›Fünf rote Äpfel‹. Er trägt den Zettel zum Kaufmann; der öffnet die Lade, auf welcher das Zeichen ›Äpfel‹ steht; dann sucht er in einer Tabelle das Wort ›rot‹ auf und findet ihm gegenüber ein Farbenmuster; nun sagt er die Reihe der Grundzahlwörter – ich nehme an, er weiß sie auswendig – bis zum Wort ›fünf‹, und bei jedem Zahlwort nimmt er einen Apfel aus der Lade, der die Farbe des Musters hat.«
Soweit Wittgenstein; und hier wäre der Plural unnötig; die Zeichen auf dem Zettel genügten in dieser Form: »Fünf rot Apfel« – und genau so spricht auch der Ungar: »Öt piros alma«! Ganz adäquat wäre freilich: Apfel rot fünf (diese Wortstellung ist nicht ungarisch

Umziehen, ein Zimmer mit Bad, fast ein Appartement! – Am selben Flur, zwei Türen weiter, zur selben Straße, und eine völlig andere Welt

Ferenc wartet im Foyer auf mich; ich weiß, daß er dringend zu einer Besprechung ins Ministerium muß, und beeile mich mit dem Umräumen, schwitze, bekomme Zug, und alles scheint wieder von vorn anzufangen

Die Marmormetro; die großäugigen Hostessen an den Treppenenden; das sommersprossengesprenkelte Mädchen, das gekochte Maiskolben verkauft ... Sie redet kein Wort, man fragt sie auch nicht, man zahlt wortlos passend, oder sie gibt wortlos auf drei Forint heraus; ich bin versucht, ihr zuwenig zu geben, um zu sehen, ob sie wirklich stumm ist, aber ich traue mich nicht, ich habe kein Zeug zum Reporter; warum

In die Sonne ins Stadtwäldchen Lílioms; viel Kinderwagen;

viel dicke Frauen; viel alte Herren; die Luft voll Laub. Drei Strophen József, dann ein Jugendstilhaus, und was für ein schönes: Das Kastell der blauen Blume

Die Mauertürmchen mit den blauen Fezen schauen aus, als summten sie Mozart

Eine Wolke in Gestalt eines einsamen Kreisels, ohne Mädchen, ohne Peitschlein, ohne Gebrumm, verloren im Blau, Zeichen ungeheurer Verlassenheit

Die letzten Blätter in den Gelb- und Grünkronen der Pappeln winken der Wolke zu, doch sie sieht es nicht

Jugendstilhäuser: Fensterkreuze wie Lyren

Gefolgt von einem winzigen Dackel, tritt, an der frischen Luft schwankend, aus einer Kneipe im Mándybezirk ein junges Paar. Er im Sonntagsanzug, mit Sonntagshemd, Sonntagskrawatte, Sonntagsschmachtlocke; sie, einen Kopf größer, im straffen orangegelben Nylonpullover überm zerknitterten knielangen braunen Rock. Er mag achtundzwanzig sein und sie vielleicht jünger, wiewohl sie um Augen und Kinn schon zu welken beginnt. Die beiden lachen, da sie herauskommen; es ist das herzhafte Lachen über eine freche Anzüglichkeit; sie prustet und läßt sich, über zwei Stufen grätschend, noch auf der Stiege mit dem Rücken gegen die Hauswand fallen, und vor Lachen kommen ihr die Tränen; er schüttelt, in sich hineinglucksend, den Kopf und macht gegen die Wirtshaustür eine belustigt abwehrende Handbewegung, die in einen Wink zum Dackel hin übergeht.
Hinter den trüben Wirtshausscheiben stehn fröhliche Säufer im dicken Rauch.
Der Dackel hüpft die Stufen herunter und watschelt zum Laternenpfahl. Die junge Frau schaut ihm luftschnappend nach und versucht sich eine Zigarette in den Mund zu stecken; der junge Mann, eine Hand im Hosengurt, die andre in der Tasche, schüttelt aufglucksend noch einmal den Kopf, dann ruft er, den Wirtshausgang abschließend: »Tóni!« und dreht sich schwerfüßig zum Heimweg herum.

Die junge Frau verschwendet Streichhölzer ... Tóni senkt das Bein, schnüffelt, scharrt auf dem Pflaster, schnüffelt wieder und schickt sich an zurückzukehren, da tritt aus einem Haustor ein unscheinbares, vielleicht sechzig, vielleicht fünfzig, vielleicht siebzig Jahre altes Männlein im blauen Kittel eines Packarbeiters, und da es Tóni erblickt, geht ein Leuchten über sein graues Papiergesicht; es schnalzt sacht mit den Fingern, und Tóni schaut auf.
»Tóni!« ruft, die endlich brennende Zigarette im Mund, die Frau, »Tóni, gyere!«
Tóni spitzt die Ohren rechts nach dem Schnalzen und links nach dem Ruf.
»Tónikám«, sagt zärtlich das Männlein, »Tóni mein, Tónikam!« Er sagt es innig, als rührende Liebeserklärung; er sagt es leise, aber es ist so still, daß sein Flüstern hallt. Der junge Mann dreht sich mühselig um, und da er Tóni das Männlein anwedeln sieht, ruft er schmunzelnd und mit freundlichem Drängen noch einmal. Tóni wedelt. »Mozgás, öreg fiú! Los, alter Knabe!« – »Tónikám!«
Tóni scharrt, als wolle er sich eingraben, um sich nicht entscheiden zu müssen, und der Mann und das Männlein betrachten ihn jovial und voll scheuer Innigkeit, und sie wollen eben einander, und freundlich, ansehen, da muß die junge Frau lachen, und die Züge des Mannes verfinstern sich. »Tóni!« ruft er unwirsch, »Tóni!« Der Dackel zuckt, hält im Scharren ein und schickt sich schon an zurückzuwuseln, da zieht das Männchen ein Stück Zucker aus der Tasche und tut, den Zucker zwischen den Fingern, einen Schritt vorwärts, und Tóni folgt ihm. Die Frau hat sich von der Wand abgestoßen. Sie lacht nicht mehr. »Tóni!« schreit der Mann, »Tóni, gyere!«
Das Männlein bleibt stehen, und Tóni bleibt stehen. Die Frau stützt sich, die Zigarette im Mundwinkel, mit beiden Händen aufs Knie des abgewinkelten rechten Beines, und es scheint, als lache sie innerlich fort. Der Mann sieht sie an und zieht pfeifend die Luft ein. »Kutyulikám; Hündchen mein; Kutyulikám, Tónikám!« flüstert das Männchen, dann steckt es den Zucker in die Tasche, wendet sich um und geht langsam zum Haustor, und Tóni läuft ihm wedelnd nach.
Die Frau, die bislang abwechselnd den Dackel und das Männ-

chen angeschaut hat, wirft einen herausfordernden Blick auf den Mann, der, eben noch nach hinten schwankend, plötzlich kerzengrade und reglos steht. Die Augen der Frau sind glasig; ihre Lippen naß und gedunsen; ihr Blick ist geil. Ich fürchte, daß der Mann, so wie er dasteht, vornüberfällt, aber er steht, steht reglos, steht eine Ewigkeit, dann sagt er, nicht sehr laut, aber ganz klar und nüchtern, ein paar Worte, die ich nicht verstehe, und der Mund der Frau geht langsam auf, ihr Gesicht wird teigig, ihre Lippen zucken, er muß sie beleidigt haben, und da dreht sich auch das Männlein herum. Der Dackel winselt vor Zuckerlust und kratzt gierig an des Männleins Beinen, und der Kümmerliche schraubt sich im Umdrehen hoch und hebt das Gesicht voll heiligem Zorn dem Mann entgegen; der reißt den Hemdkragen auf, und nun hat auch der Kümmerliche ein Wort ausgesprochen, und der Mann röhrt auf und stürzt wütend vorwärts; da aber ist das Männlein im Haustor verschwunden; man hört einen Schlüssel; Tóni wedelt und scharrt vor des Mannes Füßen, und der Mann glotzt wie betäubt zum Tor hin, murmelt dann etwas, rückt die Krawatte gerade und geht, den Dackel nicht beachtend, zum Wirtshaus und geht an der Frau vorüber, die grau wird, packt sie im Vorbeigehn am Arm und reißt sie wortlos hinter sich her in die Kneipe, aus der dicker Rauch auf die Straße wallt

In dieser Geschichte ist alles denkbar, sie ist nach allen Seiten offen, jedes Ende ist möglich, von der Posse bis zum Mord

Offensein nach allen Richtungen: Entscheidende Knotenpunkte des Lebens, Punkte einer möglichen Wandlung, aber auch einer möglichen Nicht-Wandlung, und die Summe der Wegstücke zwischen solchen offenen Punkten ist die Biographie. Der Zwischenraum braucht nicht ausgefüllt sein; er kann ausgespart werden wie die Wände eines gotischen Bauwerks, aber eine Biographie, die nicht alle jene offenen Punkte enthielte, wäre, und fehlte nur einer, entscheidend verfälscht

Diese offenen Punkte können auch in einer Geraden liegen, dann ist, wie man so sagt, das Leben gradlinig verlaufen, aber diese Gradlinigkeit war nicht von vornherein angelegt. Gradlinig – das heißt: die Möglichkeiten zu einer Richtungsänderung blieben unbeansprucht. Diese Möglichkeitsstationen dürfen aber darum nicht fehlen. Eine biographische Linie ist keine geometrische Linie, sie ist auch als Gerade nicht nur durch zwei Punkte bestimmt

Ob einer von A nach B, dann von B nach C und von C schließlich nach D, im Endergebnis also von A nach D gekommen ist, ist nicht dasselbe, als wenn einer von A über F und E in D angelangt ist, obwohl bei beiden Linien Anfangs- und Endpunkte übereinstimmen. Man darf die Zwischenpunkte nicht auslassen. Der nächste Schritt des Ersten könnte von D nach E führen; der nächste Schritt des Zweiten von D nach C, und E und C könnten einander entgegengesetzt sein. Hätte man nur Anfangs- und Endpunkt gesehen, wäre die Auseinanderentwicklung unverständlich. Die ganze Linie, die Summe aller »offenen Punkte«, ist das Wesen

Daß einer von A über B nach C und weiter nach D kommt, wird nicht in A festgelegt. Dort kann der Schritt nach überallhin geschehen, und geschieht er nach B, sind dort abermals alle Tore offen. Es gibt keine Notwendigkeit, von einem bestimmten Kindheitserlebnis zu einer bestimmten Erwachsenenposition zu kommen; man *kann* schließlich dahin gelangen, muß es aber durchaus nicht. Dies ist ein arges Problem für den Icherzähler, der Kindheitserlebnisse aus der Position des Erwachsenen berichtet. Diese spätere Position muß nämlich ganz unbestimmt bleiben; wird sie genau fixiert und handelt es sich gar um eine Extremstellung, entsteht der Eindruck einer Zwangsläufigkeit, und gerade das will ich vermeiden. Ich war sehr versucht, manche meiner Geschichten, etwa den »Indianergesang«, von der Position eines SS-Mannes aus zu erzählen, aber das hätte den Faschismus auf Psychologisches reduziert, und nichts wäre mir unwillkommener gewesen als gerade das

Wer »A« sagt, muß nicht »B« sagen, und wer doch »B« sagt, muß nicht »C« sagen, und wer doch »C« sagt, muß nicht »D« sagen, und so fort bis F gleich Faschismus. A kann Ausgangspunkt für sehr vieles sein, aber wenn die Entwicklung von A ausging und über welchen Umweg auch immer in F endete, dann war A der Startplatz nach F

Diese offenen Punkte könntest du doch mit einer Drehscheibe auf dem Bahnhof vergleichen: Der Lokomotive, die drauf steht, sind alle Gleise offen. Bislang ist sie auf dem Gleis mit den Endstationen A und B gefahren, nun wechselt sie auf das Gleis C – D. Könnte man das nun eine Wandlung nennen? Dann müßte sich doch die Lokomotive verändern und nicht nur ihre Richtung! Aber die Lokomotive, die von C nach D fährt, ist doch schon damit eine andre als die, die von A nach B fährt

Verändert sich etwas am Wesen des Menschen, wenn er eine Richtung seines Lebens ändert? Auf diese Frage komme ich jetzt das erste Mal; ich hatte es bislang als selbstverständlich angenommen und also die Fragestellung nicht bemerkt, die doch auch eine verneinende Antwort zuläßt. Nein, es ist durchaus nicht selbstverständlich

Und umgekehrt: Kann einer die Richtung seines Lebens ungebrochen verfolgen und sich dennoch wandeln? Ich könnte mir schon Fälle denken

Von einem einfachen Beispiel ausgehen: Die Geheimdienste kennen den Terminus des »Umdrehens«. »Einer wird umgedreht« – das entspräche dem Bild der Lok auf der Drehscheibe. Einer ist für A gegen B gegangen; nun geht er, umgedreht, für B gegen A. Kann man das eine Wandlung nennen? Ich möchte sagen: »nein«, doch ich zögere, wenngleich nicht so sehr, als ich es vor einem »ja« tun würde

Was heißt denn das überhaupt: ein Mensch verändert, wandelt, verwandelt sich? In welcher Hinsicht verändert (wandelt, verwandelt) er sich, unter welchem Aspekt: biologisch; gesundheitlich; charakterlich; geistig; ethisch; religiös; ideologisch; moralisch; politisch; parteipolitisch; sozial; beruflich; staatsbürgerlich; national; konfessionell; örtlich; zeitlich; im Phänotyp; im Genotyp usw. usw. Und was verändert sich, was bleibt unverändert; und wie verändert es sich; gibt es Typen von Veränderungen, Verwandtschaften, Ähnlichkeiten

Wenn man sagt, der X habe sich verändert, so sagt man doch damit zunächst, er sei derselbe geblieben, sonst würde man ihn ja gar nicht mit seinem Namen, als X, bezeichnen

Wandlung – Prozeß oder Ergebnis? Das sind durchaus verschiedene Sachverhalte! »S wird P« und »S ist P geworden«, das ist nicht dasselbe! Aber »S wird P« müßte doch gleich »S« sein, denn zu dem S gehört ja, daß es P wird. Und: »S ist zu P geworden« müßte gleich »P« sein, denn S ist ja schon in P aufgegangen

Was berechtigt eigentlich zu sagen: »S wird P«? Woher weiß man denn das? Wenn S schon P geworden ist, dann wird es nicht P, dann ist es P; und wenn S noch nicht P ist, dann ist es auf dem Weg dorthin, aber auf diesem Weg kann noch viel passieren

Wenn man sagt: »Zwei und drei ist fünf«, wäre das dann eine Wandlung der Zwei und der Drei? Ganz zweifellos, und eine Wandlung der Fünf doch auch, wenn man die Gleichung umdreht: »Fünf ist zwei und drei

Ich sehe die Ziffern noch immer gern so, wie ich sie als Kind gesehen habe: Die Zwei als knicksendes Mädchen, die Drei als einen Herrn im Zylinder, die Fünf als einen Fabrikbesitzer, die Eins konnte alles sein, die Sieben war ein Gefangener, die Vier mochte ich nie, die war ein Oberlehrer, schnüffelnd, gewalttätig, voll Jähzorn und Hinterlist. Und jede Gleichung war ein Abenteuer; »zwei und drei ist fünf« – das war ein Märchen und ein Mysterium, und daß es darüber hinaus auch etwas Andres zu bedeuten hatte, ging mir erst spät ein, übrigens auch die Verbindung von Sätzen in Büchern, ja die Verbindung von Wörtern im Satz

Die größten Mysterien aber waren die chemischen Formeln, von ihrem Hexertum lebt heute noch etwas für mich fort … Ich sammelte Formeln, wie man Käfer oder Briefmarken sammelt (wir sammelten und tauschten übrigens auch Autonummern; wir unterschieden schöne und dumme Autonummern, und nie wäre einer auf den Gedanken gekommen, eine nicht mit eigenen Augen gesehene oder ordentlich eingetauschte Nummer aufzuschreiben), ich sammelte also Formeln wie Käfer, und über einem dicken alphabetischen Medikamentenbuch meines Vaters saß ich in meiner Dachstube bis tief in die Nacht und träumte dem Schicksal eines Benzolringes nach

Und dann entdecken, wie wüst es in der Mathematik zugeht: Annäherung, Austauschbarkeit, Potenz, multiplizieren (»mal nehmen« – mit Ton auf dem ersten »e«), umklammern, Proportionen, Maße und Mächtigkeiten; die Parabelfunktion braucht man nur anschaun, die Radikanden sind Masochisten, die Bruchzahlen reiner Gruppensex, und die Tangente treibt das raffinierteste petting

»Zwei und drei ist fünf«, das *ist* ein Mysterium. »Zwei und drei« muß doch etwas Andres sein als »fünf«, sonst könnte man ja auch schreiben: »Fünf ist fünf«. Aber wenn es etwas Andres ist, wie kann man da ein Gleichheitszeichen setzen? Der geduldige Herr D. hat mir's achtmal erklärt, und ich versteh's ja auch immer; Pubertärlogistik, sagt er dazu und hat recht, und dennoch versteh ich's das neunte Mal wieder nicht

Wandeln sich eigentlich Wolken? Wandelt sich Proteus, oder ist er das, was sich wandelt, und seine Wandlung wäre demnach die Unveränderlichkeit

Pubertärlogistik, aber lustig

»Seht die Wolke dort, hat sie nicht die Gestalt eines Kamels?« – »Beim Himmel, sie sieht wirklich aus wie ein Kamel.« – »Mir scheint, sie sieht aus wie ein Wiesel.« – »Sie hat einen Rücken wie ein Wiesel.« – »Oder wie ein Walfisch?« – »Ganz wie ein Walfisch!«
Aber hier hat doch Polonius recht, das heißt: Hamlet hat recht, und Polonius hat recht, da er ihm zustimmt. Genau so ändern sich Wolken, genau so! Warum aber nehmen wir diese

Szene als einen Beweis für des Polonius kriecherische Höfischkeit Hamlet gegenüber? »Eine Ratte, eine Ratte!«
Aber vielleicht wollte Shakespeare mit Hamlets Fragen nicht Polonius, sondern das Urteilsvermögen des Publikums prüfen

Nachmittags: Dokumentarfilm über Radnóti: enttäuschend schlecht. Ich kenne wenige ungarische Dokumentarfilme, kann also nicht verallgemeinern, aber die Frage der Ursache nach dieser Diskrepanz zu den großartigen Spielfilmen drängt sich doch auf

Ich habe den Eindruck, diese Filme nehmen den Dichter als einen, dem man Komplimente machen muß (Rezitieren seiner Gedichte im Sonntagsanzug und mit weihevoller Stimme). Damit tun sie ihm das Schlimmste an, was man ihm überhaupt antun könnte

Lenins Worte vom Proletariat, das kein Pensionatsfräulein ist, das man hofieren müsse

Gegenüber der Pantheon-Friedhof; heftige Abneigung, hinzugehn

Die Geschichte mit Tóni war, wiewohl sich ein Mythologem in ihr entfaltete, eine Geschichte für Mándy, nicht für mich

In der Rákóczistraße: Leuchtreklame für Limonade

Da habe ich mir über den Wandlungsbegriff den Kopf zerbrochen und merke zum ersten Mal, daß das Wort »wandeln« zwei gänzlich verschiedne Bedeutungen hat. »Sein Erdenwandel« – wie sonderbar

26. 10.

Bis zum Mittag Józsefs »Nagyon fáj«; sieben Strophen ganz im rohen zu Ende. In dieser Ballade Privatestes und darin die Welt: Der Abgewiesene ruft alle Kreatur, der man weh getan hat, auf, sich vor dem Lager der schnöden Frau zu versammeln und ihr mit allen Stimmen des Schmerzes in die Ohren zu heulen: nagyon fáj, es tut sehr weh, und es erscheinen von Polizeistiefeln zertrampelte Unschuldige, überfahrene Hunde, kastrierte Stiere, Fische an der Angel, kreißende Mütter, und die Männer ...

»Gedoppelt schwer
wägt Liebe Lust wie Last, doch wer
liebt und niemanden hat, zu dem er flüchtet,
der ist so bloß,
wie wehrlos ist und heimatlos
ein Tier, das seine Notdurft grad verrichtet.«

Im Gerbeaud Mándy; ich erzähle ihm die Geschichte; er hört gespannt zu, wird zusehends erregt, fragt hastig nach dem genauen Ort, dem Aussehen der beiden, dem Namen des Dackels, ruft: »Jaj istenem!« und springt, ohne seinen Schwarzen abzuwarten, auf und rennt in die U-Bahn

Mándy – ein Mythos im nachtblauen Sakko

Was hat Mándy so bestürzt? Kennt er die beiden; kennt er die drei? Welche Rolle spielt das blaukittlige Männlein? Welches Ende hat die Geschichte genommen? Ich weiß es nicht

Immer wenn ich Mándy sehe, fällt mir ein Kinoerlebnis ein, jetzt das von dem Referenten, der bei irgendeinem Festakt zu glauben schien, er werde vom Fernsehen gefilmt, und sich sogleich nach seinen Vorstellungen vom Benehmen eines routinierten Mannes des öffentlichen Lebens beim Gefilmtwerden benahm. Er leckte sich die Lippen glänzig, lächelte, setzte sich grade, öffnete ein wenig den Mund, hob das Kinn, drückte die Schultern zurück, sah angestrengt an der Kamera vorüber, legte die Stirn in Falten, blätterte im Programm usw.

und träumte gewiß, abends mit Kind und Kegel vor dem Bildschirm zu sitzen und gelassen zuzusehen, wie die Seinen erstaunten ... Ich sah ihn träumen, denn er wölbte die Brust, und seine Miene wurde gewaltig, und die surrende Kamera filmte den Mann hinter uns, und das Fernsehen am Abend brachte auch das nicht, es brachte vom ganzen Festakt nur eine bildlose Meldung

Kein Frühstück, kein Mittagessen, nur darf ich schlemmen: Das erste Mal im Leben Kastanieneis

Welche Phantasie konkreter Poesie könnte diese Kuchenkarte übertreffen:
Apfelkuchen
Kremkuchen
Französische Kremschnitte
Kremkrapfen
Indianer
Wiener Würfel
Kremfladen
Preßburger Nußkipfel
Preßburger Mohnkipfel
Mandelschnitte
Hohlhippe
Mandelkipfel
Schokoladentorte
Doboschtorte
Gänsefußtorte
Orangentorte
Punschtorte
Royaltorte
Rosalindatorte
Sachertorte
Modelltorte
Schokoladentorte à la jour
Doboschtorte à la jour
Obsttorte
Kaffee-Sahnen-Torte
Schokoladenpunschdessert
Königsbombe

Pariser Bombe
Rokokodessert
Odessadessert
Morgenstern
Regenbogen
Riesenkartoffel
Nougatschnitte
Stachel
Klotz
Kognakkrapfen
Rigó-Jancsi-Dessert
Brasildessert
Schokoladenkorb
Evabombe
Mordsroulade
Nachtlichtlein
Kreolin
Erdbeerkrapfen
Kaffee-Ney-Dessert
Orangenschnitte
Kastanienkrapfen
Kastanientunnel
Grillage-Muschel
Kastanienkorb
Erdbeerkorb
Himbeerkorb
Künstler
Gemischtes Eis
Eisbecher mit Sahne
Eiskaffee mit Sahne
Flammendes Eis
Parfaitschnitte mit Sahne
Kastanienparfait
Punschparfait mit Schokoladenguß
Diplomatenpudding mit Punschguß
Holländerwürfel mit Schokoladenguß
und Sahne
Schokolade im Glas
Kastanienkrem
Obstkrem

Kastanienpüree mit Sahne
Eisbombe
Krokantbombe
Schokoladenbombe
Gemischtes Dessert
Cardinal Brandy
Französischer Kognak
Grand Gin
Scotch Whisky
Kognak Lánchíd
Klub 99 Whisky
Unicum
Hubertus
Cherry Brandy
Curaçao
Mokkalikör
Vermouth
Cinzano
Orangensaft
Ananassaft
Grapefruitsaft
Coca Cola
Limonade
Selterswasser
(nur der Kaffee steht nicht drauf

Lánchíd = Kettenbrücke. Bei uns spricht man den Namen des Kognaks englisch aus, Läntschid, woher soll einer wissen, daß es Laanzhiet heißt? Änderte sich mit der Aussprache der Geschmack des Kognaks? Schmeckt Läntschid anders als Laanzhiet? Ich glaube schon

Das Schwarz der Kettenbrücke – die Kognakbräune aufs äußerste gesteigert, schwarzbraun

Die Kettenbrücke: Gewaltige Soldatenweiler; römische Kastelle; Torbogen; Massen von Eisen gleich Stücken einer phantastischen Kriegsmaschine, und die Löwen mit Vampirzähnen und zungenlos

Massive Eisenkandelaber, die Füße voll und undurchbrochen, die Gehäuse furchtbare Verliese, als würde man abends die Helle da einsperren

Die vielverspottete Zungenlosigkeit macht die Löwen schlank

Und immer wieder Kinoerinnerungen: Langs »M«; ich sah, da war ich zehn, einen Vorspann davon und sah das ins Jenseits der Angst hinübergegangene Gesicht Peter Lorres, immer nur das Gesicht, das mich ansah, als sei ich jener, der es verstehen und retten könnte; ich fühlte, daß dieser Film ans Geheimnis der Erwachsenen rühren werde, und begriff dann doch nicht, daß er für Kinder verboten sei: Wen anders als Kinder sollte ein Film über einen Kindermörder denn angehn? Ich schmiedete tausend verzweifelte Pläne, dennoch und ungesehen ins Kino zu kommen, aber ich glaube, daß ich weder heulte noch bettelte (oder bilde ich mir das nur ein) ... Mein Vater erzählte mir dann am Tage nach der Rochlitzer Premiere den Film, aber das war gar nichts, das war nicht »M«, und das war nicht jenes Gesicht, das hinüberging, und ich hatte wieder einmal erfahren, daß Erwachsene ihr Geheimnis nicht hergeben wollten, und fragte nicht mehr, und kurz danach kam ich ja auch ins Kloster

»M« wie Mythologie

Oder »Tanz auf dem Vulkan«, das war in Reichenberg, da ging ich jede Vorstellung ins Kino, jede Vorstellung, viermal am Tag, solang der Film lief, das waren zwei Wochen, und ich saß gebannt wie zur ersten Stunde und wartete auf den Augenblick, da Deburreau sein Bajazzokostüm herunterreiße und ich aller Macht der Welt mit seiner rasenden Hand meinen Haß ins Gesicht schleudern könne: Kocht dem König einen Brei, daß er ihm im Hals steckenbleibe und ihn ersticke

oder als, das war auch in Reichenberg, die Oberstufe unseres Reform-Real-Gymnasiums vom Turnlehrer ins Kino zur Aufklärung über Geschlechtskrankheiten, ihren Erwerb, ihre Folgen und ihre Verhütung getrieben wurde und wir, eine Aura blasierter Erfahrenheit um unsre Aknegesichter, uns lässig neben die lässig hingelassenen Mitschülerinnen fläzten, bereit, keine Miene zu verziehen und doch zu erschauern und doch zu erfahren ... Ich weiß, daß ich neben Milly und Axel saß und daß, da wir auf den Beginn warteten, selbst Axel nicht feixte und Milly nicht albern war; es war ein erwartungsvolles Bereitsein, wir waren Hamlet, man nahm uns für erwachsen, ich vergesse das nie ... Es roch nach frischgekalkten Wänden, die Vorhänge waren undicht, das Taglicht war grau und klamm und wie kalter Rauch; der Film fing lange nicht an, doch es war trotz Sesselgeknarr und Gehüstel ganz still, bis endlich das Lichtbündel surrte und endlose Reihen eiterzerfreßner Geschlechtsteile in Helsingör einbrachen; nicht der Geist kam, es war sofort Fortinbras, der einzog, mit Regimentern von Hodensäcken und Schamlippen und Eicheln und Kitzlern; es muß skurril gewesen sein, eine Orgie von Abstrusität, und wir waren verdattert und zunehmend ratlos, und dann erschienen sämtliche anderen Körperteile, und alle eiterverpustelt und eiterzerlöchert, als wolle der Schöpfer des Films einen vollständigen Überblick geben, was alles am Menschen zersetzt werden könne: die Augen, die Fingergelenke, die Brüste, die Leisten, die Oberlippen, die Unterlippen, die Mundwinkel, die Mundhöhle, die Zunge, die Zungenspitze, das Zahnfleisch, das Kinn, das Kinngrübchen, die Kieferpartien, der Ohransatz, die Ohrmuschel, das Ohrläppchen, es war deutsch und gründlich und vollständig und Denken, Fühlen und Wollen gleichermaßen niederwalzend, deutsche Aufklärung, deutsche Antipornographie, eine Orgie von Ungraziösheit; wir hätten, so pathetisch das auch heute klingt, verwandelt aus diesem Kino hinausgehen können, denn wir fühlten uns alle das erste Mal ernst und erwachsen genommen, so aber versanken wir verzweifelt in bleierne Stumpfheit, und wenn uns etwas klar wurde, dann das, uns fortan nie mehr aufklären zu lassen. Freilich, für diesmal hatten auch die Tageshürchen, die uns abpaßten und auf erregte Kundschaft warteten, das Nachsehen; ich dachte, ob sie wegen Geschäftsschädigung klagen könnten, doch sie schleppten schließlich den Turnlehrer fort

Aber als dann in Poltawa Hans-Joachim R., der Sohn des Generals, am Abend seiner Ankunft auf der Stube sich auszog und sich mit den Fingernägeln über die gelbe Haut unter der Brust strich und ganz beiläufig sagte: »Wo ich mein Fleisch quetsche, kommt Eiter heraus, ich bin aus lauter Eiter, versteht ihr«, da staunten wir ihn voll fassungsloser Bewunderung an; er wurde, wiewohl er mickrig, träge und körperschwach war, in selbstverständlicher wortloser Übereinstimmung unser Führer; er plante gewaltige Aktionen, unter anderem eine Schnapsbrennerei und private Spähtruppunternehmen in die geheimnisumwitterte unbetretbare Vorstadt, doch er kam zu nichts mehr, er wurde bald danach von Partisanen mit einem Urlauberzug in die Luft gesprengt; auch das ist ein Stück Faschismus, das zu schreiben ich schon zehnmal angesetzt habe und das mir zehnmal mißlungen ist

Kettenbrücke: Harfe mit Saiten aus Dreikanteisen; wer spielt darauf

Valutaladen für Kunstgewerbe; in der Auslage viel Jugendstilvasen; zwei schmale Jünglinge, Lederjacken, Bluejeans, stehen vorm Fenster, besprechen sich leise, glätten sich die Haare mit Spucke, geben sich einen Ruck und treten entschlossen ein

Was mich immer wieder verblüfft: diese nahe Verwandtschaft von Logik und Märchen. Es ist ein Wesenszug des Märchens, daß alles mit allem und jeder mit jedem kommunizieren kann, aber das ist ja auch ein Wesenszug der Logik! Ich kann das Universum und jedes beliebige Ding und jeden beliebigen Sachverhalt darin durch jedes beliebige andre Ding oder jeden beliebigen andren Sachverhalt ausdrücken, sagen wir: den Andromedanebel durch eine Orangenblüte, da brauche ich nur einen wahren Aussagesatz mit »Orangenblüte« zu bilden: »Jede Orangenblüte riecht nach Karawane« etwa, und diesen Satz kann ich dann solcherart umformen: »Alles im Universum riecht entweder nach Karawane oder ist keine Orangenblüte«, und das gilt dann auch für den Andromedanebel, also: »Der Andromedanebel riecht entweder nach Karawane, oder er ist keine Orangenblüte

Die Lyrik kann das nicht unbedingt (auch der Mythos nicht), ihre Logik ist strenger als die der Logistik. Sie könnte ohne nähere Begründung nur den Orion mit der Orangenblüte zusammenbringen

Die Welt ist durch Poesie ausdrückbar, weil sie mathematisierbar ist

Mit Zoltán in einem Kinochen ganz draußen, noch vor den Vororten, noch hinter den Tongruben. »Blanke Winde«, ein Film über Gesellschaftsprobleme des Jahres 47, ein historischer Film also, aber verfremdet durch heutige Kostüme (Bluejeans; Pullis) und durch Requisiten und Riten der Mao-Truppler. Zoltán übersetzt; ich verstehe alles und verstehe gar nichts; Zoltán erklärt mir während der Heimfahrt die historische Situation, und nun möchte ich den Film gern noch einmal sehen, aber er wird nicht mehr gespielt

Und im Laden neben dem Kinochen – ungarische Salami, die es in den großen Geschäften Budapests die ganze Zeit nicht gegeben hat! Ich frage Zoltán, der ja alles von Ungarn weiß, nach dem Geheimnis der Salamifabrikation, aber er sagt nur: »Das ist besonderes Fleisch, besonderer Rauch, besonderes Gewürz und besondere Darre«, und dann grinst er und schweigt

Die Fahrt durch die Nacht auf der offenen Straßenbahnplattform; die lange Fahrt im blauen Dunkel, und die kleinen Lichter entlang der Strecke, und das Ahnen der Donau und der kühle Fahrtwind und das lange, genaue Sprechen ohne jeglichen Argwohn

»Alles sagen können« – man muß jeden der drei völlig voneinander verschiedenen Sätze, die sich aus der Hauptbetonung ergeben, untersuchen und hören, wie dann in der Verneinung das »nicht« diese Sätze durchwandert wie das Rauschen des Todesengels

Abends noch der Wunsch, Radio zu hören, und nun habe ich ja einen prächtigen Apparat, und er wird auch hell, und er wird auch warm, aber läßt dann nur ein Summen hören, ein

Summen kaum ahnbarer Musik – wessen Symbol, um Himmels willen, soll das denn nun sein

Die Klosterschüler in den »Blanken Winden« sind mir alle so merkwürdig fremd. War ich auch so? Plötzlich ist alles in Frage gestellt

Was mit mir in Kalksburg geschah, war doch auch eine Wandlung gewesen und was für eine: Als naiv-frommes, tiefreligiöses, gottesfürchtiges Kind bin ich da hineingegangen, und als überzeugter Atheist bin ich nach vier Jahren von dort weggelaufen: black box, input und output

Die Dialektik der Pädagogik; dieser unendlich dumme, menschenfeindliche Satz: »In dem Kopf eines Schülers ist doch nur das drin, was wir hineinstecken

Kann es eigentlich Wandlungen wider Willen geben? Gewiß, die Wandlung in Kalksburg geschah wider Willen. Und unbemerkte Wandlungen? O ja. Eingebildete Wandlungen? Auch sie. Und Wandlungen, die zwar gewollt sind, bei denen aber ein andres Ergebnis als das gewollte herauskommt? Und kann man wirklich Wandlungen wollen, geschehen sie nicht mit Einem

Vorsatz für Berlin: Aristoteles

27. 10.

Traum:
Ich sitze in einem Flugzeug und weiß, daß ich nach Finnland fliege. Undeutlich Passagiere, viel Männer, auch Kinder; neben mir eine junge Frau; ich kenne keinen. Keine Wolken, keine Landschaft, vielleicht gar keine Fenster. Das Flugzeuginnre ähnelt einer Küche; statt der Pilotenkabine ein Küchenschrank; rechts Abwasch im Spülbecken; links ein Kühlschrank; dahinter, undeutlich, mehrfach übereinander Pritschen. Wir landen; es ist tiefe Nacht; wir sind auf einer Bergkuppe, und obwohl es völlig dunkel ist, weiß ich, wir sind auf jenem thessalischen Berg, auf dem wir im September 1944 fünf Tage im Zelt im strömenden Regen gelegen sind. Wir steigen aus; trockener Boden; Heuhaufen; wir fühlen das Heu und legen uns hin. Ich schlafe sofort ein. Morgendämmern; ein Pfiff; wir erwachen; das Flugzeug ist fort. Es ist nicht mehr stockfinster, aber doch noch sehr dunkel. Wir kriechen planlos am Hang des Berges herum und suchen das Flugzeug; ich erkenne, in nächster Nähe, dieses und jenes Gesicht, so auch das meiner Nachbarin. Niedriges Gehölz; wir suchen und suchen; hie und da blitzt eine Taschenlampe, aber wir finden das Flugzeug nicht. Plötzlich fällt mir ein, daß ich mein Geld in der Aktentasche im Flugzeug gelassen habe; ich erschrecke, und da sehe ich in ziemlicher Ferne einen sehr steilen, zuckerhutförmigen Berg, auf dessen abgeplatteter Spitze das Flugzeug steht. Nun haben das auch die andern gesehen, und da klimmen wir schon in geschlossener Schar den Steilhang des Zuckerhuts hinan, wobei wir uns am Gras festhalten und aufwärtsziehen. Der Aufstieg ist mühsam, und ich denke, warum man bei einer solchen Anstrengung im Schlaf nicht abnimmt,

da tut sich plötzlich eine Graswelle auseinander, und in ihr erhebt sich eine etwa vierzigjährige große Frau. Sie hat sich entleert; sie steht, noch ein wenig in den Knien, ganz im Profil, die Schlüpfer sind heruntergelassen, und die Hinterbacken sind kotbeschmutzt. Sie schaut uns verstört an, dann zieht sie, ohne sich abzuwischen, den Schlüpfer über und verschwindet im Gras, und ein junger Mann vor mir läßt sich ins Gras fallen und stöhnt: Mein Gott! Endlich das! – und er schaut verzückt zum Himmel, und ich weiß: Der bleibt da und wird Finnland nie sehen.
Wir haben das Flugzeug erreicht und steigen ein, da springt uns aus einer der Pritschen eine riesige Dogge entgegen und schüttelt sich und starrt uns an, aber keiner hat Angst vor ihr; wir puffen sie zur Seite, wenn wir an ihr vorüber wollen, und sie läßt es sich gefallen, wiewohl sie manchmal knurrt und scharrt. Das Flugzeug ist schon in der Luft; wieder Grau, keine Wolken, keine Sicht. Ich habe Hunger und gehe zum Kühlschrank und öffne die Tür und sehe in der Ecke hinten links im sonst leeren, eiszapfenglitzernden Raum einen Gnom kauern. Erschrocken schlage ich die Tür wieder zu, aber einer der Passagiere, ein älterer, ruhiger Mann, sagt: Lassen Sie doch den Armen heraus, der erfriert ja da drinnen! Ich nicke beschämt und öffne die Tür, und der Gnom kriecht heraus. Er erinnert mich an den kleinen und runden, aus Kugeln zusammengesetzten S. Müller, der mit B. in die Schule gegangen ist; ich rede ihn russisch an, und er antwortet deutsch, was mich sehr erstaunt. Ich sage: Wir fliegen nach Finnland!, und der Gnom schaut mich einen Moment mit vernichtender Befremdung an, dann stürzt er an mir vorbei zu einer Schüssel Tomaten, die im Küchenschrank steht, reißt sie an sich, ißt gierig und sagt

beim Kauen und Schlingen: Ich bin ein berühmter Negerkiller! – Schreie des Unmuts, ja des Entsetzens; der Gnom wirft sich in die Brust, aber der Mann, der sich für ihn verwandt hat, springt vor und ohrfeigt ihn. Der Gnom schlägt, da er geohrfeigt wird, die Hände vors Gesicht; er schrumpft tatsächlich noch mehr zusammen; sein Körper strahlt einen eiskalten Haß aus; mich schauert, doch ich packe den Gnom am Kragen und sperre ihn in den Kühlschrank zurück. Das genügt nicht, sagt der Mann und sperrt auch die Dogge hinein. Ich will dagegen protestieren, doch ich beruhige mich mit dem Gedanken, daß die Dogge ja harmlos ist und der Gnom mit ihr Unterhaltung hat. Kaum aber ist der Schrank wieder verschlossen, pocht es und hämmert es und heult es in seinem Innern; es ist ein verzweifeltes, erschütterndes Heulen; wir stehen ratlos um den Schrank, da sagt eine alte Frau: Der Kleine hat doch Hunger, gebt ihm doch was! Sie nimmt die Schüssel Tomaten und schiebt sie durch die Schrankwand dem Gnom zu, und das Hämmern und das Heulen bricht sofort ab. Wir landen wieder, doch diesmal übernachten wir im Flugzeug; am Morgen ertönt wieder ein Pfiff, und da wir aufsteigen, sehe ich, daß einige Passagiere, so auch meine Nachbarin und der Ohrfeiger des Gnoms, verschwunden sind. Der Schrank ist still. Ich öffne die Tür und luge hinein und sehe den Gnom gefesselt zwischen den Füßen eines Löwen, in den sich die Dogge verwandelt haben muß. Der Löwe reißt den Rachen auf; ich stecke meinen Kopf hinein und ziehe ihn nach einer langen Weile wieder heraus und schaue beim Herausziehen zum Gnom hin. Er hat die Augen geschlossen, doch ich spüre durch die Lider seinen eiskalten Haß und schließe schnell und befriedigt die Schranktür.
Da aber landen wir schon wieder; wir steigen

aus; wir stehen auf der Straße in irgendeinem Gartenviertel, und ich weiß, daß wir in Weimar sind. Ich will Ursula anrufen, finde aber keine Telephonzelle und gehe spazieren. Ich muß dabei über Strohkränze steigen, die auf der Straße verstreut sind; es macht mir Spaß, darüberzuhüpfen, und bald hüpfe ich über Zäune und Häuser, und endlich entdecke ich eine Telephonzelle und hüpfe hinein, und da ich sie öffne, sitzt drin der Gnom und wackelt mit dem Kopf und sagt: Ich werde dich bald killen, warte du nur! – Ich werfe die Tür zu und hüpfe in wilder Angst davon. Leeres Feld; Stoppeln; Strohhaufen; kein Flugzeug; ich bin allein, und unten liegt Weimar. Ich hüpfe hinunter und komme in einen großen, gekachelten, unterirdischen Raum, einen sehr hohen, sehr hellen, sehr freundlichen Saal mit Kachelwänden und Betten, ein Mittelding zwischen Lazarett und Bad. Ich bin fünfundzwanzig. Viele Menschen, Männer und Frauen, die meisten im Badeanzug, manche in Krankentracht oder Pyjama, dazwischen Schwestern mit Hauben und milchhaft weißer Haut. Ein Obstverkäufer geht durch die Menge und verkauft aus einem Bauchladen Tüten mit Kirschen und Pflaumen; ich kaufe ihm Pflaumen ab und schnippe die Kerne, und einer trifft einen jungen, etwas exotisch aussehenden Mann im Bademantel, der neben einem Mädchen, ebenfalls mit Bademantel, auf einer Bank ohne Lehne sitzt. Ich rufe ihm eine Entschuldigung zu; er aber lacht gutmütig und sagt: Wollen Sie nicht mit uns duschen gehen? – Ich nicke und trete zu den beiden; er gibt mir die Hand, und auch das Mädchen gibt mir die Hand, dann werfen sie den Bademantel ab, doch ihre Körper sind so undeutlich, daß ich nicht sehn kann, ob sie nackt oder bekleidet sind. Ich selbst trage jetzt eine Badehose. Wir gehen in den Duschraum; die beiden treten unter die Brause und stecken die Köpfe zusammen; ihr Haar fließt ineinander, es hat einen bläulichen Schimmer; ich will zu einer freien Dusche gehen, aber der junge Mann ruft: So kommen Sie doch her! – Ich gehe zu ihnen; das Mädchen schüttelt das Haar, da steht sie nackt da; sie ist ganz unbefangen und genießt die Dusche und zeigt ihren wasserglänzenden Leib. Ich habe den Kopf auf die Schulter des jungen Mannes gelegt und schaue mit inniger Freude und vollkommen wunschlos das Mädchen an. Sie ist wunderschön, frisch, straff, vielleicht zwanzig Jahre, die Haut von einem hellen Goldbraun, die Augen um ein winziges schief gestellt, und von den Brüsten über den Bauch bis zur Scham und das Vließ fingerbreit umsäumend weht eine Linie schwarzen dichten Haars wie der Roßschweif auf einem griechischen Helm. Es ist das Vollkommenste an Körperschönheit, das ich je gesehen habe; es ist die Anmut in selbstverständlicher Freiheit, und ich möchte stundenlang so stehen und nur schauen, und sie merkt es und steht unbewegt unter dem rinnenden Wasser. Nun lächelt sie, und da weiß ich bestimmt, daß sie eine Mongolin ist, und auch den jungen Mann, der seinen Kopf jetzt wendet und mich anblickt, erkenne ich als einen Mongolen. Sein Teint ist goldbraun, sein Haar schwarzblau, die Augenwinkel schräggestellt. Ich sage: Nicht wahr, du bist ein Mongole? Er nickt, und nun trifft mich sein Blick, und ich fühle darin eine merkwürdige Kälte, und er sagt leise: Das bin ich, und du wirst schon sehen, was alles im Mongolen steckt

Nach diesem Traum Angstgefühle, heftiges Herzklopfen, stechender Kopfschmerz vorn in der Stirn

Bibliotheken; Prof. D.; dann B. B., der »beglückte Blasius

Zwischen Gerbeaud und dem Stadtwäldchen die alte Metro, die erste Untergrundbahn Europas, eine leibhaftige Straßenbahn unter der Erde, siebzig Jahre alt und zeitgenössisch wie ein Bild Henri Rousseaus oder eine Strophe Apollinaires. Zwei Wägelchen wie Hochzeitskutschen, zwei Gondelbäusche, zwei gradauslaufende Karussellkähne, zwei fröhliche Charonsarchen, zwei Kaleschen für Marktfrauen, zwei langgezogene Equipagen, zwei rösserlose Kremser für Unterlandpartien, zwei Räderbarken, Sitzbretter innen um Bug und Heck und im Mittelteil von der Decke herab einunddreißig Hängeschlaufen in elf Reihen, wie ein einunddreißigfaches Shakehands der Metroverwaltung

Alles, was sich vom Äquator zu den Polen bewegt, nimmt ein wenig an Schwere zu; ich glaube, daß alles, was diese Metro besteigt, ein wenig an Freundlichkeit zunimmt

Die Hängeschlaufen schütteln einander die Hände

Gestern der Film war ein kleines Volksfest; viele junge Leute, die sicher nicht viel von der Problematik verstanden haben, aber sie wollten ja auch nicht ins Philosophie- oder Geschichtsseminar. Sie spielten durch Zurufe mit und amüsierten sich dabei königlich, und es war auch ihr gutes Recht: Einer der Helden rief Klosterschüler zu einer Diskussion auf, und als er die erste Frage formulierte: »Welche Rolle spielt die Persönlichkeit in der Geschichte?«, kam, da die Klosterschüler beharrlich schwiegen, die Antwort aus dem Zuschauerraum. »Gar keine!« rief ein Baß in der vordersten Reihe, und alles lachte, und alles war klar

Ein anderer Zuruf galt einer Zweihundertfünfzigprozentigen. »Tu doch nicht so, du möchtest doch gern mit dem Pfaffen vögeln!« rief einer, und es klang wie ein wohlwollender Ratschlag. »Nein, die nicht!« antwortete eine Stimme aus einer anderen Reihe; und: »Doch, doch!« riefen wieder andre entschieden. »Na«, sagte der Baß ganz vorn, »die?«, und die Antwort kam auf dem Fuß: »Doch, die gerade!« Es war eine fröhliche Unterhaltung von Sachverständigen, und von der Filmleinwand rief die Heldin: »Die blanken Winde wehen voran

In der Wochenschau Passagen über eine kleine ungarische Stadt: Unter einem Schild, das ein Gebäude als Mädchenheim ausweist, war – das Gebäude hatte stattliche Maße – auch das Schild der Entbindungsstation und der Abortkommission angebracht. Darüber gab es natürlich auch großes Gelächter, wieder ganz unbefangen herzhaft, aber, so sagte später Zoltán, und ich wußte es auch von andern, wenn eine Oberschülerin ein Kind bekommt, ist das noch immer eine Tragödie mit Rausschmiß aus der Schule und väterlicher Verfluchung und Verstoßung aus dem Elternhaus

Im Autobus rasende Fahrt über die Kettenbrücke und hinter der Brücke jäh in die Kurve und mit unverminderter Schnelle durch die Haarnadelkehre einer Umleitung hindurch ... Gestern im Kino die Jeep-Jagd in der Voranzeige war gar nichts, das können die Budapester Busse besser ... Das Erstaunlichste sind die Fahrgäste, die ruhig stehen bleiben, während der Fremde von Ecke zu Ecke geschleudert wird. Sie müssen ihren Körperschwerpunkt irgendwo in den Waden haben

Diesmal mit Ferenc: Die Filmaufzeichnung der Brookschen Sade-Marat-Inszenierung; als Dokument interessant, als Film, so schien uns, völlig mißlungen

Mit Zoltán Fortsetzung des Gesprächs über das Jahr 56 ... »Das Schrecklichste, was Rákosi angerichtet hat«, sagt Zoltán, »war die Stumpfheit der Bevölkerung. Es hat schon keinen mehr interessiert, was die Partei gesagt hat, sie hätte sagen können, was immer sie wollte, man hat zu allem genickt und mechanisch: Ja, ja, gewiß! gesprochen, laut und deutlich und gänzlich mechanisch: Ja, ja, gewiß!, und man hat zum Falschesten genickt, und die Dummköpfe haben das als Sieg ausgegeben, dabei wurde ihnen das Selbstverständlichste nicht mehr geglaubt

Zoltáns Lieblingswendung (wertfrei): »gefinkelt«: »ein gefinkelter Bruder« – »ein gefinkelter Redner« – »gefinkelt wie ein Kaschauer Advokat

Zoltán: »Das Schwierigste war, mit der Bevölkerung wieder ins Gespräch zu kommen; wir waren ja nicht mehr im Gespräch mit ihr. Wenn nur einer redet und vom andern nur die Bestätigung dessen hören will, was er gesagt hat, so ist das kein Gespräch mehr, und danach hört bald auch das Zuhören auf

Abends Lesung in einem kleinen Kreis; es entwickelt sich eine Diskussion über die Aussiedlung der Deutschen nach Kriegsende; mein Ja dazu erregt Widerspruch, und darüber gerate ich aus der Fassung.
Solche Verblüffung ist ein Zeichen von Provinzialismus; man hält keine andre Ansicht als die seine für möglich – oder hält sie nicht unter Freunden für möglich. Im Grund genommen ist das auch eine Form nationalen Hochmuts – und gerade der ist mir doch widerwärtig

Der Widerspruch hat eine Diskussion ausgelöst; jeder hat seinen Standpunkt verteidigt – ja und nun? Ist die Debatte sinnlos gewesen, da keiner keinen überzeugt hat? Aber ganz und gar nicht: ich habe meinen Standpunkt überprüfen und festigen können (wie es dem Widerpart gegangen ist, weiß ich nicht), ich habe mein Wissen erweitert, und beides ist Gewinn. Ein Muskel ohne Bewegung verkümmert

Der Portier hatte mir versprochen, einen Mechanikus nach meinem Radio zu schicken, aber nichts

»Nagyon fáj« im rohen zu Ende; ein schönes Gedicht von Gábor:

Zuspruch an mich selbst

Bevor du den Nebel betrittst
sprich nur und sprich nichts als das Deine
bevor du den Nebel betrittst
sprich für die verstorbenen Freunde
bevor du den Nebel betrittst
sprich vom Hungern von Beben von Schaudern
bevor du den Nebel betrittst

sprich von der Jahrhunderte Schande
bevor du den Nebel betrittst
sprich von deiner Väter Schande
bevor du den Nebel betrittst
sei härter und härter dein Nacken
bevor du den Nebel betrittst
sprich der Gemarterten Flüche

bevor du den Nebel betrittst
den ohnehin du betrittst

Das Gedicht überlesend, höre ich bekannte Stimmen: »Worauf wird denn hier angespielt; was meint denn dieser H. mit dem Nebel, die Naturerscheinung doch sicher nicht!« – »Gewiß nicht«, erwidere ich, »mit dem Nebel ist das gemeint, was für dich, den Leser, der Nebel ist!« – »Aha«, sagen die Stimmen, »und was ist dieser Nebel denn nun wirklich?« – »Das, was du ohnehin betrittst«, erwidere ich

Der Nebel, das wird für mich immer mehr mein eigenes Ich, meine eigene Vergangenheit

»Das Wasser hat euch gebracht; der Schaum hat euch hergetrieben!«

Kein Einschlafen. Entwerfe zum Spaß Statuten jener von J. J. vorgeschlagenen »Gesellschaft für gegenseitige Bewunderung« … Sie müßte natürlich in Sektionen gegliedert sein, und zwar in Sektionen mit Partizipiennamen: Sektion der Lehrenden, Sektion der Schreibenden, Sektion der Befehlenden, Sektion der Leitenden, Sektion der Richtenden, Sektion der Antwortenden, Sektion der Wirtschaftsführenden, Sektion der Sportausübenden usw.; die Chefs der Sektionen bilden ihrerseits wieder eine Sektion, die Sektion der Bewundernden mit einem Präsidenten, zwei Vizepräsidenten, einem Geschäftsführer und dem Nachwuchsausbildenden, dem Direktor des Instituts für Bewunderung. Monatlich eine Sitzung in den Sektionen mit Reihumbewunderung aller Mitglieder; jährlich eine Großarbeitstagung mit Referaten über Theorie und Praxis des Bewunderns (Vorschläge: Die Höherentwicklung wahrer Ästhetik durch die breite Entfaltung des Bewunderns; Gegen den Formalismus im »Schaffen« einiger »Bewunderer«; Zu höherer Arbeitsproduktivität durch systematische Bewunderung der Generaldirektionen; Information? Nein, Bewunderung!; Die Herausbildung von Zügen kollektiver Bewunderung in der entwickelten Urgemeinschaft; Neue Meisterwerke der Bewunderungsepik; Unsere Bewunderer sind lebensfroh); ferner eine jährliche Festsitzung mit der Vergabe von je drei Preisen für hervorragendes lyrisches, journalistisches, bildkünstlerisches, musikalisches und darstellendes Bewundern, sowie alle drei Jahre einen Sonderpreis für Positive Satire und Kritik

28. 10.

Mit Zoltán nach Szeged; vorher langes Schwanken, ob nach Trans- oder Zisdanubien, nach Pécs oder Szeged, zur Geschichte oder zur Germanistik, und schließlich entschied der früher abfahrende Zug

Klarer, frischer Tag, ein gefinkelter Morgen, um mit Zoltán zu reden; früh wach; ein bißchen Gymnastik, ein bißchen Grammatik; und nun frohgemut auf an die Theiß

Der Westbahnhof stößt mit seiner Glasverkleidung direkt in den Großen Ring; man kann seinen Lokomotivenalltag von der Straße aus wie eine Schaufensterauslage betrachten; man sieht lautloses Schnauben und Rattern und Pfeifen und Zischen und Krachen von Puffern und Kreischen von Stahl auf Stahl und Rufen von Müttern und Töffen von Elektroloks und Trampeln und Schnattern und Hasten und Schreien; Pantomime des Lärms, ganz traumhaft und in allen Aspekten wie von einem Genie inszeniert

Einmal allerdings stieß eine Lok durch die Glaswand auf den Bürgersteig und mordete fünf ihrer Betrachter

Wolken wie Puttenhinterchen

Öffentlicher Betrieb als Schaufenster, das sah man eigentlich nur bei Kunststopferinnen oder Laufmaschenaufnehmerinnen; man sollte das, auch über Werkhallen hinaus, erweitern: Ämter, Gerichte, Schulen, Gefängnisse

Die Züge fahren ohne Signal zum Einsteigen ab – es erinnert an das abschiedlose Weggehen aus Gesellschaften einander Befreundeter

Zoltán frühstückt: Vier Spiegeleier, natürlich in zischendem Schweineschmalz, natürlich mit dicken Scheiben Weißbrot, und dazu einen dreifachen barackpálinka, da wir ja bald durchs Aprikosenland fahren

Draußen kahle Akazienwäldchen

Endlose, abgeerntete Maisfelder wechseln ab mit endlosen Feldern bereiften Weißkrauts, dazwischen Streifen nackter, mit den letzten Blättern wedelnder Pappeln, und kilometerweit auseinandergestreut hie und da ein weißes Gehöft

Der Mongolentraum bedrückt mich noch immer ... Seltsam, ich habe im Traum das Gefühl einer noch nie erlebten Beglükkung gehabt, einer kristallhaften Verzauberung reiner Anmut, und geblieben ist das beklemmende Gefühl beim Erwachen, die Drohung der rätselhaften Worte: Du wirst schon sehen, was alles im Mongolen steckt

Kreischende Möwen, das ist doch nicht möglich, wo kommen die denn im Tiefland her

Weinstöcke: Beete in der Ebene; es sieht ganz seltsam aus, man hat ja bisher immer nur »Wein« und »Berg« zusammen gedacht, ein geistiges Kompensationsgeschäft; auch eine Sammlung davon anlegen

Endlose Gärten brusthoher Bäumchen, das sind die berühmten Aprikosen von Kecskemét, der Pflücker kann ohne Leiter und Hilfsgerät ernten. Die Bäumchen sind beinah stammlos; die Kronen entfalten sich ein paar Handbreiten über dem Boden; die Kronen oben, die Wurzeln unten, der Stamm ist tatsächlich überflüssig: Grundausstattung eines Baumes, nein: eines Obstbaums. Auch wieder nicht: Im märkischen Forst züchtet man in den Camps mannsniedrige Tannen

Die Beerensträucher, waren das einmal Bäume? Entwirf zum Beispiel einen Stachelbeerbaum

Vom Zug aus gesehen, schaun die Kronen wirklich wie Kronen aus

Einsame, weißgekalkte Höfe; Strohdächer; Ziehbrunnen: das Tiefland, die Pußta, wie sie im Buche steht, und Zoltán hält mir, von den Einzelgehöften ausgehend, ein Privatissimum ungarischer Geschichte

Zoltán: Ihr wißt nicht, was es heißt, dreimal in der Geschichte um den Bestand des Volkes, der Sprache, des Ungartums gebangt, dreimal vor der nationalen Vernichtung gestanden zu haben: vor der physischen Liquidierung durch die Tataren im 13., der Helotisierung durch die Türken im 16. und der Zerreibung zwischen Slawen und Deutschen im 17./18. Jahrhundert

»Die Ungarn sind jetzt unter Slawen, Deutschen, Wlachen und anderen Völkern der geringere Teil der Landeseinwohner, und nach Jahrhunderten wird man vielleicht ihre Sprache kaum finden.«

Diese, um 1780 formulierte düstre Prognose kenne jeder Ungar, meint Zoltán, und sie stamme aus einem der tiefsten und humansten Werke der Zeit, aus den »Ideen zur Philosophie der Geschichte der Menschheit«, und man nenne sie nur »Herders Prophezeiung

Nicht: Zersplitterung, nationaler Hader, Verelendung, Verlust der Staatlichkeit, Unterdrückung, Kulturverlust, nein: Angst um die nackte ethnische Existenz

Ach, wer rühmt die Kumanen, die untergingen, die mandeläugigen, kühnen, vor Freiheitsdurst verrückten Kumanen ... Ein paar Namen erinnern an sie, ein paar phantastische Züge magyarischer Geschichte, doch sie selbst sind dahin: erschlagen, durchstochen, zerhauen, mit Pfeilen erschossen, verbrannt, von Hunden zerrissen, verhungert, gehenkt, in den Sümpfen erstickt, geschunden, geschleift

Nein, wir wissen es nicht, was es heißt, und wir werden es nicht nachempfinden können

Die deutschen Niederlagen hatten, da ja, mit Ausnahme des ersten Weltkriegs, stets Deutsche auf beiden Seiten standen, keine existenzbedrohenden Folgen für die Nation, ja einige waren, wie die von 1806, unter bestimmten Aspekten das, was der Mai 1945 dann zur Gänze war: historischer Gewinn als Möglichkeit radikaler Demokratisierung. Die Siege hingegen, die Siege, die Siege

Es ist merkwürdig: Ich war doch als Soldat dem Wollen und dem Bewußtsein nach vollständig hitlergläubig, und doch habe ich vor dem Sieg gebangt, genauer: mir hat davor gegraut; noch mehr allerdings, und anders mehr, vor der Niederlage. Die Perspektive des Siegs war ein ewiges ödes Soldatendasein irgendwo am Ural; die Perspektive der Niederlage schien mir die ethnische Vernichtung. Aus diesem Alternativpaar wuchs das entsetzliche, doch eine Massenstimmung durchaus richtig ausdrückende Wort: »Genießt den Krieg, Kameraden, der Frieden wird furchtbar!« Man hat es vergessen

Also doch die Möglichkeit des Nachvollzugs? Eben nicht. Was für mich Chimäre war, ist für die Ungarn dreimal Realität gewesen. Es ist der Unterschied zwischen Imagination und Erfahrung, zwischen Phantasie und Wirklichkeit

(Wendungen wie »Die Phantasie war schlimmer als die Wirklichkeit« oder umgekehrt sind falsch. Die Phantasie ist prinzipiell anders als die Realität

Das Schicksal, das die Tataren ihren Besiegten zu bereiten versuchten, kann nur mit der »Endlösung der Judenfrage« verglichen werden. Es war Völkermord, und auch die Methoden waren im Wesen die gleichen: nach der militärischen Besetzung Pogrom und Abschlachtung der wehrfähigen Männer; ein Schimmer Hoffnung, auf daß die Geflüchteten und Versteckten sich zeigten und sammelten; euphorische Kümmernis; Ghettoisierung; Gestellungslisten; Massenauftrieb; Selektionen; Transport; Raub jeglicher Habe; Liquidierung. – Der lateinische Bericht eines Augenzeugen, des Rogerius, ist erhalten; man sollte ihn übersetzen und herausgeben, er ist ein europäisches Dokument

(Aus Rogers Bericht: »Ein Jahr Tatarenherrschaft hatte das Land gänzlich verwüstet. Die Verwaltung und das Gerichtswesen waren verfallen, das Heer zerstäubt, die heerespflichtigen Männer zum größten Teil ausgerottet. Vielerorts konnte man auf zwei, drei Tagreisen keine lebendige Seele mehr finden.«

Um diese Zeit stritten Papst und Kaiser, der siebte Gregor und der vierte Heinrich, um die Suprematie. Sie nannten sich beide Schirmer der Christenheit, sie kannten beide Ungarns Verbluten aus genauen Berichten, sie hätten beide helfen können, doch sie hielten einer den andren für die größre Gefahr. Und dennoch war Heinrich IV. für Füst ein Banner:
»Daß hier dereinst lebte mein Heinrich, der König, daß hier geblutet sein Herz,
wer ist des noch Zeuge? Und hier war auch ich – damit ich ein letztes Horn wär, darein zu stoßen,
auf daß irgendwo sein armes Gebein davon bebe.«

Die Türken dann waren fast tolerant, sie begnügten sich mit der Versklavung; sie waren wohl mehr auf Assimilation durch Bekehrung als aufs blanke Vernichten aus

Die Janitscharen, ihre Prätorianergarde, rekrutierten sich ausschließlich aus Christenknaben, die sich zum Islam bekehrt hatten; es soll auch große literarische Dokumente des Islamisierungswillens geben, aber wir kennen das alles nicht

Zoltán: »Als die Beys und Paschas hier ritten, da haben wir uns geduckt, bis unters Gras hinuntergeduckt, in den zähesten Kot hinuntergeduckt, in die schwärzeste Schmach hinuntergeduckt, wir haben Gras gefressen und Staub gefressen, doch wir haben überlebt, und unsre Sprache hat überdauert

Zoltán: »Noch heute ist die Redensart lebendig: Die schwarze Brühe steht noch aus! Wurde ein Ungar zu einem Türken, also zur Herrschaft, geladen, so wurde er liebenswürdig empfangen und freundlich bewirtet, beim Essen wurden nur angenehme Themen behandelt, aber dann kam der Kaffee, und da kam der Herr auch zur Sache, und die war noch bitterer als der Kaffee

»Und ›Kruzitürken‹«, sagt Zoltán, »›Kruzitürken‹, das ist ja auch eine Reminiszenz an die Türkenzeit, das ist eine Zusammenziehung von ›Kuruzen und Türken‹, damit setzte die Reaktion den inneren Gegner mit dem verhaßten äußeren Feind gleich, eine probate Methode

»Das Mittagsläuten«, sagt Zoltán, »stammt ja auch aus der Türkenzeit: als Hunyádi János bei Belgrad siegte, läuteten in ganz Europa die Glocken

Auch nach dem großen Sieg des Prinzen Eugen hallte die Christenheit von Glocken wider. – Das war die zweite Schlacht bei Stadt und Festung Belgerad; da waren die Türken schon bei Mohács geschlagen, und es gab auch zwei Schlachten von Mohács: 1526 die entscheidende, die katastrophale Niederlage gegen die Türken, und dann 1687 der befreiende Sieg. Aufschlußreich, daß nur das erste Mohács in der Erinnerung lebendig geblieben ist, und ich wage zu denken, daß in dieser erstaunlichen Tatsache das Bewußtsein der Ungarn wach ist, ihre Auferstehungskraft gerade aus der tödlichen Bedrohung gezogen zu haben

Und dennoch sind wohl die Dichter keines anderen Volks mit dem ihren dermaßen gnadenlos umgegangen als Ungarns Dichter mit dem Volk, das Europa zweimal gerettet hat … Ein Band Gedichte nationaler Selbstkritik der verschiedensten Zungen, das wäre eine höchst brauchbare und interessante Anthologie, und an der Spitze müßte dieses stehen:

Endre Ady: Wir brauchen ein Mohács

Gott soll, wenn's ihn gibt, den Zorn nicht zügeln,
dieses Volk lernt nur aus Prügeln.
Halbstarker Zigeunerschlag, lauherzig, träge,
Schläge soll es haben, Schläge, Schläge.

Gott soll, wenn's ihn gibt, mich nicht beklagen,
ich bin nicht aus Ungarns Art geschlagen.
Nicht die Taube mit dem Ölzweig soll er senden,
prügeln soll er mich mit harten Händen.

Gott soll, wenn's ihn gibt, bis hin zum Himmel fern
von der Erde ohne Ruh' uns zerrn.
Setzt er zum Verschnaufen nur die Peitsche aus,
ist es aus mit uns, ist's mit uns aus.

Und man wird andrerseits nicht viel Völker finden, die ein solch inniges Verhältnis zu ihren Schriftstellern haben als die Ungarn

Später, im Institut, schlägt Prof. H. anscheinend aufs Geratewohl einen Band Babits auf, und ich lese: »Diese ständige Selbst-Rüge, dieses Selbstanspornen quillt aus innerer Notwendigkeit, aus dem Gewissen. Eben das unterscheidet sie [die ungarische Literatur] von der Rhetorik anderer Nationen. Die ungarische Rede ist kein geistiges Turnen, wie die französische; sie ist auch kein Pathos der Wörter, wie die lateinische. Die große ungarische Rede ist überhaupt nicht vernunftmäßig, noch weniger eine sinnliche Schwelgerei, sie ist das ernste Wort des Gewissens …«

Zu Hause die Aufsätze von Engels über die Ungarn 1848 nachlesen; in meiner Erinnerung gehören sie zum Schönsten, was in deutscher Sprache über Ungarn gesagt worden ist

Herder hat seine Prognose eingedenk des Schicksals der untergegangenen baltischen Völker, der Kuren und Pruzzen, getroffen; ein mahnendes Beispiel für die Unstatthaftigkeit von Analogieschlüssen in der Geschichte

Bobrowskis Poesie ist ein großes Beispiel für das, was »seine Teilfunktion versorgen« heißt. Ich muß gestehen, daß ich anfangs seiner Lyrik schroff ablehnend gegenübergestanden bin, ja in ihr etwas Unerlaubtes gesehen habe: das Wachhalten, vielleicht sogar Wiedererwecken von Gefühlen, die aussterben mußten, Sentiments der Erinnerungen an die Nebelmorgen hinter der Weichsel und den süßen Ruf des Vogels Pirol … Ich hatte wohl eine ehrenhafte, aber sehr enge Auffassung vom Bewältigen der Vergangenheit, und ich bin auch dem eignen Lied auf die Kehle getreten. Doch aus der Geschichte läßt sich nichts tilgen, kein einziger Aspekt und kein einziges Gefühl, sie lassen sich nur in Hegels Sinn aufheben. Nicht ein »Es war nie gewesen« und auch nicht ein »Als ob es nie gewesen wäre«, sondern nur ein »Es war so und ist vorbei« ist der sichere Grund, ein Neues zu bauen

Ein andrer Aspekt derselben Sache: Aus dem gegenseitigen Hofieren endlich herauskommen, einander die Meinung sagen, auch öffentlich, einander ernst nehmen

Was Ungarns Geschichte, was Ungarns Literatur lehren können: Die Kraft schonungsloser Selbstkritik, die Verbindung von Wahrheit und Würde; Weltoffenheit als Selbstverständnis eines kleinen Volkes, sich vor einer drohenden Überflutung nicht durch eine (entweder unmögliche oder verkrüppelnde) Abkapselung, sondern durch Sich-selbst-Erheben auf die Höhe der Weltkultur zu bewahren

Zoltán ist dreisprachig aufgewachsen: Ungarisch, Deutsch, Slowakisch (und wenn man will Jiddisch); er spricht all diese Sprachen, und dazu Französisch, akzentlos, kann sich russisch, serbisch, englisch, tschechisch, polnisch, italienisch verständigen, und dazu liest er noch Latein. Jeder gebildete Ungar spricht mindestens zwei, die meisten sprechen drei und vier Fremdsprachen, und zwar so, daß sie darin Philosophie oder Lyrik lesen können, und zudem lesen Sie Latein, oft auch Griechisch. Die ungarische Übersetzungskultur ist, was Umfang wie Gediegenheit anlangt, bewundernswert; Nachdichtungsarbeit gehört zum selbstverständlichen Werk eines ungarischen Lyrikers, und als ich einmal eine ungarische Übertragung der Goetheschen Pandora mit der Bemerkung rühmte, man könne aus Rhythmus und Tonfall jeder beliebig aufgeschlagenen Stelle die entsprechende deutsche Zeile zitieren, bekam ich die erstaunte Antwort: Was wollen Sie, das erwartet man

Das furchtbare Wort Wittgensteins: Die Grenzen meiner Sprache bedeuten die Grenzen meiner Welt

»Da ging denn der Königssohn in den Straßen auf und ab, sah viele wundervoll gekleidete und wohlgestalte Menschen und versuchte in siebenundzwanzig Sprachen – so viele Sprachen konnte der Königssohn – sich mit ihnen zu verständigen, aber niemand antwortete ihm. Da wurde er traurig. Was sollte er hier auch anfangen, da er mit keinem sprechen konnte! Er ging niedergeschlagen hin und her, bis er plötzlich einen

Mann gewahrte, der die in seinem eigenen Lande üblichen Kleider trug ...«

Und der Landsmann spricht natürlich auch die Sprache dieses Reiches; es ist das Reich des Blauen Königs, und es liegt am Ende der Welt ... Der sprachenkundige Prinz – das ist ein Zug des ungarischen Märchens, den bei Märchen anderer Völker gefunden zu haben ich mich nicht erinnere

Der Domplatz in Szeged ist in seinen Wandelgängen ein Pantheon ungarischer Kultur und Geschichte; hier wäre ein guter Platz, um nach Norden zu sehen. Und was ist das erste, was du dort siehst? Dies: Daß die deutsche Nation tatsächlich zum historischen Begriff geworden ist. Mit Ungarn fühlst du dich trotz der fremden Sprache verbunden, vom andern deutschen Staat trotz der gleichen Sprache getrennt. Und das zweite: Das Volk der Deutschen Demokratischen Republik ist kein Achtzig-Millionen-Volk mehr; wir sind ein kleines Volk mit beklemmend großen Verpflichtungen geworden, ein kleines Volk mit der Sonderstellung einer Sprache von Weltgeltung. Wir tun gut, uns auf die Tradition zu besinnen, doch als Verpflichtung, nicht als Legitimation

Zoltán hat mich gewarnt, Szeged sei nicht das, was man eine schöne Stadt nennt: Außer der Franziskanerkirche kaum ein alter Stein, die große Flut habe fast alles weggerafft, und nach ihr sei eine k. u. k. Provinzialreißbretthauptstadt entstanden, phantasielos, unorganisch, langweilig, pseudohistorisch – nun gut, mag er recht haben, mag alles stimmen: es ist und bleibt die Stadt Radnótis

und von den Bäumen hängen doppelspannenlange schwarzbraune Schoten in Bündeln herab; nie habe ich so etwas gesehen, und Zoltán sagt, dies sei eine Sumpfplatane, die nur hier wachse, siehst du

und um die Franziskanerkirche ein dreifacher Gürtel von Rosen, und das *ist* Franziskus

und auf der Landstraße zur Universität rollt uns ein Leiterwagen mit Paprika entgegen; große Früchte in Kränzen, strotzendes Rot, ein Pferdchen braun, ein Pferdchen weiß, der Kutscher schwarz, und neben dem Wagen, schwankend und flaschengrün unter den schaukelnden Früchten, ein Trupp junger Burschen, die lauthals singen:

Kalter Wind bläst
Mutter, bringen Sie mir meinen Umhang
Heute nacht will ich zu meiner alten Liebe gehen

und aus allen Fenstern schauen schneeweiße Frauen, und in den Obstläden liegen kleine graue Früchte, die ich nicht kenne, und die Statue des berühmten Dankó Pista läßt sich auch von Spatzen umschwärmen, und durch die laubige Herbstluft treibt eine Spur von Holzkohlenrauch

Szőke Tisza, die blonde Theiß, Armbeuge der Pußta

Hier mich noch einmal an Ady versuchen

Gelbbraune Welt; braungelb das niedrige Wasser, fahlgelbbraun das Ufer, Löß, bröcklig, und silbergrün Weidenbüsche, stammloses Silbergrün im Fahlbraun und drüber, gelb, das letzte Pappellaub, und der blaue Himmel, und Geruch nach Fisch

Das Ufer ist zerklüftet, flach und zerklüftet, Stufen, Terrassen, Etagen, Höhlen, gemmenartig in weiten Ovalen

Und Zillen, Sandkähne, Wohnfähren, ovale Schaluppen auf dem Weg nach Süden, schwarzbeschmaucht, braun und gelb auch sie, und die hellblonde Sandfracht

Zwei graue brüllende Tauben rüttelnd im Niedersacken; sie fallen fast, setzen hart auf, taumeln und gehen sofort aufeinander los

Die Donau im Sturm konntest du dir nicht vorstellen; die Theiß im Hochwasser aber siehst du, gelbe gurgelnde Fluten, Wasser voll Löß im Hinschießen steigend und über die Brüstung schwappend und die Stadt in die Pußta spülend und mit ihr verrinnend

Im Germanistischen Institut bei Professor Halász, dem Autor des berühmten Wörterbuchs, von dem Ilona sagt, es sei ein Wunder (und es ist auch eins) – was macht diese Atmosphäre wie überall im geistigen Ungarn so angenehm? Völlige Unbefangenheit der Rede als Spielregel, das schließt nämlich Rücksichtslosigkeit durchaus ein, auch Schärfe, auch Bosheiten, aber man setzt vom andern voraus, daß er sich wehren kann, und man verteidigt oder attackiert in der Sache nichts Drittes, zumindest nichts außerhalb der kulturellen Sphäre Gelegenes

Na und sicherlich auch Empfindlichkeiten, Gekränktsein, Gruppen und Cliquen und gewiß auch Intrigen, aber eben als Ingrediens geistiger Freizügigkeit, nicht als ihr Hindernis, und darum auch kein Einwand gegen sie

Es ist wirklich merkwürdig, doch wir haben uns oft und oft angewöhnt, ein notwendiges Attribut eines Sachverhalts als Grund für dessen Ausschließung zu akzeptieren, anstatt ihm positive Seiten abgewinnen zu lernen. So haben wir etwa die abstrakte Kunst dadurch ad absurdum zu führen gesucht, indem wir – was man ja vermag – umständlich nachwiesen, sie sei nicht konkret, anstatt ihre Möglichkeiten als Durchgangsstadium auszuschöpfen. Oder man sagt etwa zu einer Meinung: »Das ist aber sehr subjektiv!« und glaubt damit ein durchschlagendes Argument gegen die Meinung vorgebracht zu haben, anstatt davon auszugehen, daß eine Meinung, will sie über den gesicherten objektiven Wissensstand hinaus neue Erkenntnisse, oder neue Aspekte, oder auch nur neue Argumente hervorbringen, notwendig subjektiv sein muß

(»Ja, gewiß, ja, ›subjektiv‹, natürlich, aber doch nicht gleich *so* subjektiv

Ob andre auch die Erfahrung gemacht haben, daß intolerante Menschen Zoten sehr mögen

Im Seminar eine Diskussion über die Möglichkeit des Nachdichtens aus Sprachen, die man nicht oder nur sehr wenig spricht. Es scheint aussichtslos, einem Ungarn klarzumachen, daß man sich überhaupt auf ein solches Geschäft einlassen

kann. Und doch liegt gerade hier die Möglichkeit einer echten Kollektivarbeit, denn die Übertragung eines Gedichts ist ja nicht eine Sache zweier, sie ist eine Sache dreier Sprachen: der gebenden, der empfangenden und der Universalsprache der Poesie. Ein ungarisches Gedicht ist ja nicht einfach »Ungarisch«, es ist Ungarisch, und es ist ein Gedicht, und wenn das Ungarische ins Deutsche übersetzt ist, steht die zweite Übersetzung, die innerhalb des Deutschen, noch aus, und wenn sie von einem, der die Sprache der Poesie nicht versteht, zu leisten versucht wird, wird gewöhnlich auch die erste Übersetzung zerstört … Es ist dann eine Art Pidgin-Lyrisch mit Zügen von Pidgin-Deutsch …
Nein, hier ist, trotz der Besonderheit, daß diese drei Sprachen in der linguistischen Form nur zweier erscheinen, eine echte Arbeitsteilung zwischen dem Interlinearübersetzer und dem Nachschöpfer (kein gutes Wort, aber ich finde kein besseres) möglich und in gewissen Fällen, wie eben denen der Sprache kleiner Völker, sogar geboten. Es war ein Wagnis, aber es hat sich gelohnt, und es ist gelungen; ein Dogma der Nachdichtungstheorie und -praxis ist umgestoßen; wir haben hier wirklich Neuland beschritten und die Möglichkeiten sozialistischen Verlagswesens ausgenutzt, aber das alles wird fast gar nicht beachtet

Wenn die neue Grammatik die Entstehung dessen untersucht, was sie »wohlgeformte Sätze« nennt, und zur Entscheidung darüber, was in einer gegebenen natürlichen Sprache ein wohlgeformter Satz sei, einen »kompetenten Sprecher« einsetzt, so sondert sie (ihr »kompetenter Sprecher«) aus dem allgemeinen Sprachgebrauch doch grundsätzlich etwas aus, was man als »poetische Sprache in ihrer Gesamtmöglichkeit« bezeichnen könnte. Dies ist natürlich ebensowenig ein Einwand gegen die Transformationsgrammatik, wie der Terminus »poetische Sprache« in einem nur vulgärromantischen Sinn (»Schön!« – »So poesievoll!« – »Das Herz geht einem auf!« – »Das ist noch Kunst!« usw.) auszulegen wäre. In eine solche lingua poetica gehören auch grammatikalisch falsche, ja es können auch ganz sinnlose Sätze zu ihr gehören wie etwa: »Klauke dich Klauker!« aus Brechts Simone

Der Interlinearübersetzer wäre dann der »kompetente Sprecher« der gebenden und der empfangenden Sprache, der Nachschöpfer (Formgeber?) wäre es für die empfangende und die poetische

Man kann das Verhältnis, in das die drei Sprachen während des Übertragungsprozesses zueinander treten, in die Form eines Syllogismus kleiden, eines Schlusses des Schemas DIMATIS

Auch eine lustige Definition: Das Bereich des Poetischen ist das, was jenseits der wohlgeformten Sätze liegt

Die Leistung, die zum Umstellen zweier Wörter in einem vorgegebenen Satz führt, kann größer sein als die Übertragung ebendieses Satzes aus der gebenden in die empfangende Sprache

Karl Kraus wurde nicht müde, nachzuweisen, daß die Umstellung zweier Wörter, die Ersetzung eines Adjektivs durch ein bedeutungsähnliches, ja die Änderung einer einzigen Vorsilbe oder der Interpunktion aus einem großen Gedicht ein amorphes (kitschiges, triviales, totes, leeres) Gebilde, ein Nicht-Gedicht machen kann (»eine große Glockenblume« – »eine zarte Glockenblume«; »auf, rasch Vergnügte!« – »auf, rasch, Vergnügte!«) – und er hat recht

Gerade die Form ist in der Dichtung international. Diese These verblüfft einen Laien am meisten, er meint, sie wäre ein unüberwindliches Hindernis für das Nachschaffen auf Grund wörtlicher Übersetzungen. Aber ein ungarisches und ein deutsches oder albanisches Sonett stimmen eben in der Sonettform überein. Ich brauche kein Wort Ungarisch oder Albanisch zu können, aber daß es sich um ein Sonett handelt, sehe (oder besser: lese) ich, und ich kann bei einiger Übung auch schwierige Formen durchaus sicher bestimmen (mein größter Stolz: das Erkennen einer antiken, freilich variierten Form eines Radnóti-Gedichtes, das ungarische Freunde als freirhythmisch bezeichnet haben

Unerläßlich allerdings: Kenntnis der Betonung, der Aussprache und der Auffassung vom Reim. Eine vergleichende Reimlehre wäre übrigens eine reizvolle Studie zur Völkerpsychologie

In der Nachdichtung habe ich meine Teilfunktion versorgt. In der Literatur für Kinder auch. Das Dritte (das doch das Erste sein müßte) ist in den Ansätzen steckengeblieben

Spät nachmittags mit Professore Halász und den Dottores P. und K. (sie sprechen zum Spaß Italienisch, weil sie das »am wenigsten können«) in ein berühmtes Szegeder Restaurant, zur berühmten Szegeder Fischsuppe, die, anders als die gewohnte, sämig sein muß: Zuerst wird eine Brühe aus Kleinfischen bereitet, durchpassiert, und erst in dieser Materie wird der Karpfen gesotten

und natürlich fällt dir da jenes berühmte römische Gericht ein: die Olive in der Nachtigall in der Taube im Huhn in der Ente im Hasen im Kapaun im Lamm im Reh im Kalb im Wildschwein im Mastochsen am Spieß, wobei schließlich nur die Olive aufgetischt wurde, gesättigt mit allen Säften, die zwölfte Essenz, und ich finde, das hat etwas eminent Ungarisches

Zum Abend langer Spaziergang mit Zoltán, nachtblauer Himmel, Geruch von Holzkohle, Geruch von Fischen, Geruch von Akazien, aus hohen Schloten weißer Rauch. Wir gehen durch leere Straßen, eine öde Gegend vorm Hafen, da plötzlich faßt mich Zoltán am Arm, zieht mich zu einer verfallenen Mauer, huscht katzengleich hinauf und hilft mir nach. Ich folge ihm; ich verstehe gar nichts. »Schnell«, sagt Zoltán, und ich springe hinunter, und wir eilen im Schatten durch einen Fabrikhof, da nähert sich schon vom Hafen herauf ein Trotten und Scharren, dazwischen helles Geklink von sehr harten Hufen, Gebölk und Geblök und ein seltsam wehmütiges heulendes Schnaufen, eine Melancholie auf Lefzen und Nüstern, und während wir uns in eine Tornische drükken, erscheinen vier schwarzgewandete Männer, wie Hirten in Kleidung und Haltung, doch schwarz, mit schwarzen Soldatenkappen und schwarzen wehenden Mänteln und großen gekrümmten schwarzen Stäben, mit denen sie bei jedem Schritt ganz sacht stampfen; sie spähn, da sie stampfend dahingehn, mit langsamem Kopfdrehn in alle Winkel, und Zoltán preßt mir die Hand zusammen, und ich verstehe und halte den Atem an ... Doch die Stampfenden schaun nicht in unsre Nische; ihre Blicke streichen vorbei wie kalter Luftzug; sie ziehn sich zurück, und wir beugen uns vorsichtig vor und sehn einen Hirtenjungen, barfuß im weißen knielangen Leinenkittel, er geht weiß vorm Himmel, ganz im Profil, kumanenäugig, kumanentraurig, und jetzt wird das Getrappel lauter, das Stockstampfen auch, und da setzt, unsichtbar im Himmel, Musik ein, ein Donauwalzer, schmachtende Geigen, und lautlos im Schleifen des Walzers und lautlos blökend und schmatzend taucht, ganz am Ende des Hofs, Kopf an Kopf in die seltsam milchige Helle und wird in voller Gestalt auf dem langgezogenen Wegscheitel sichtbar: Eselchen, ihrer sechs, zwei Zebras, und mit langem, sehr langem Hals und kapriziösem Kopf und tänzelnd ein Lama, und zottig, wüstengelb vier Kamele, von Burschen an Nasenringen geführt, und am Ende des Zugs, den feisten gestreiften Hals grün umkränzt, ein Okapi, Op-Art aus dem Kongo, und die kleine Herde trabt willig gedrängt, mit gesenkten Köpfen, und während der Walzer noch schwillt und schwarze Hirten den Zug beschließen, drückt plötzlich ein Windstoß den weißen Rauch aus den Essen herunter, einen trockenen, kräusligen, milchiglasurigen Rauch in die Nüstern der Esel und Zebras, und da sie ihn wittern, stülpen sich, während ihr Trott sich verzögert, langsam Stulpen an ihrem Bauch aus und stülpen sich um und Phallen erscheinen, schleimig und blau, und schleifen noch wachsend am Boden, und da ertönt mit dem Knall einer Peitsche von allen Seiten ein kehliges Hojraa, der Walzer bricht ab, und nun stapfen die Stöcke der Schwarzen im jagenden Rhythmus, und da reckt das Lama den Kopf und fällt in den Schrei ein: Hojraa, schreit es, hojraa, hojraa, schrill, brünstig, und da stocken die Esel, die Zebras bäumen sich auf, die Esel stehn, die Kamele, das Lamahaupt über den Höckern, drängen wild nach, eine Woge aus brüllendem Fleisch füllt plötzlich den Himmel, da führt der Kumane, Blätter vom Kranz abflückend und den Hengsten ins röchelnde Maul streuend, das Okapi an die Spitze des Zuges, und ich sehe, daß das Okapi eine Stute sein muß, ein geschlechtsloser Gott oder eine Stute, und da schießt schon, ein einziger Schrei, die Woge ihr nach, und im brüllend einsetzenden Walzer und heißen Geruch nach Rauch und Moschus verschwindet, von den Hirten umringt, das kostbare bebende Fleisch in die Salamifabriken Herz und Pick

»Das Geheimnis«, sagt Zoltán, und er braucht nichts zu sagen ... Die opalgelben Augen der Zebras ... Die Okapigöttin ... Der milchweiße Rauch ...
»Das Geheimnis«, sagt Zoltán, »nun haben Sie's ja gerochen, es ist eine besondere Kohle, besonders gekohltes besonderes Holz einer Akazienart, die nur hier unten an der Theiß wächst

Wir gehen noch lange durch die Straßen, schweigend, den Fluß hinunter, Akazienhimmel, Zillen mit Ampeln und Beat, der Orion im Nachtblau, da plötzlich verstehe ich den Mongolentraum. Du wirst schon sehen, was alles im Mongolen steckt, so lauteten seine letzten Worte, und plötzlich sehe ich es, ich sehe es vor mir, in Lettern, in dem MONGolen steckt der GNOM

29. 10.

Gestern spät abends zurück und noch sehr lange wach; zur Früh endlich flacher Schlaf; ein Traum von drei Prinzessinnen, ein bekanntes Märchenmotiv, und im Traum vollständig in überraschenden Variationen durchgeführt, ein geschlossenes druckfertiges Stück, in Kambodscha handelnd, grell schamlos, schrill, und mit triumphierend obszönem Hohn ein Gescheitertsein spiegelnd

Da ich ins Foyer komme, Tumult; der dicke Hotelboy und die Geldwechslerin jagen Zigeunerkinder durch die Drehtür. Sogar die sanfte geduldige Dame der Rezeption ist aufgebracht: »Nun kommen sie schon ins Astoria, man muß endlich die Miliz ausschicken!« Ich nutze die Gelegenheit, noch einmal das Radio zu reklamieren, und die Sanfte ist sehr erstaunt – der Mechanikus habe doch nachgesehen

Der Zug der Tiere zu Herz und Pick – war das ein Traum, war es Wirklichkeit? Hier weiß ich, daß es Wirklichkeit war, aber ich habe Erlebnisse, die mir viel bedeuten, von denen ich dies nicht mehr entscheiden kann, zum Beispiel eine Wanderung unter einem Wasserfall, oder eine Umarmung auf einem flachen Dach unterm eisigen ukrainischen Himmel, oder das Vorderteil eines schräg durchgehauenen Hunds auf einem Meilenstein, oder

was Wirklichkeit war: Der endlose Gang durch Operationsräume, mit spanischen Wänden abgeteilte Säle, in denen an lebendigen Menschen gearbeitet wurde; ich ging da als Kind durch, als ich mir im Kloster den Ellbogenknochen zersplittert hatte und operiert werden mußte; ich sehe noch heute durch eine aufgeschnittene Wange in ein Mundinnres und davor einen lachenden Mann mit einer gezackten blutigen Zange und um ihn einen Kreis aus lachendem Weiß

und dann bekam ich Brote mit dicken ganzen Sardinen und ganzen winzigen Würstchen und ein Glas Tee, und ich saß in einem tiefen Sessel, und weiße Bahrenwagen rollten vorbei, dies war auch Wirklichkeit

Wirklichkeit: Der Bombenangriff auf die Hirnverletzten in der Schule in Jena

Wirklichkeit: Die Frau, die im Stöhnen laut zu beten begann und betend keuchte

Wirklichkeit die Stimme Weinerts in der Charkower Wehrmachtsbaracke, und Blätter von Renoir und Cézanne unter Kohlesäcken im Keller eines winzigen Antiquariats im Berliner Osten

Wirklichkeit auch der Einzug Volands: Die Nachricht von dem straßenbahngeköpften Gelehrten ist wahr

Zum Frühstück Gábor mit seiner unwahrscheinlichen Aktentasche; ich erzähle ihm die Vertreibung der Zigeunerkinder aus dem Hotel, und er rät mir, dem Schein nicht zu trauen und mich vor falscher Romantik zu hüten. Die Kinder, ihre bezaubernde Frechheit, ihre Augen, ihre schmuddligen Lokken, gewiß, doch an der nächsten Straßenecke stellten die Väter oder Onkel oder Großmütter oder älteren Brüder sie auf den Kopf und leerten ihre Taschen und verprügelten sie beim Verdacht, etwas einbehalten zu haben ... Wenn man den Kindern Gutes tun wolle, möge man ihnen Kaugummi schenken, das sei das Einzige, was die Erwachsenen ihnen ließen

Am Tisch nebenan die alte Dame, die jeden Morgen drei große Seidel Bier trinkt, das ist auch Wirklichkeit

Aber die Zigeuner, Gábor berichtet, sie zögen in seltsamen Schwärmen durchs Land, wie Vogelwolken durch Lüfte, die manchmal zerstieben, um dann jäh wieder zusammenzuschwirren; sie sammelten sich solcherart unerwartet an einem Fluß, in einem Tal, vor einer Stadt, eine Wolke aus Wagen, Gebettel und Geigen, und seit der letzten Woche umzingelten sie, von der Pußta her kommend, in wachsenden Massen Budapest

Auf dem Weg zu Ferenc am Donauufer die jähe Dumpfheit: Bei jedem Besuch bin ich hier am Belgrader Kai entlanggepilgert und habe auf ein Fenster geschaut und mir Mut zugesprochen, zum nächsten Fernsprecher zu gehen und anzufragen, ob ein Besuch genehm sei, und nun ist es für immer zu spät

»Für immer« – das wirst du erst später begreifen

Was hat mich bei der ersten Lektüre von Lukács so fasziniert? Sicherlich, so merkwürdig es klingt, am wenigsten das, was »Lukács« an dieser Lektüre war, am wenigsten das Spezifische, am meisten (vielleicht ausschließlich) das Allgemeine! Es war das erste Erfahren des Andern im Geiste, die erste Begegnung mit dem Marxismus, der Dialektik, dem Materialismus, wie hätte man da das Individuelle herauslesen können! Daß Einer (oder besser: daß eine Methode) Zusammenhänge da sah, Linien, Prozesse, Gesetzmäßigkeiten, wo wir nur öde Daten gewohnt waren, Daten im Rahmen von Daten und durchrankt von den Namen inspirierender Geliebten, welcher Durchrankung dann ein Werk entsprungen sein sollte, eine Marienbader Elegie oder ein West-östlicher Divan oder ein Faust oder so: daß da Zusammenhänge waren, Zusammenhänge im Geistigen und Zusammenhänge von Geistigem und Geschichtlichem, zum Beispiel der eines literarischen Niedergangs mit einer verlorenen Revolution oder der eines urchristlichen Patriarchen mit revolutionären russischen Bauern, das war einfach eine Offenbarung, und was mir den Atem raubte, war das Erscheinen des eigenen Schicksals, da ich plötzlich von Büchern begriff: Tua res agitur

Etwa zur Kriegsliteratur, zur magisch anlockenden Macht gerade der krassesten Schilderungen von Schlachten und Greueln, das war doch *mein* Erlebnis, wie konnte das in der Literaturgeschichte stehen

Oder Nietzsche und Barbarei; oder Rilke und Barbarei; oder Spießertum und Barbarei, es war meine ureigne Sache, und auch Tolstoi war plötzlich meine ureigne Sache, und in die Erschütterung brach die Kunde von Nürnberg und Auschwitz

Als sei es in hora mortis: Ich habe Auschwitz nicht gewußt,

von Auschwitz nichts gewußt ... Dies »Was habe ich gewußt?« wollte ich immer schon schreiben; ich sah es immer als Erzählung, aber es genügte wohl ein Blatt

Und natürlich habe ich damals faschistisch gelesen, wie denn anders ... Das Kernstück bei Lukács, den Exkurs über Demokratie, die verhängnisvolle Rolle ihres Fehlens in der deutschen Geschichte, habe ich überhaupt nicht begriffen, ja mehr noch: ich habe es gar nicht wahrgenommen

Und die Gedichte, die ich allabendlich bis zur Antifaschule auf die Holzschindel kritzelte und morgens mit der Scherbe wieder auskratzen mußte, weil ich nur eine Schindel besaß, die waren doch nichts als die Fortsetzung des allabendlichen Soldatengekritzels und waren es doch nicht und waren es doch

Und waren es doch nicht: Auschwitz war drinnen

Und waren es doch

Und waren es doch nicht: S wurde P

Und waren es doch

Oder, das war dann schon in der Antifaschule, als ich Engels las, die »Dialektik der Natur« und den »Anti-Dühring« und den »Ludwig Feuerbach«, da zog ich auf ein Viertel des kostbaren Stücks Papier, das für acht Stunden Lektion reichen mußte, ein Koordinatenkreuz und bezeichnete den Nordpol mit »MA« und den Südpol mit »ID«, den Westpol mit »me« und den Ostpol mit »di«, und in den Südosten schrieb ich dann HEGEL und in den Südwesten PLATO und in den Nordwesten FEUERBACH BÜCHNER UND MOLESCHOTT, und als unser Klassenassistent mich entgeistert fragte, was ich um Himmels willen da an Papierverschwendung triebe, erwiderte ich ganz stolz, ich entwürfe ein Schema der Philosophie, in dem alle philosophischen Schulen und Lehren untergebracht werden könnten: oben Materialismus, unten Idealismus, links Metaphysik, rechts Dialektik, und der

Assistent nickte begeistert, und dann überlegten wir beide, wohin der Agnostizismus Kants wohl gehöre, der von Lenin als »verschämter Materialismus« bezeichnet wurde; wir trugen ihn schließlich oben rechts in Nordnordnordost ein, und ich begann ein SCHEMA DER DIALEKTIK zu konzipieren

Mit Zoltán und Jutta im Kino: »Kalte Tage«. Diesen Film wird man nicht mehr vergessen ... Die erfrorene Donau, die flachen, kaum knallenden Explosionen ... Diese Augen ... Und dann die ewig im Kreise sich drehende Frage: Wer hat nur die Toten gezählt, wie konnten sie nur wissen, wie viele es waren, wer hat die Toten denn zählen können

Furchtbare Variation auf ein Kinderlied

Meine Generation ist über Auschwitz zum Sozialismus gekommen. Alles Nachdenken über unsre Wandlung muß vor der Gaskammer anfangen, genau da

Und wann war unsre Wandlung beendet

30. 10.

Früh auf; meine Tageslektion Ungarisch. Ich möchte heulen, ich vergesse die Vokabeln in Minuten, vielmehr: ich merke sie mir gar nicht erst. Und dabei hat Jutta in vier Monaten Ungarisch gelernt und spricht es so, daß ein Ungar sie für eine Eingeborene hält. Am besten spricht sie's übrigens, sagt man, wenn sie aufgeregt ist, und ganz hinreißend, wenn sie empört ist und flucht

Die subjektive – objektive Konjugation; sie kompliziert die Grammatik sehr, aber sie müßte durch ihr Unterscheiden von allgemeiner und konkreter Aussage (»Ich gehe einen Weg« – »Ich gehe diesen Weg da«) große literaturhandwerkliche Möglichkeiten bieten. Interessant ist, daß diese Konjugationsarten in bestimmten Fällen zueinander im Verhältnis von Sprache zu Metasprache stehen. »Ich sage Wörter«: »Szavakat mondo*k*«; »Ich sage: ›Wörter‹« (also »Wörter« hier als Element der Metasprache): »Szavak mondo*m*

Das Ungarische hat kein Wort für »haben«, man muß es umschreiben. Ob das einen Schluß auf den Volkscharakter zuläßt, auf die sprichwörtliche Gastlichkeit? Vielleicht

Ich muß laut lachen: Da treibe ich Völkerpsychologie – und kenne nur ein paar Menschen, die alle einer Schicht, nämlich der meinen, entstammen! Den ungarischen Arbeiter kenne ich ebensowenig wie den ungarischen Bauern, was wage ich da, mich aufzuspielen.

Den ganzen Tag gearbeitet; »Nagyon fáj« im ersten Durchgang roh überfeilt; dazu ein frei rhythmisiertes Liebesgedicht Józsefs und einige der aggressiv-skurrilen lyrischen Onta von György; besonders schön dies:

Die Weide

Der Hirt umkriecht auf allen vieren die Herde und kläfft manchmal müd. Der Schäferhund sitzt im Schatten, den Tschibuk zwischen den Zähnen. Das Mondlicht scheint glühend und versengt das Gras.

Die Schafe, wie zäh sich regender grauweißer Seifenschaum, fließen mit blöder Würde auseinander und überkleckern den Weiderand.

Dem Hirt hängt die Zunge heraus. Schmachtendes Schnaufen. Dann trabt er abermals los, auf allen vieren, den Kopf voll lebenswichtiger Projekte, für die – er weiß es ja selbst – die Zeit noch nicht reif ist.

Attila József: So verrückt bist du

So verrückt bist du,
läufst
wie der Morgenwind.
Noch fährt dich irgendein Auto fort,
obwohl den Tisch ich blankgerieben
und reiner jetzt
das milde Licht meines Brotes glänzt.
Nun komm zurück; wenn du magst,
kauf' ich eine Decke über mein Eisenbett,
eine einfache graue Decke.
Die paßt
zu einem Armen, und der Herrgott
liebt so was auch sehr, und er liebt
auch mich,
er naht nie mit zu starkem Licht,
er will meine Augen nicht zerstören,
die so sehr wünschen,
dich zu sehn.
Sie werden sehr artig auf dich schauen,
ich werde dich behutsam küssen,
deinen Mantel nicht herunterreißen
und dir die vielen Späße erzählen,
die ich mir seitdem ausgedacht hab',
damit auch du dich freust.
Rot werden wirst du,
zu Boden schaun wirst du, und wir lachen
dann laut, daß es auch in der Nachbarschaft
die wortkargen, finstren Taglöhner hören,
und in ihren müden, zerbrochenen
Träumen lächeln dann auch sie.

Nachmittags ins Kino, durch die Straßen des Mándybezirks: Lange, schmale, graue, grade, rechtwinklig einander schneidende Straßen durchweg sechsstöckiger, allerdings hinterhofloser neobarocker Mietskasernen. Wenig Restaurants, auch wenig Kneipen; viel Handwerkerläden; Trafiken; Greißlereien; Papiergeschäfte; mehrere Friseure; kreischende Straßenbahnen; ein Antiquariat mit viel Krimis und Populärwissenschaft

Und die Kinos, die Kinos ... Die Frage, ob das Kino sterbe, kommt hier nicht auf. Das liegt nicht nur und wohl auch nicht in der Hauptsache daran, daß das Fernsehnetz noch nicht so dicht wie anderswo ist; das Filmangebot ist unvergleichlich größer und bunter als etwa bei uns; die meisten Filme laufen im Originalton mit Untertiteln, sie können also nicht viel kosten, und Jeder kann sich aussuchen, was er möchte: Breitwandfilm, Reprise, Klamotte, Spitzenfilm, Experiment, Schnulze, Kurzfilm, Krimi, verfilmtes Theater, auch Kitsch, auch Traumland, und multinational von Japan bis Chile und Grönland bis Indien

Antonionis »Zabriskie Point«; in den großen Kinos längst abgelaufen, aber hier noch erwischbar. Von den bürgerkriegsähnlichen Zuständen in den USA habe ich nach diesem Film mehr begriffen als nach allen Berichten und Reportagen zusammengenommen ...

Keusche Orgiastik

Die billige Schamlosigkeit so vieler abgestandener Liebesszenen, die alle den Raum des Prüden nicht verlassen, und als ihr Gegenstück das ebenso billige Auftrumpfen mit einem weiblichen Akt oder einem Kraftwort im Rahmen des Erlaubten und Konventionellen

Liegt die revolutionäre Tugend der Scham im Was oder im Wie? Es scheint, ausschließlich im Wie. Aber das, was man in der Literatur ein Tabu nennt, bezieht sich immer auf ein Was, auf ein Thema, auf einen Stoff, auf einen Vorgang, auf »Stellen«. Solche Tabus wären für die Literatur abzulehnen. Blieben Tabus im Wie – kann es sie geben? Und kann man das

Wie vom Was wirklich trennen, entsteht nicht das Was erst aus dem Wie? Doch wie auch immer: Was man in diesem Zusammenhang nur zu oft vergißt: das Tabu war in der Gesellschaft, die es hervorgebracht hatte, nicht absolut unverletzbar; es gehörte zu seinem Wesen, bei bestimmten, sehr großen Anlässen verletzt zu werden. In diesem Sinn wäre ich für Tabus in der Kunst: als Forderung nach überragenden Inhalten und Gestaltungen da, wo ein Thema sie verlangt. Tabu ist das, was keine Mittelmäßigkeit erlaubt: Groß oder gar nicht. Und in den Ursprungsländern des Tabus heißt sein Gegenbegriff übereinstimmend: gewöhnlich

Der Preis, Tabus zu brechen, soll hoch sein, aber sie müssen zu brechen sein

Die alltägliche Verwendung tabuierter Wörter bedeutet eine Beschleunigung der Sprachinflation, sonst gar nichts. Die sexuelle Sphäre scheint die einzige zu sein, in der es noch unverbrauchte Wörter für extreme Bedeutungen gibt, für das, was dich aufwühlt, verzückt, entsetzt, verzaubert, bestürzt, schockt, verrückt macht, und sie sollten für diese Bedeutungen aufgespart und nur dann verwendet werden, wenn sie durch nichts anderes zu ersetzen sind. Die bedenkenlos egalisierende Verwendung solcher Wörter zeugt von demselben Verhältnis zur Sprache wie der bedenkenlose Gebrauch von »grandios«, »kolossal«, »ungeheuerlich«, »historische Stunde« und anderem

Im Tabu, wenn es diesen Namen verdient, trifft gesellschaftliche mit persönlicher Scheu zusammen, aber außerhalb des gesellschaftlichen gibt es ja noch das persönliche Tabu, und das ist alles, was von Scham und darum auch von Pietät beschützt wird, also die Privatsphäre mit ihrem Kern der Intimsphäre und ihrer Aura der Familie und des Bekanntenkreises. Zu einem solchen persönlichen Tabu gehört in bestimmten Epochen auch die Neigung zur Kunst. Junge Menschen schämen sich manchmal, ihre Gedichte zu zeigen oder auch nur einzugestehen, daß sie welche schreiben. Es ist für sie eine Konfession, die an Intimstes rührt ... Mir ist diese Haltung sympathischer als das Feilbieten seriell fabrizierter Gedichte, wenngleich ich zugeben muß, daß die meisten der verschämten Poeten entsetzliche Stümper sind und bald aufstecken. Vielleicht ist es aber auch ebendiese Scham, die sie im Konventionellen, zumeist im Kitschigen, festhält und sie entmutigt, ehe sie einen eigenen Ton gefunden haben

Die weitverbreitete Scheu, sich bei der Arbeit zusehen zu lassen

Ein Gedicht, ein Stück, ein Buch, das man nicht schreiben muß, soll man einer guten Regel zufolge ungeschrieben lassen, aber man soll auch jede Schreibarbeit weglegen, bei deren Zustandekommen man nicht gegen Gefühle der Scham anzukämpfen gehabt hat. Aber vielleicht verallgemeinere ich unzulässig meine eigenen Erfahrungen

»Schmutz ist Materie am unrechten Ort« – in diesem Sinn bin ich für Sauberkeit. Es ist eine Frage der Standortbestimmung, eben der Bestimmung dieses unrechten oder rechten Ortes, und das heißt in der Literatur: der Funktion. Die Unterscheidung Goethes, nicht eine Sache durch ein Bild (im weitesten Sinne), sondern ein Bild durch eine Sache groß zu machen, gilt auch und gilt gerade für die sexuelle oder intime Sphäre – nicht aus Prüderie, sondern gerade im Namen großer erotischer Kunst

»Der Verlust von Scham ist das erste Zeichen von Schwachsinn« (Freud; sinngemäß). Ich will keine schwachsinnigen Bücher

Große Schamlosigkeit setzt Überwindung großer Scham voraus, nicht Kaschieren kleiner, das ist bloß ordinär. Gänzliches Fehlen von Scham ist ein Naturphänomen, und da verliert das Wort »Schamlosigkeit« seinen Sinn

Einer sagt: Ich bin frei, alles auszusprechen, und er schreit zum Beweis eine Zote über seine Mutter in den Saal und fordert dich auf, ein Gleiches zu tun. Es wäre kein Zeichen der Freiheit, hier mitzuhalten, und das gilt auch, wenn man die Mutter durch eine soziale Autorität ersetzt. Ich muß mir aber vorbehalten, einen analogen Satz unter bestimmten zwingenden, unabänderlichen Umständen auszusprechen, wenn ich damit etwas unumgänglich Notwendiges und nur durch das Aussprechen dieses Satzes Wirkbares leisten kann

Wenn ich sagte, der Preis, ein Tabu zu brechen, solle hoch sein, denke ich ausschließlich an Kritik, doch an solche, die an die Wurzel rührt. Sie könnte in der sozialistischen Gesellschaft wieder zu einer moralischen Institution werden, doch wir haben nicht einmal Ansätze zu beiden, zur Kritik nicht und nicht zur Öffentlichkeit

In diesem Zusammenhang die sehr interessante Bemerkung von Ferenc, der Laie denke gewöhnlich an Wien, wenn er von Ungarns Beziehungen zur deutschen Kultur höre oder spreche, doch gerade das sei falsch. Das geistige Ungarn, vor allem Budapest, habe immer in Abwehr zu Wien gestanden, jedoch immer eine Affinität zu Berlin verspürt, zum kritischen Geist dieser Stadt, ihrer künstlerischen Gnadenlosigkeit, ihrem Qualitätsprinzip, ihrem Maßstabsetzen

In welchem Zusammenhang stehen eigentlich Wandlung und Tabu? Habe ich als junger Faschist Tabus empfunden, oder war mir sogar der Begriff unbekannt? War mir Hitler tabu? Das ist im Augenblick gar nicht zu beantworten, doch ich glaube, Hitler nicht, aber die KZs

Es gab Gedanken, die man nicht denken wollte, zum Beispiel den einer möglichen Niederlage. Hier wuchs tatsächlich etwas Tabuartiges im totemistischen Sinne, und es war nicht die Furcht vor dem Schafott, die vor diesem Thema zurückschrecken ließ … Auch Witze konnten den Kopf kosten, und die erzählte man unentwegt … Es war etwas Anderes; es herrschte eine Art Einverständnis, an solche Fragen nicht zu rühren, und das eben ist ein Tabu, das Einverständnis im Rührnichtdaran, eine Art Intimsphäre der Gesellschaft

Am Morgen des vierten Mai 1945, als ich noch im Elternhaus Kaffee trank, schweigend, und ich dann schweigend aufstand und den Tornister überwarf und hinaushinkte: zum Endsieg

Tabuähnliches solcher Art auch im Kloster; ich entsinne mich, wie mich das Problem der verbrecherischen Päpste quälte und das der Inquisition und der Hexenverbrennungen und wie ich all dies nicht auszusprechen wagte und fürchtete, schon in Gedanken daran die Sünde wider den Heiligen Geist begangen zu haben, jene Sünde, die nie verziehen wird ... Bis mich dann zu Beginn des zweiten Schuljahres mein Beichtvater eines Tages aus dem Studiensaal rief und bekümmert fragte, warum ich ihm nicht vertraue und meine Zweifel offenbare: Ich sei doch in den Ferien draußen in der Welt gewesen, da müsse man mich, den Klosterschüler, das fromme, gottgläubige Kind, über das sich die Bösen erbosen, doch mit solchen Fragen wie der nach den lasterhaften Päpsten oder der Inquisition oder der Hexenverbrennung gestachelt haben, und es sei undenkbar, daß diese Stachel mich nicht brennten, und da nickte ich voller Scham und sagte: »Ja, Hochwürden, so ist's gewesen«, und Pater Kornelius Barycs ging mit mir durch den Park und sprach über die lasterhaften Päpste und sprach über Greuel, vor denen mir schauderte, und wir gingen langsam unter den Morgensternen der Kastanienbäume, und mein Beichtvater sagte: »Und siehst du, Bub, so groß ist die Macht unsrer Heiligen Kirche, daß sogar ein Mann wie Alexander der Sechste, wenn er ex cathedra sprach, das unbeugbare, wahre und ewige Wort Gottes verkündete, so groß, Bub, so heilig, so wunderbar und mächtig und voll Gnaden gefirmt ist unsre Mutter, ecclesia nostra, und nun geh hin und knie nieder und bete an!«, und ich stürzte in die Kapelle, und aus Gold und Rubin stieg ein Engel nieder, und ich sah Alexanders trauriges Gesicht in den Flammen, es war nur traurig, verwundert und traurig, und ich faltete die Hände und betete für ihn Tabu und Wandlung: Wer in der Totemgesellschaft ein Tabu brach, wurde selbst tabu; Urform einer Wandlung, die in den Tierverwandlungen der Märchen weiterlebt

Das Tabu betraf nie einen Feind, es erschien (und erscheint) immer in der eigenen Lebenssphäre. Es war auch stets clangebunden, und sein Erscheinen hing wohl mit der Arbeitsteilung zusammen. Könnte man sagen, es sei eine Gestalt des Widerspruchs zwischen dem Menschen als Natur- und dem als Gesellschaftswesen

Jedes Tabu in der Literatur ist selbstgesetzt, es wird ja erst dadurch tabu, daß ich's akzeptiere, und erst hier wird es zum literarischen Problem

Hängen Ekel und Tabu zusammen? Gewiß, doch jeder Ekel? Ich zögere

Heimweg im Maronenduft

Entdeckung auf der Kettenbrücke: Um die Triumphbögen kann man herumgehen

»Zabriskie Point« – diese Rolle der Landschaft! Nun gut, nicht jeder hat eine Wüste mit Gipsstaub und Cañons, aber es gibt auch in der Mark oder in Mecklenburg Anderes als den ewigen See mit dem ewigen Schilf mit dem ewigen Oben-ohne-Mädchen

Dieser Oben-ohne-Mut erinnert mich jedesmal an die schöne Anekdote Roda Rodas: »Das soll mir einer mal nachmachen – die dritte Nacht im Manöverball pausenlos durchtanzen wie meine Tochter Ottilie ...«

Als junger Mensch habe ich irgendwo gelesen, möglicherweise bei Romano Guardini, daß botanische Prozesse, das Aufknospen etwa oder das Blütenschließen, im Zeitraffer schamlos wirken, da sie Bewegungen zeigen, die der Schöpfer durch eben den langsamen Ablauf habe verhüllen wollen. Mich hat diese Beobachtung fasziniert, und ich fand sie in einem Kulturfilm bestätigt, den ich in einem kleinen Lazarett in Schlesien sah. Ich sah ihn neben einer Krankenschwester, die ich liebte, der Gräfin S., und ich nahm mir vor, mit ihr ein Gespräch über Guardini zu beginnen, doch wir kamen nicht mehr dazu, die Rote Armee begann die Januaroffensive, das Lazarett wurde Hals über Kopf geräumt, und ich sah sie nie wieder ... Damals sollte mir auch der linke Fuß amputiert werden; ich war mit der Operation einverstanden, und sie war auch schon auf dem Plan angesetzt, doch dann brach, wie gesagt, die Rote Armee durch die Weichselstellung und wir flohn – alles Kinogeschichten

Diese Zeitrafferwirkung tritt nur im Film auf, in der Literatur hat sie die entgegengesetzte Wirkung

Ein vierdimensionaler historischer Atlas, das wäre erregend

Etwas wird langsam, aber unaufhaltsam immer drängender (stärker, fordernder, lauter, schärfer, greller, unabweisbarer): die Hamletbewegung; eine Kraft, die mich wie keine andere ins Knie zwingen kann und der ich mich, wenn ich sie irgendwo wittre, immer stelle

Die faszinierendste Wirkung von Literatur, die ich je erlebte: Jene Stelle in Kellermanns »Tunnel«, da der Ingenieur (ich habe seinen Namen vergessen; ich habe alles bis auf ebendiese Stelle und die mit dem Elefantenritt über den Broadway vergessen, und ich will den Roman der Erinnerung wegen auch nie mehr lesen), da also der Ingenieur entgegen dem Strom der Fliehenden in den brennenden Tunnel hineingeht ... Wenn man Ethik in eine Bewegung fassen kann, dann in diese

Plötzlich ein guter Einfall für ein literarisches Würfelspiel, und einen Moment der ernsthafte Wunsch, in die Donau zu springen

Móricz – ich kannte ein paar Geschichten von ihm; nun lese ich einen Band Erzählungen beinah in einem Zug bis zur Mitte und bin überwältigt

Der Begriff des Tragischen weitet sich – bei uns liebt Ferdinand die Luise und darf sie nicht haben; dort darf sich ein armer Teufel nach vierzig Jahren Hunger das erste Mal beim Hochzeitsschmaus der Herrschaft satt essen und ist schon nach der Suppe satt und ißt sich verzweifelt durch zwölf Schüsseln zu Tode

Ein Märchen – nein, mehr, entscheidend mehr: ein Mythos

In den »Wolkenguckern« auffallend eine Parallele zu Thomas Manns »Weg nach dem Friedhof«: Etwas Neues, Rohes, Brutales, ungemein Selbstbewußtes tritt ins Leben ein und erweist sich sofort als das Bestimmende

Ich weiß nicht, warum, aber bei einem Satz dieser Geschichte fällt mir plötzlich der Hyänenwärter im Leipziger Zoo ein, der einem weiblichen Tier, das nachts zwei Neugeborene aufgefressen, mit der Faust drohte und es beschimpfte und allen Ernstes glaubte, jetzt schäme und verkrieche es sich, doch eine solche Gemeinheit verzeihe er nie

Immer wieder: Warum habe ich damals im Kino nicht gelacht? Diese Frage, obwohl ich sie bislang nicht beantworten konnte, ist richtig gestellt, und die Frage: Was hat dieses Entdecken der Zwangsarbeit Sterbender in dir bewirkt? ist es auch. Ganz sinnlos ist die nur allzu verständliche Frage: Und warum hast du nun nicht mit den Nazis gebrochen, warum bist du nicht übergelaufen, hast du nicht Widerstand geleistet usw. Aber gerade diese Frage wird immer wieder gestellt, vor allem von Jugendlichen. Sie haben natürlich ein Recht zu dieser Frage, nur fordern sie von jedem einzelnen Anstoß sofort und direkt die Wirkung der Gesamtheit der Anstöße, die schließlich den Umschlag herbeiführt. Gewiß, der letzte Tropfen, der das Glas überlaufen macht, ist auch nur ein Tropfen wie die vorhergehenden, aber er ist eben der letzte, und ihm mußten viele vorausgehen, und jeder war notwendig gewesen, und oft sind auch Tropfen ins Glas gefallen, die größer als jener letzte waren, und als sie fielen, haben sie nicht mehr bewirkt als eben Vorbereitung, unerläßliche Vorbereitung jenes einen letzten zu sein

»Unvollendete Wandlung« – gibt es so etwas

S ist nicht P geworden, das ist eine Tragödie

Es ist die alte Geschichte von Dornröschen: Hunderte Ritter mußten elend im Gestrüpp krepieren, und vor dem einen, dem letzten dann öffnete sich das Tor, und er bekam die Königstochter, und das war kein Unrecht

Es gibt keinen geschichtlichen Automatismus, die »Zufrühgekommenen« sind notwendig, ohne sie kein Später, ohne sie

Stagnation, geschichtsloses Dauern, »chinesische« oder »arabische« Perioden

Auch die Zuspätgekommenen haben einmal die Möglichkeit gehabt, Zufrühkommende zu werden, sie haben sie nur nicht genutzt

Ameisen, wenn sie ziehen und vor einen Graben kommen: Es fallen ihrer so viel hinein, bis der Graben voll ist, dann geht der Zug weiter. Allerdings: Nicht jeder, der in einen Graben fällt, ist ein Vorläufer ... Überhaupt: Wessen Vorläufer ist denn eine solche Ameise? Dieser Begriff paßt doch hier überhaupt nicht hin

»Vorläufer« und »Vorgänger«, entspricht der Begriffsunterschied zwischen diesen beiden Wörtern dem von »laufen« und »gehen«? Ja, auf eine merkwürdige Art

Wird eigentlich jeder dieser Anstöße, dieser »Tropfen« bewußt, oder ist dir jeder einmal bewußt gewesen? Darüber lohnt es sich nachzudenken

Ein altes Wort: In jedem Menschen ist ein Dichter gestorben ... Aber: Wieviel Dichter *mußten* in ihm sterben, auf daß er dieser Mensch werde, der er ist

Ist ein Vorläufer einer, der ein Tabu bricht oder es in Frage stellt oder überhaupt nur darauf stößt, daß es da ein Tabu gibt

Gibt es unbekannte Tabus? Unentdeckte Tabus? Tabuierte Tabus? Steht hinter jeder Selbstverständlichkeit ein Tabu? Gab es je tabulose Gesellschaften? Ist ein Tabu stets an die Religion gebunden? Wäre die kommunistische Gesellschaft die tabulose Gesellschaft? So viele Fragen

Solche Fragen können einem nur in Budapest kommen

Hat ein Vorläufer eine Wandlung vollzogen, oder zieht er Wandlungen nach sich? Bewegt er sich von der Gesellschaft fort, oder bewegt er die kommende Gesellschaft zu sich hin

Seine Person als Maßstab setzen

Sich ein Tabu setzen, um es brechen zu müssen

Unüberwindbar scheinender Schwierigkeiten dadurch Herr zu werden versuchen, daß man noch eine dazutut – es hilft tatsächlich

Das Was ist ein kolossales gutmütiges Mastkalb, das Wie eine Ratte

Das Was hat drei Dimensionen, das Wie ist die vierte

Wie : Was = Trotzdem : Dem

Was im »trotzdem« steckt, das sieht jeder: »trotz Dem!«; aber sieht man auch das »denn noch« im »dennoch«? »Trotzdem« ist Avant-, »dennoch« ist Arrièregarde

Trotz alledem

31. 10.

Früh auf; kein Traum; ein kristallklarer Tag, kristallblauer Himmel, und auf mit dem Bus nach Dömös in Istváns Laube

Am Busbahnhof stehn sechsundzwanzig Busse nach den verschiedensten Richtungen, wiewohl du doch nur einen nach Dömös brauchst. Solcher Aufwand verblüfft dich immer wieder, und immer wieder machst du die große Entdeckung: Auch die andern fahren, und auch anderswohin

Istváns Laube ist ein altes, geräumiges Bauernhaus mit Verandagang, Falltür und Keller, Boden, Werkstatt, riesigem Herd, ganz niedrigen Stuben; ein Eßtisch im Freien, ein Schuppen voll Brennholz, ein struppiger Garten zum Bach hinunter, und im Garten ein Garten aus Ostseesteinen

Das Bächlein – ihm sieht man nicht an, daß es Dömös wegspülen könnte, und doch hat es Gärten, Häuser, ja Menschen auf dem Gewissen

Im Garten ein Quarz wie ein Tigergebiß

Ungarische Höflichkeit: Da ich István vom Kind meiner Tochter (die er kennt) berichte, sagt er: »Ei, da sind Sie ja beinah fast Großpapa

Am Nachbarzaun ein junger Bursche in Niethosen mit braunem Pelz an Knie und Gesäß und ein alter Bauer, in Schwarz, einen langen Weidenzweig in der Hand

Zwei schwarz-weiße Katzen, die eine fast geometrisch schwarz-weiß in spiralig zum Hals laufenden Trapezen; die andre rein weiß mit schwarzer Nase und schwarzer Schnauze, und beides Schwarz im kreisrunden Kreis

Im Verandagang vor der Küche an Schnüren zwei Dutzend Flaschenkürbisse: langgezogne, grüne, saftschwere Gebilde, sehr lange, weiträumig gekrümmte Hälse, die schnell in dicke, merkwürdig in sich gedrehte kurvenschalige Bäuche übergehen. Die Kürbisse strotzen vor Saft und Kraft und Grünheit, nur einer scheint unheilbar krank: Die Haut ist an zwei Stellen handflächengroß violett bis grau verfärbt, zwei flechtenartige gangränöse Flecken, aber sie sind nicht Krätze oder Grind, also keine aufgesetzte Schicht über etwas, das drunter heil ist, sondern die Haut mit dem Fleisch selbst zersetzt sich so. Dieser Kürbis ist auch viel leichter, er scheint sich, fäulnisbefallen, selbst auszuzehren, und als ich István frage, warum er ihn nicht wegtue und ob er nicht fürchte, daß der Kranke die Gesunden anstecke, lacht István schallend mit hüpfendem Kinn und meint, der beginne ja gerade erst schön zu werden, sie alle würden sich dahin wandeln, diese grünen Jungen, diese dummen, feisten, strotzendschweren Kaliber; sie würden ihr nutzloses Wasser verdünsten und leicht werden, federleicht und haltbar, viele Jahre lang haltbar, und schön, in allen Farben spielend, ganz individuell und von einer verblüffenden Intelligenz in der Färbung der Form

Neben den Kürbissen ein Totschläger, eine Bleikugel an einer Messingkette, und István erklärt, sein Sohn András habe ihn sich gebastelt, als sie hierhergezogen und die Dorfburschen ihm gedroht hatten, sie würden ihn lynchen, falls er sich an ein Mädchen, und sei es das häßlichste, wage; und István fügt hinzu, András habe das Ding nie gebraucht, wohl aber benötigt

Ich stehe immer noch vor den Flaschenkürbissen; István sucht mir einen als Geschenk aus, und ich sehe erst jetzt an ihm zwei tropfenförmige Stellen des Bauchgrunds in violetter Bräune schillern

Ich muß an die Hofräte Hoffmanns denken

Durchs Dorf: Die Häuser fast alle nach einem Typ: brusthohe Mauer um den geräumigen Hof; das Haus weit zurückgesetzt, Erd- und Obergeschoß, Steinunterbau; Giebel zur Straße, in vielen Giebeln kreisrunde lochartige Fenster, die anderen Fenster klein und zweiteilig; Verandagang; die Fassaden in leuchtenden Farben: Gelb, Weiß, Weißgelb als Grund, dazwischen Weinrot und Blau, oder Weiß und Grün

Beinah vor jedem Haus steht eine Bank; zwei Steinträger, ein rotes Sitzbrett, ein rotes Lehnbrett, und auf den meisten Lehnen in weißer Pinselschrift: LOTTO TOTTO

Überall wunderbarer Geruch nach Rauch: Duftmarke des Menschenreichs unterm Himmel

Längs der Straße am äußersten Rand einer Zone zwischen Straße und Bürgersteig kleine, kurzstämmige Akazienbäume, die Kronen in Kopfhöhe; zwischen den Bäumchen und dem Bürgersteig Rosen; zwischen dem Bürgersteig und den Gehöften Blumenbeete mit einem Streifen Kies als Abschluß. Die Akazien hier noch völlig im Laub, doch zwischen ihnen einzelne Bäume, die gänzlich nackt stehn, mit knorrigen und wild geschwungenen Ästen, in gewaltigen Krümmungen, sinnlos und schön

Der Himmel kristallklar, kristallblau, die Berge vorm Himmel in schärfstem Profil

Übergenauigkeit der Kontur kann den Gegenstand bis zur Unkenntlichkeit verfremden: Reduzierung auf eine Dimension

Zur Donau hinunter: Diesseits das Dorf, vom Fluß hügelan steigend, in höhere Hügel gebettet; die Donau ein U und die Schlinge ihrer Ufer jenseits mit wuchtigen Höhen gefüllt

Die Hänge jenseits: Sehr steil, Schiefer, Buschwerk, kein Wald, einzelne senkrechte Felswände und darin Höhlen wie Tunneltore – läuft dort eine Eisenbahn? Undenkbar, aber was könnte das sonst sein

Der Bach schießt abwärts. »Er ist ein solches Fädlein, daß man von ihm gar nicht glaubt, er könne in die Donau münden, aber sie verschmäht auch ihn nicht ...« Solch ein Satz geht einem durch den Kopf, und natürlich entdeckt man sofort die Parteinahme für den Strom, die darin steckt: Das Einmünden wird als Gnade seitens des Mächtigen beschrieben. Also: »Der Bach ist ein solches Fädlein, daß man von

ihm gar nicht glaubt, es könne in die Donau münden, aber es durchtrotzt sogar eine trennende Lehmwand!«
Ha, jetzt wird der Bach hofiert. Also notiert man: Zu seiten des Bachs mannshohes Unkraut, und im Wässerlein alles Gerümpel des Dorfes: blaue Töpfe, Autoreifen, Kanister, Ölbuchsen, Kalkbehälter, Kunststofftüten, verrostete Tuben, Saftflaschen, Obstbüchsen, Niveadosen, orangegelbe und azurblaue Plaste, ein zerbeulter Koffer, ein ausgeweidetes Radio, Porzellanscherben, Sardinenbüchsen, eine Tonbandspule. In Berlin hatte ich einen Kulturfilm über Totenbräuche im Tiefland gesehen, mittelalterliche Zeremonien, Weiberlitaneien, weiße Riten, Umschreiten des Aufgebahrten durch die Klageformeln psalmodierende Witwe; dies hier das notwendige Gegenstück

Pappeln gleich Weiden: aus Stümpfen aufragende lange grüne und hellgraue Triebe

Hufnagelgroße Akaziendornen

Zwei Saftflaschen bis zu den Bäuchen im Wasser stehend; sie moralisieren miteinander

Was ist das: Am Weg liegen in Haufen fast doppelspannengroße, flache, braunblaue Fruchthülsen, wie Klingen, gut zwei Finger breit, sehr flach, mit losen klappernden Kernen gefüllt und wie Türkensäbel weitausholend gebogen

Unter einer sehr großen, sehr schlanken Akazie Hunderte solcher Schoten, offenbar von den Kindern ganz unbeachtet: Was ist das nur? Am ehesten könnte man es mit Johannisbrotschoten vergleichen, nur ganz flachgedrückt, wesentlich länger und breiter, gleichmäßiger in der Form und kein Schwarz in der Farbe

Am Ufer gegenüber – was ich als »Busch« bezeichnete, sind Laubbäume, ein Laubwald, und große Bäume, ich kann sie jetzt mit den Telegraphenmasten vergleichen, und die Bäume stehen weit hinter ihnen und sind wesentlich größer

Diesseits: Graues Gras, darin große Brandflecke und graues Geröll. (Betont man Geröll auf der ersten Silbe, klingt es ganz ungarisch, ob es auch was heißt? Ein Ding zu diesem Namen ausdenken, oder einen Menschen, und seine Biographie entwerfen: Léo Géröll, Reklamefachmann aus Győr, geboren 1907

Bedeutungswandlung durch Betonungsverschiebung, etwa »modern« und »modern«, das ist schrecklich lustig, und auch ein hübsches Sammelgebiet

Die blaue Donau – hier *ist* sie blau, denn der Himmel ist blau, und sie spiegelt den Himmel. Man kann sie verfärben, indem man zwei Schritte vor- oder zurücktritt und sie abwechselnd die Grauhöhen oder den Blauhimmel spiegeln läßt. Das ist wahnsinnig … (»módern« und »modérn«, das ist *auch* wahnsinnig!) Im Grunde genommen ist's selbstverständlich, eine Binsenwahrheit, aber man muß halt dahinterkommen

Kann ich sagen: Die Donau wandelt sich? Aber ist denn der Sprung von Grau in Blau und umgekehrt *keine* Wandlung

Fern am Horizont hinterm Strom, im Übergang des Stroms in den Himmel ein hellerer Hauch – was ist das? Dunst, steigend vom Wasser; Dunst, sinkend vom Himmel? Donau und Himmel sind zartes Graublau, sie wären ununterscheidbar, wären sie nicht von der Winzigkeit jenes weißeren Hauches getrennt. Aber was ist dieser Hauch? Ist er eine Hügelkette, ein Ufer, ist er ein Hauch, oder ist er der Übergang selbst, die konkrete Erscheinung eines Begriffes

Dies Dazwischen zwischen Donau und Himmel ist unbeschreibbar, wie einer dieser Übergänge ins Nichts, die Mallarmé in Worte zu fassen versucht hat … Könnte es die Sprache sagen, nur dies, diesen Übergang, aber ihn genau? Vielleicht; eine Mühe von Tagen, und was wäre gewonnen? Viel: Ein Einblick in das, was Sprache kann

Nein: Ein Einblick in das, was du kannst, die Sprache kann alles nein, nicht einfach was hinschreiben, überlege: Kann die Sprache wirklich alles? Negative Beispiele eilen heran: Gerüche, Geschmäcke, Valeurs, konkrete Stimmungen, die unbeschreibbar sind, etwa: Geruch von zerfließendem Harzer Käse. Aber die Sprache kann ihn doch genau ausdrücken: »Geruch von zerfließendem Harzer Käse«, das ist ganz genau gesagt, eindeutig, eine exakte, für die Praxis völlig taugliche Mitteilung, man könnte zum Beispiel ein Parfüm oder ein Desodorans damit unverwechselbar in Auftrag geben. Aber das möchte man nun nicht gelten lassen, das sei, sagt man, eine Tautologie. Aber nicht doch, es ist ein exakter Ausdruck. Du hast dir darunter eine Metapher vorgestellt, aber das ist ja schon deine Sache; suche du nur, und wenn *du* es kannst, wirst du sie schon finden; die Sprache hat das Ihre längst geleistet, und man kommt ohne deine Metaphern aus

Von einem bestimmten Punkt aus, aber nur von ihm aus, scheint die Donau begrenzt durch einen fadendünnen weißen Saum, der mit jenem Hauch aber gar nichts gemein hat (der Hauch liegt darüber

Nicht nur der Himmel muß blau und der Standort günstig gewählt sein, auf daß die Donau blau erscheine; sie muß auch unbewegt verharren. Fern, am andern Ufer ein Kahn, und die Kräuslung, die sein Ruder bewirkt, wäre unmerkbar, aber sie löschte das Blau schon aus

Nun könnte man doch statt »blau« sagen: »bei unbewegter Oberfläche den unbedeckten Taghimmel ins Auge des Betrachters spiegelnd«. Gewiß, aber dies würde nur für das Blau eines Dings mit Spiegeleigenschaften gelten, das Blau einer Glockenblume hingegen wäre dadurch nicht erfaßt. Aber man sagt doch nicht: »Der Spiegel ist blau«, wenn er den Himmel spiegelt! Von der Donau aber will man es sagen! Also wäre jenes noch nicht existierende Adjektiv schon nützlich! Es würde die Donau von einem Vorwurf befreien; es würde aber auch Generationen von Touristen um ein Bonmot bringen, Ehemänner um einen Witz, Familienväter um ein Stückchen Autorität

Eine Möwe flattert heran; sie erscheint abnorm groß, man machte schwören, es sei eine andere Rasse

Die Unterscheidung zwischen einer Eigenschaft als Eigenbesitz und einer durch bloße Spiegelung vorgetäuschten – und das Fixieren dieses Unterschiedes durch verschiedene Wörter – wäre schon sehr nützlich, vor allem im Ästhetischen; etwa der Unterschied zwischen Literatur sozialistischen Inhalts und einer Literatur, die Sozialismus nur spiegelt oder die gar nur die Spiegelung von Sozialistischem spiegelt

Goethes Unterscheidung von einer Sache, die durch ein Bild, und einem Bild, das durch eine Sache groß wird, als Unterscheidung zwischen Mythologie und Mythologem. Diese Stelle hat mir über eine Krise beim Prometheus hinweggeholfen, ebenso ein Aufsatz Herders

Anfangs wollte ich den Prometheusstoff als Märchen erzählen, und er fängt bei mir auch ganz märchenhaft an. Aber dieser Stoff war märchenhaft nicht mehr zu bewältigen: Die Moral des Kronos mußte sich von der des Zeus und diese beiden mußten sich von der des Prometheus prinzipiell, nicht nur graduell unterscheiden. Damit aber war das Märchen gesprengt; der Weg des Prometheus von den Titanen über die Götter zu den Menschen war nicht mehr märchenhaft zu erzählen. Ich mußte den Schritt zum Mythos tun

Warum ist die Naturlyrik fast abgestorben? Freilich, das Beschreiben der Natur aus zweiter oder dritter Hand, das Tradieren überkommener und längst nicht mehr zur Realität stimmender Bilder ist ärgerlich, aber das ist es ja in jeder Thematik. Die Großstadtlandschaft, das wäre eine Linie, aber nicht mehr für uns, wir haben ja keine Großstädte, wir haben nur große Kleinstädte (was durchaus positiv gemeint ist). Eine andere Möglichkeit wäre das Entdecken des Schäbigwerdens der Landschaft, ihres Verfalls, ihrer Verwüstung, ihrer Verwandlung in Schuttabladeplätze (in weitestem Sinn); hier gibt es Ansätze, so bei Nezval und Halas, auch Elemente bei Maurer. Und nun die Regeneration der Landschaft – wäre das ein Thema? Impulsiv sagt man nein – offenbar denkt man sofort an jenes Tradieren romantischer Landschaftsbilder. Aber muß denn Landschaftslyrik so sein? Könnte nicht eine neue Generation da Neues leisten

»Alle Wege sind recht, man muß nur zugehen.« Das ist ein Satz von Barlach, und er fällt mir immer wieder ein, und ich zweifle ihn immer wieder an, und so auch jetzt

Nun gut, also dieser Weg: Parallel zum Ufer, etwa fünfzig Meter vom Ufer ab, vielleicht einen Meter breit, aus gestampftem hellgelbem grießigem Kies, der wie Beton aussieht, aber leicht bröckelt, und er läuft parallel zur Straßenseite des Dorfes und endet in der das Dorf begrenzenden Straße hügelauf: Geh zu

Dies Beispiel war als verspieltes Ad-absurdum-Führen des Barlachschen Satzes gemeint, aber Barlach bekommt nun auf eine wirklich absurde Weise recht: Ein paar hundert Meter auf ebendiesem Weg weitergegangen, sieht man jenes Gebilde aus Hauch zwischen Strom und Himmel, das man nicht hat beschreiben können, deutlich als Bergkette, deutlich gegliedert, ziemlich hoch und massig, deutlich über dem Fluß erhoben, deutlich unter dem blauen Himmel, und es ist gänzlich undenkbar, daß dies jemals ein Hauch gewesen sein kann

Der Betonweg ist zu Ende; hinauf zur Dorfstraße ein Saumpfad, gratartig, zwischen Gärten aus Weidenbäumen, und schwarze Rinnsale am Grund beider Flanken: Geh zu

Apfelgärten; zermantschte faulige Äpfel am Boden, zermantschte Tomaten dazwischen und Schwärme kleiner Insekten wie sehr stumpfe Kegel mit scharfer Begrenzung über ihnen sich drehend

Meergrünes Kraut, ins Kraut geschossen, eine freundliche, korpulente Rose

Eine große Ente, die vor einer Katze erschrickt

Geruch nach Rauch und säuerlichem Kot

Plötzliches Erinnern, heute nacht doch geträumt und im Traum eine Orchidee gekauft zu haben, und da, als ob ein unsichtbarer Vorhang gerissen wäre, die Erinnerung, daß ich zuvor durch einen Wald gegangen bin, einen Wald mit einem klaren grünen Wasser, darunter rot die verschlungenen Wege lagen ... Stille; das kniehohe Wasser lag unbewegt, und ich fürchtete, es zu betreten; ich stand andächtig an seinem Saum und sah entzückt die unbeschreibliche tiefgrüne Reinheit und darunter das Ornament der zu- und auseinanderlaufenden Wege; kein Laut war zu hören, keine Erschütterung, keine Bewegung; ich stand und sah und griff schon mechanisch nach dem Notizbuch in der Tasche, diese Landschaft festzuhalten, steckte es aber sofort wieder weg und dachte: Nein, nicht schreiben! Diesen Zauber nicht in Papier verwandeln

Es war die gleiche Entschiedenheit, mit der ich mein schon begonnenes Tagebuch über mein Enkelkind zerrissen und ins Feuer geworfen habe: Ein Stück Leben haben, das sich nicht in Tinte auflöst, ohne jeden Hintergedanken literarischer Utilität

Oder diese gemeine, hinterhältige Freude, sich eine Geschichte oder auch ein Gedicht auszudenken und es im Kopf fertigzumachen und dann ins Formlose zurückfallen zu lassen und zu sehen, wie es untergeht. Dies wäre, nebenbei, die einzige Haltung, die den Terminus »freier Schriftsteller« rechtfertigte

Nun sehe ich wieder die Farben im Traum: Dies Grün, dies Rot ... Gibt es im Traum eigentlich Farben, die das wache Auge nicht sehen kann; ich meine nicht bisher unerblickte Nuancen von Farben der Regenbogenskala, sondern eben Farben, die der Regenbogen nicht enthält, die nicht aus Gelb, Rot und Blau entstehen? Ich bilde es mir ein; ich habe einmal eine Meerfahrt geträumt, wo ich Wellen von unbeschreibbaren, unvergleichbaren Farben erblickte; ich kann sie nicht mehr hervorrufen, ich weiß nur, daß sie anders waren; in (wegführender) Annäherung: ein Schwarzviolett, das zugleich Gold war

Am Himmel Kondensstreifen, auch das gehört zur Landschaft

Vor der Dorfstraße ein Mütterchen mit einem riesigen Strauß hellila Astern in beiden Armen, als wollte es den Verlorenen Sohn begrüßen: mich

Sonntag vor Allerseelen ... Scharen von Kindern mit gewaltigen Blumensträußen, mit Körben voll Blumen, sie sind sehr ernst, sehr würdevoll, gar nicht verschmitzt, und die Männer im schwarzen Mantel und schwarzen Anzug, und ihr Silberhaar scheint eigens für diesen Tag angeschafft

Durch alle Provinzen Ungarns, nein, durch alle Provinzen Europas gehn und einen Strauß für die toten Kumanen brechen

und ein Sträußlein Schneeglöckchen und Himmelschlüssel für die Prinzessin Margit, sie ist eine so liebe Heilige ... Es gibt ein schönes Gedicht Adys auf sie: Viele haben sie umworben, doch sie hat auf den Andern gewartet, und da der Andre nicht kam, ist sie im Kloster verdorben, gestorben

Das umgekehrte Dornröschen-Märchen

Wenn ich katholisch wäre, ich würde zur heiligen Margit beten

Allerseelennacht, und die Donau hinauf schwimmen die Ertrunkenen aller Flüsse und Meere zur Margitinsel, salzumbartet, mit weißen, salzäugigen Gesichtern und gepökelten Augen, und sie steigen ans Land und lagern sich unter den Ulmen und heulen und heulen, Ikarus und die Mannschaft des Odysseus und Hero und die Unbekannte und die ersäuften Neger der Sklavenschiffe und Margit, die im Schmutzwasser ertrank, und die Weiber kommen aus den alten Mauern und waschen und raunen und waschen: Ho, Shem und Shaun, all Livias Töchtersöhne, dunkle Falken hören uns! Ho, aum! poum! pyoum! und es pfeift der Seewind, und die Toten tauchen heulend ins Wasser und schwimmen hinaus und vergehn, Allerseelen

So viele Blumen, und immer ist man dankbar, daß man ihren

Namen nicht weiß ... Nicht so bei Bäumen, die muß man kennen; dieser Unterschied hat was mit dem zwischen Prosa und Lyrik zu tun

An einer weißen Gänseherde vorbei streicht ein vollkommen schwarzer Kater, der direkt aus Ägypten kommt ... Sehr große spitzige Tütenohren, der Rumpf auf hohen Beinen, fast wie ein Hund, fast wie eine kleine Hyäne, doch der Schwanz wie der einer Wildkatze: stumpf, dick, gekringelt

Kopfakazien: Ein Vogel Strauß mit ausgefallenen Federn, nur noch am Bürzel sitzt ein Bündel

Dickfellige, peitschenschnurfellige schwarze Schäferhunde, bei denen nur die Zunge zeigt, wo vorn ist; das Haar, das wie fettverkittet scheint, fällt in dichten bleistiftstarken und unterarmlangen Zotteln gleichermaßen über Augen, Flanken, Schenkel und Hintern, du siehst ihre Augen nicht, aber sie sehen dich

Eine Nebenstraße nur rote Häuser, und drin blaue, grüne, violette Keramikscherben

Mir fällt der Weinbauer in Szigliget ein, das war vor vier Jahren, er baute ein neues Haus, das ganze Dorf baute neue Häuser, man zog einfach ein Stück hangeinwärts und ließ das alte Dorf stehen und baute neu, es sah wie ein Bild von Breughel aus. Ich fragte ihn nach den Formalitäten, die man zum Bau benötige; er verstand mich nicht; ich fragte nach den baupolizeilichen Vorschriften, und er verstand nicht; ich versuchte es ihm zu erklären, doch er sagte kopfschüttelnd: »Was hat denn die Polizei damit zu tun, die Polizei wird doch da drinnen nicht wohnen, es fällt doch *mir* auf den Kopf, wenn ich schlecht baue

Zum Mittagessen eine Suppe mit einer faustgroßen Zwiebel, unzerschnitten, die Suppe um sie herum gekocht; und Zigeunerbraten, und Karfiol und Kartoffeln zusammen als Auflauf gebacken; Karfiol und Kartoffeln, den Stabreim nehm' ich als mir zu Ehren

Könnte man auf solche Art Menüs zusammenstellen? Ein ABC-Menü-Buch, warum nicht? Etwa (Dömös zu Ehren) D: Dattelsuppe; Donauhecht; gedünsteter Damhirschrücken mit Dörrobst; Doboschtorte; Danziger Goldwasser

Plötzlich Grelles

Da wir essen, spielt der kleine Gábor mit einer Stoffpuppe und einem Stoffhund; der Hund ist ein dreibeiniges Pferd, das fliegen kann; die Puppe heißt Lukács, was Lukas heißt. Das Pferd will zum Friedhof reiten, da werden dem Lukács die Augen verbunden, auf daß er sich vor den Gespenstern nicht erschrecke, aber er erschrickt doch, und drum wird er angebunden und verdroschen. »Szegény Lukács; armer Lukas«, sage ich und mache damit die Runde ratlos, und schließlich klärt es sich auf, die Puppe heißt Gábor wie Gábor; alle Puppen Gábors heißen in Dömös Gábor, und Gábor (die Puppe) ist lyukas, löchrig, er hat Löcher im Kopf; Genesis einer Mythe

István klärt manche meiner Fragen – die seltsamen klingenartigen Schoten zum Beispiel, das ist wildes Johannisbrot, das nur an wenigen Stellen in Ungarn wächst

Und der Berg gegenüber mit den Höhlen, das ist der Michaelsberg, der besteht aus Tuff, darum die Höhlen, und darum war er auch einst von Mönchen bewohnt, von einem griechisch-orthodoxen Orden, der hatte das Gelübde getan, nur in Höhlen zu wohnen, und seine Angehörigen ließen sich nieder, wo immer sie nur Tuff fanden, und so auch hier. Jedes Dorfkind, sagt István, hat dort schon geschlafen, es ist sehr warm dort, und es gilt als Mutprobe, der sich kein Junge entziehen darf, und dann habe, sagt István, auch einmal ein Wehrdienstverweigerer drin gewohnt, der habe sich zum Nachfolger der Mönche erklärt und verkündet, er wolle eine neue Sekte begründen; ein bildschöner Junge, und dreimal am Tag habe ihm ein immer andres weibliches Wesen gebracht, was man halt zum Leben so brauche, Essen, Trinken und sich, doch schon nach drei Wochen sei er geflohn und habe sich freiwillig gestellt

István bittet Endre, mich nach Esztergom zu fahren; er habe es für mich geplant, doch sein Wagen sei kaputt. Es wird rasch Nacht. Mir fällt auf, daß István öfters ruft: »Vigyázz balra!« – »Vigyázz jobbra!«, und da mir weiterhin auffällt, daß zu solchen Rufen, »Achtung, links!« – »Achtung, rechts!«, immer ein Hindernis, ein entgegenkommendes Rad ohne Licht etwa oder ein Omnibus, ein Fels, die Donau oder ähnliches, auftaucht, komme ich zu dem Schluß, daß Endre nachtblind ist, und so ist es auch …
Er sieht nachts so gut wie nichts; er sieht nicht die Hand vor den Augen; István steuert ihn vom Rücksitz aus, und so fahren wir nach Esztergom und wieder nach Dömös, und da wir dort aussteigen, sehe ich, daß Endre von Schweiß trieft, und ich seh's mit Genugtuung, wenn auch noch knieweich, und Endre wischt sich den Schweiß von der Stirn ab und murmelt beklommen: »Ich hätte vielleicht doch nicht fahren sollen, meine Bremse funktioniert nämlich nicht

Der Mond voll über dem dottergelben Rondell der Basilika von Esztergom, und die gesprengte Donaubrücke noch immer im Wasser, und an beiden Ufern die traurigen Lichter

Das Wort »abendflaumig

In der Basilika eine Litanei für die Toten. Ich verstehe nichts, doch da ich die Form verstehe, verstehe ich alles: Ich kann die Form füllen, und also kann ich beteiligt sein

Im Dom geschäftig eilende Beichtväter. Könnte der Beichtvater das Beichtkind verstehen, wenn er dessen und das Beichtkind seiner Sprache nicht mächtig wäre? Es gäbe schon Möglichkeiten; er könnte zum Beispiel mit den Fingern Gebot um Gebot aufrufen: das erste, das zweite, das dritte, und ein Kopfschütteln wäre Zeichen der Sündenfreiheit, Kopfnicken ein Sündenbekenntnis, und über den Grad der Sünde könnte ein Größenanzeigen mit beiden Händen, ähnlich dem der Angler, Auskunft geben

Wieder Grelles, und diesmal verstörend

Mit dem Bus nach Budapest zurück; noch ein Kapitel Madách, die Kreuzritterszene. Vorsatz für Berlin: Vergleich mit dem Grafen von Ratzeburg. Überhaupt nach dieser Reise: Erneutes Bemühen um Barlachs dramatisches Werk

Madáchs Menschheitstraum durch die entscheidenden Knotenpunkte der Weltgeschichte vom Paradies bis zur Endzeit einer energieerschöpften Erde müßte eigentlich eine Dichtung der Wandlung sein (Adam Adam; Adam Pharao; Adam Alkibiades; Adam Catull; Adam Löwenherz; Adam Kepler; Adam Danton usw.), aber es ist eine Dichtung der Identität

Ankunftsliteratur: Bei Madách ist eigentlich jede Szene Ankunft, aber die Anderen sind immer schon vor einem da. Und wer sind die Anderen? Adam natürlich nicht, denn der ist ja der Ankömmling, und Luzifer auch nicht, aber Eva ist stets unter ihnen

Für Madách ist es ein Problem, daß Menschen wegen eines »i« einander umbringen:

»Bist du
für homousion oder homouision?«

Aber das »i« ist doch nur das Zeichen für das, weswegen Menschen einander umbringen. Daß es hier nur ein einziger Buchstabe ist, verblüfft; das Verblüffende ist aber nur die Konzentration der Form zum Zeichen, nicht die Sache. Wenn es ein paar Buchstaben mehr sind, schaut es ganz alltäglich aus: (Ant)i-Faschismus – Faschismus etwa

»Aber das kannst du doch nicht gleichsetzen; es geht doch bei Faschismus – Antifaschismus nicht um die vier Buchstaben ›A‹; ›N‹; ›T‹; ›I‹; es geht doch um den Eintscheidungskampf zweier Welten!« – »Ging es denn damals um das ›I‹?« – »Aber um dieses ›I‹ wurde doch wirklich und wahrhaftig gestritten; der Kampf ging doch wirklich darum, ob einer sagte: ›homousion‹!« oder ›homouision‹! – »Und der Kampf auf Leben und Tod ging wirklich und wahrhaftig darum, daß man sagte: Dorthin (an die Wand; an die Spitze des Staates; ins Zuchthaus; in die Regierung) muß gestellt werden: ›ein Faschist‹; ›ein Antifaschist

Seltsames Wort: »Sie müssen mit Schande und Scham gekleidet werden, die sich wider mich rühmen!«

Barlachs Leben ist ein Leben der Wandlung par excellence. Er hat sein Damaskus in Güstrow erlebt, im kleinsten Kreis, im Alltag, in den Auslagen des Papierhändlers, in den Kasinofeiern der Offiziere, im Kindergarten, in Zeitungsüberschriften, im Wartesaal, beim Kartoffelhändler, am Fischmarkt. Am Eingang stand das Tagebuch zu Ehren des Großen, des Heiligen Krieges; am Ausgang stand: »Drum sei verflucht der Krieg ...«

Thomas Mann: »Denn das Typische ist ja das Mythische ...«

Warum schreibe ich nicht: »Er hat sein Auschwitz in Güstrow erlebt«? Zwei Antworten melden sich sofort: Auschwitz sei dafür viel zu groß, sagt die eine; Auschwitz sei ja viel später gewesen, die andre. Sie beide scheinen sehr überzeugend, und doch gehen beide nicht restlos auf, vor allem die erste. Wie viele *haben* Auschwitz erlebt, real erlebt, und sich nicht gewandelt

Allerdings: *Konnten* sie sich danach noch wandeln

Was wäre eigentlich das Gegenbeispiel, ein Leben der Nicht-Wandlung par excellence? Vielleicht Napoleon; und plötzlich fallen einem sehr viele Namen ein, und Namen so heterogener Leben, daß man sich scheut, sie in einem Satz zusammenzubringen

Wandlung scheint auf das Kleinbürgertum bezogen, auf die kleinbürgerlichen Intellektuellen. Wandelt sich ein Arbeiter? Man sagt doch nicht, er habe sich gewandelt, wenn er Minister wird oder Generaldirektor einer VVB, da sagt man doch: »Er ist aufgestiegen«, oder auch: »Er hat sich entwickelt«; »Er hat seine Möglichkeiten ausgenutzt«; »Er hat gezeigt, was in ihm steckt«; einfacher: »Er ist Minister geworden« usw. Und vom Besitzbürger sagt man ja ebensowenig, er habe sich gewandelt, wenn er seinen Besitz verliert und proletarisiert wird. Aber was dann möglicherweise hinterher mit ihm, mit seinem Bewußtsein, geschehen könnte, das würde man eine Wandlung nennen. Aber gerade das wäre viel eher ein Nachziehen, ein Sich-in-Übereinstimmung-Bringen mit einer vollzogenen Veränderung. Aber könnte nicht gerade das das Wesen einer Wandlung sein

Kann man Wandlung als Übergang in ein anderes Wertsystem (andre Werte oder auch andrer Rang der alten Werte) bestimmen, als einen Prozeß, der mit einer Standortbestimmung das alte Wertsystem abschließt und mit einer Reinigung (Selbstkritik, Bekenntnis, Sühne, Buße, Strafe, Ritual u. ä.) das neue beginnt? Das würde manche merkwürdigen Phänomene im Lager erklären

Könnte man sagen: Wandlung ist jener Prozeß im individuellen Bereich, der historisch für die Gesellschaft notwendig geworden ist? Dann wäre der Wesenszug einer Wandlung die Hinwendung vom Reaktionären zum Progressiven

Der Faschismus verschmäht den Begriff der Wandlung, dies Wort riecht ihm nach Wankelmut, Nicht-Fanatismus, Lauheit, Unreinheit (Goebbels: »Der Führer hat sich nie gewandelt, er ist immer er selbst geblieben!«

Wandlung ist ein irreversibler Prozeß; die Nicht-Umkehrbarkeit gehört zu ihrem Wesen

Einer, der sich gewandelt hat, wäre also einer, der nicht mehr zurück kann, nur weiter, und wenn er zurück könnte, wäre das, was mit ihm geschehen (oder was er geleistet hat), keine Wandlung

Jean Paul: »Der Abend wandelt Thau zu Reif, der Morgen Reif zu Thau.«

Doch warum spiele ich mit Begriffen herum? Mein Leben *war* doch eine Wandlung

»Dein Material ist dein Leben, das durchdenke, das kennst du am besten!«

Das ist eine schöne Maxime. Aber: »Dein Material ist dein Leben«, das ist doppelsinnig

»Dein Leben ist dein Material« – hier ist die zweite Bedeutung fast unkenntlich, sie rührt nur aus der Erinnerung an die erste Fassung des Satzes her

»Dein Leben kennst du am besten« – das ist auch mehrsinnig, je nach der Betonung. Sagt man: »Dein Leben kennst *du* am besten«, so ist das falsch. Wenn ich all die Menschen versammelte, die Erinnerungen an mich haben, so würden diese Erinnerungen mein Wissen von mir um das Vielfache übertreffen. Meine ersten Lebensjahre existieren nur in der Erinnerung Anderer, und noch von meiner Schulzeit könnten meine Verwandten, Lehrer, Mitschüler, Nachbarn ein umfassenderes und genaueres Bild entwerfen als ich. Und wieviel Verdrängtes, Vergessenes, mir nie Bewußt-Gewordenes mag im Bewußtsein Anderer existieren

»*Dein* Leben kennst du am besten« – stimmt das wirklich? Man könnte sich Fälle vorstellen – und ich kenne auch welche –, die anders liegen. Schließlich: »Dein *Leben* kennst du am besten« – das ist wieder falsch. Das eigene Leben kennt man von all dem Seinen am wenigsten; sein Arbeitszimmer, seinen Pudel, seinen Schrebergarten kennt man viel besser

Könnte es sein, daß ein Satz unter den verschiedenen Aspekten seiner Hauptbetonung in jedem Fall falsch, insgesamt, in der Gesamtsicht aller Aspekte, aber richtig ist? Dann gehörte zum Begriff des Aussagesatzes der Begriff des Optimums: Unter Berücksichtigung aller Aspekte die optimale Genauigkeit

Könnte man sagen: Optimale Eindeutigkeit? Und ist »eindeutig« ein eindeutiger Begriff? Und »eineindeutig

Was ist das: »dein Leben«? Ein unreflektierter amorpher Moment des Jetzt, und Erinnerungen. Müßte man da nicht sagen: »Dein Leben ist das, woran du dich erinnern kannst«? Aber die Säuglingszeit gehört doch auch zu diesem »dein Leben«, und an die erinnert man sich nicht, während hinwieder Pater Kornelius Barycz, an den ich mich erinnern konnte, nicht mein Leben ist

Kann man sagen: »Dein Leben ist die Summe deiner Erinnerungen«? Zweifellos nicht; »dein Leben« ist mehr. Aber das Leben, worüber man verfügt, das einem Besitz ist, das einem das Handeln in der Gegenwart und das Denken in die Zukunft erlaubt, das ist doch die Summe der Erinnerungen

Ist die Summe der Erinnerungen gleich der Summe der Erfahrungen? Kann man sagen: »Je größer die Summe der Erinnerungen, um so größer die Aktionsfähigkeit«? Wohl doch. Aber gibt es nicht auch ein Vergessen als Stärkung, als Heilprozeß, als conditio sine qua non des Weiterlebens? Ja, aber zuerst ein Bewältigen

Sich-Erinnern, um vergessen zu können. Die Vergangenheit, an die ich mich erinnern kann, habe ich bewältigt, sie ist dadurch Erfahrung geworden; die andere Vergangenheit ist mir entfremdet und kann mich überwältigen (immer wieder: Das unheimliche Haus

»Die Vergangenheit, an die ich mich erinnern *kann*« – dies »kann« ist dreideutig: »können« im Sinn von »vermögen«; »können« im Sinn von »dürfen«; schließlich »können« in einem unbelasteten Sinn, ohne Fortsetzung eines »ohne zu … (erröten, erkranken, stocken, erbleichen usw.

»Ich vergesse das, was ich gelebt habe!« – »Vergiß daß, was ich gelebt habe!« Diese Art von Satzwandlung ist verblüffend; es steckt ein merkwürdig gebrochenes Wunschdenken darin

Ob es Sprachen gibt, die den Imperativ nicht kennen? Und ob man unter solch einem Volk leben wollte

Gibt es verschiedene Typen von Erinnerungen? Ich glaube schon. Meine Erinnerungen sind zumeist gestochen scharfe und dabei sehr oft vollkommen starre Bilder zwischen blassen, grauen, wie Hintergründe in Traumlandschaften undeutlichen, mitunter völlig leeren Flächen; Bilder, die etwas Panoptikumhaftes haben, die sich manchmal auch in Bewegung setzen, aber in eine ganz mechanische Bewegung, wie von einem Räderwerk angetrieben, funktional

Gibt es Häufungsstellen solcher Erinnerungsbilder? Und wenn, sind die wichtigsten Abschnitte eines Lebens auch die mit den meisten Erinnerungen? Das müßte man genau untersuchen

»Landschaft der Erinnerung« – »Landschaft der Träume« – »Landschaft der Wünsche« – »Landschaft der Märchen« – »Landschaft der Laster und Tugenden« – das ist auch so eine kleine Wunschbibliothek

Könnte man Erinnerungen wie Erfahrungen kristallisieren? Warum eigentlich nicht? Es könnte doch auf meinem Schreibtisch eine Reihe winziger Gläser stehen und darauf Etiketten wie: »2.4.1967 10 Uhr 32 min 33 sec«, und solcherart fort, und das wäre dann mein bewußtes Leben

Wenn Erinnerungen sich in Druckerschwärze verwandeln können, warum sollen sie sich nicht in Salze verwandeln können

Der Gedanke mit den Salzen in den Gläschen erschreckt; der Gedanke, daß man ein Buch in Händen hielte und dazu sagen könnte: »Hier habe ich mein bewußtes Leben«, befriedigt. Warum diese entgegengesetzten Reaktionen

Die Angst vor der Chemie, die Angst vor der Mathematik, die Angst vor dem Computer: Was wird aus der Menschheit; die Märchen brechen auf

Der Regenwurmcharakter mancher Erinnerungen: Je mehr man an ihnen zerrt, um so heftiger entziehen sie sich (heftiger? nein: hartnäckiger, stetiger, gelassen höhnischer), und wenn man nur einen Augenblick nachgreift, sind sie unwiederbringlich (für die nächste, für eine gewisse Zeit, für immer unwiederbringlich) entschwunden. Ist dies der Moment des Umschaltens vom Kurzzeit- ins Langzeitgedächtnis; ist das »Sich-Entziehn« tatsächlich das Sich-Verflüchtigen, Sich-Auflösen, Sich-Zurückziehen eines chemischen Stoffes, wie Physiologen behaupten? Es ist überhaupt erstaunlich, wie oft die Sprache bestimmte Sachverhalte lange Zeit, ehe sie wissenschaftlich bewältigt waren, exakt und zutreffend ausgedrückt hat. »Ich kann dich nicht riechen«, das ist eine bedeutende psychologische Erkenntnis, und die Sprache hat sie viel früher gewußt als die Wissenschaft

Wäre das eine heuristische Methode: einen Sprachausdruck wörtlich nehmen und wörtlich nachvollziehen oder die Theorie auf dem Wörtlichnehmen aufbauen? Es war zum Beispiel die Methode Till Eulenspiegels und ein Zug in der Methode des braven Soldaten Schwejk

Das Freilegen bestimmter Erinnerungen – sie sind in einer Art Safe verschlossen, zu dem es offenbar nur einen Schlüssel gibt (ein Wort, einen Geruch, einen Klang, eine Geste oder ähnliches; beim Durchlesen der Niederschrift früherer Träume stellt sich der gesamte Traum sehr oft erst bei einem ganz bestimmten Wort in der Erinnerung wieder ein, ist mit einem Mal da). Die Anzahl dieser Safes und ihr Inhalt sind einem unbekannt. Kann man da sagen, daß sie zu »deinem Leben«, zu deiner Person gehören? Offenbar doch ja: Wenn dein Leben die Summe dessen ist, was du gelebt hast, und was sollte es denn sonst sein, dann gehören diese Erinnerungen zu deinem Leben. Aber: Wenn man etwas in etwas hat, von dessen beider Existenz man nichts weiß, sagen wir: in einem siebenbürgischen Schloß eine Erbschaft Dukaten – kann einer dann sagen: Sie gehören mir

Manchmal träume ich, einen Mord begangen zu haben ...

Aber vielleicht *habe* ich ihn begangen und weiß es nicht mehr

Salze, bestimmte Alkaloide, bestimmte Drogen können Erinnerungen freilegen. Ein paar ihrer Kristalle wären also das, was du bist und von dem du nicht weißt, daß du es bist ...

Gewiß, der Schlüssel zum Safe ist nicht der Inhalt des Safes, aber ohne Schlüssel kein Inhalt

Die Reise ins versperrte Land der Erinnerung antreten, ins wahrhafte Tibet – will man das wagen? Im Traum schaue ich ja schon über die Grenze. Will ich

Wird einem das eigene Leben, je mehr man darüber nachdenkt, wirklich immer genauer bekannt? (»Bekannt« – seltsam, als ob es etwas Fremdes wäre, mit dem man Bekanntschaft macht. Also: »bewußt« – aber das ist nicht minder seltsam, als ob das Wesentliche eines Lebens das Unbewußte wäre!) Wird es nicht in wachsendem Maße – ja was: ungenauer? rätselhafter? unmotivierter? unmotivierbarer? ungreifbarer? ungreiflicher? unbegreifbarer? unbegreiflicher? unlogischer? alogischer? oder sogar logischer? fremder? entfremdeter? entfremdender? befremdender? unwirklicher? unverständlicher? unverstehbarer? selbstverständlicher? zwingender? problematischer? problemloser? problemhafter? gradliniger? krummer? unfixierbarer? oder all dies, oder einiges von diesem, oder gar nichts, oder etwas gänzlich Anderes

Und ist dieser Prozeß eine Verdunkelung oder eine Erhellung, und könnte es nicht so sein, daß etwas um so dunkler wird, je mehr es sich erhellt, weil es durch das Erhellen mehr Aspekte gewinnt, als man bewältigen kann

Könnte es sein, daß manche Parabeln Kafkas, der Eingang zum Gesetz zum Beispiel, Parabeln für das Erinnern sind

Trennen diese Reflexionen meine Person von meinem Leben? Ist das, was ich da treibe, nicht ein Symptom von Schizophrenie? Man tritt sich doch selbst gegenüber, oder ist der Andere, der man gewesen, ein Fremder, der man nie war, oder ist man der Andere noch heute oder ist man heut beides oder war man beides seit je: der lebendige Widerspruch

Gegenüber die Rolläden alle geschlossen; black box; wo ist der input

1. 11.

Mein Gott, morgen ist ja schon meine Lesung: Ich schlage eine neue Erzählung, die ich vorsorglich mitgebracht habe, auf, und schon beim Überfliegen der ersten Seite überfällt mich ein solcher Widerwillen, daß ich nicht weiterlesen kann ... Dieses Hopsen der Sprache, da sie zügig vorwärtsgehen sollte; diese böhmische Behäbig- und Betulichkeit; dieses schnaufende Umstandsgemeiere, und vor allem dies Neckische, das ich so sehr hasse und das mich nun aus jeder Seite angrinst und äfft

So lieb sudetendeutsch. Putzig. Herzig. Was einem zuerst dazu einfällt ist: »Ei

Dieses böhmische Diminutiv-»l«, nicht einmal »el«: Hausl, Glasl, Gartl, Steinl, Krautl, Mädl, Wiesl, Bachl, Briefl, Bluml, eben: Diminutivl, es kommt nirgends vor, aber alles ist davon durchtränkt

Nudln

Nudlsuppl

Lukácsbad, nichts hilft; die Berge, nichts hilft; Antiquariat, nichts hilft

Der Fluch, keine Kritik zu haben, die uns zum Äußersten unserer literarischen Möglichkeiten zwingt ... Damals, bei der Lesung meiner ersten Übertragungsversuche von Gedichten Józsefs und Adys hier in Budapest konnte ich an der Reaktion des Publikums an jeder Zeile ihr Gelungen- oder Mißlungensein merken, und diese – immer chevalereske – Gnadenlosigkeit hat mich, auch wenn sie anfangs verstörte, genau auf die Probleme gestoßen, ohne deren Klärung ich steckengeblieben wäre ... Ja sogar jener Zeigefinger aus einer ganz anderen Landschaft, der hämisch auf ein Gedicht wies, das ich 1950 geschrieben hatte, und dann dazu jene Worte: »Da drin steckt noch die ganze HJ!« ... Es war noch hämischer gesagt, aber der Hämische hatte recht; ich hätte ihm den

Finger möglichst nahe am Halse abhauen wollen … In Schande und Schmach gekleidet, das war es … Er hatte recht; er hatte auf die richtige Stelle gezeigt; nicht auf eine schmerzende Stelle, die findet man selbst, nein, auf jene, die man heil glaubt … Er sei bedankt, aber: Hätte nicht ein Freund darauf zeigen müssen

Auch eine Fehlorientierung, eine Forderung in eine falsche Richtung ist eine Unterforderung: Sie weist dich nicht auf dein Äußerstes hin und zeigt an deinen Möglichkeiten vorbei

Ein Satz kann nicht über sich selbst aussagen. Der Kreter, der sagt, alle Kreter seien Lügner. Die Menge, die sich selbst als Element enthält. Münchhausen, der sich am eigenen Zopf aus dem Sumpf zieht. Dazu die Analogie: Literatur – Kritik. Aber wie heißt diese Analogie

Aus meiner Haut werde ich nicht mehr können und konnte ich nie. Aber in ihr steckend: das Möglichste daraus machen, den Mut zu allen ihren Möglichkeiten haben, und das wäre bei meinem böhmischen Erbe der Mut zum Schießenlassen der Phantasie, der Mut zum Barocken, der Mut zum Traum und Paradoxen

Aber ist jene Teilfunktion, die ich versorgen muß, dem allem nicht entgegengesetzt, kommt es da nicht gerade auf Präzision der Übereinstimmung mit der Realität, auf Sachlichkeit, Faktentreue, plausible Wahrhaftigkeit an

Doch aus seiner Haut herausfahren können

»Da kamen sie an einen Fluß. Das Mütterchen legte Erzsók Wunderschön da hinein und trat ihr auf den Fuß, den andern hielt sie fest, und nun riß sie Erzsók Wunderschön entzwei. Und da sprangen viele Kröten und Frösche und allerlei Getier aus ihr heraus.
›Na siehst du, mein Sohn, die hätten dich umgebracht, und wenn du tausend Seelen hättest!‹
Sie wusch die Stücke sauber, fügte sie aneinander, und sie

wuchsen zusammen. Da ward das Mädchen noch hundertmal schöner, als sie gewesen ...«

Ein ungarisches Märchen; dieses Motiv des Befreiens durch Töten, Zerstückeln, mindestens Schmerzzufügen kommt in den Märchen aller Völker vor. Erlösung durch Kopfabschlagen; Erlösung durch Aus-der-Haut-Peitschen; Erlösung durch Feuer; Erlösung durch An-die-Wand-Werfen. Es ist eine Menschheitserfahrung

Man müßte den Marsyas-Mythos durchdenken. Aber wo findet man seine Quellen

Allerheiligen; Allerseelen; vor der Franziskanerkirche im Freien, in einer Ecke, zittern Kerzen im Wind, ein Häuflein Kerzen, und vor ihnen zitternde Greise und Mütterchen, die Kerzen sind hoch, sehr schmal, zitternde Engel, gläubiger als die Gläubigen

Im Stammcafé von Ferenc, ein bißchen schmuddlig, ein bißchen nuttig, das hätte ich Ferenc nicht zugetraut, und Ferenc ist auch nicht wiederzuerkennen; ich wollte mit ihm über seine These, der Schriftsteller müsse über alles schreiben können, diskutieren; ich wollte ihn fragen, was das eigentlich sei, das den Schriftsteller hemme, Inneres oder Äußeres, Fett oder Ketten, Hürden auf der Bahn oder in der Brust: die Hürde Scham, die Hürde Schuld, die Hürde Sprache, die Hürde Theorie, die Hürde Praxis; ich wollte über das Verhältnis von Gesellschaft und Tabu diskutieren und dachte mich schon in die Rolle eines Verteidigers des Tabus hinein, aber Ferenc winkte gleich anfangs entschieden ab, er mag heute nicht diskutieren, der Tag ist so schön, der Tag ist so klar, und heut ist Allerseelen, da ist er fröhlich, und er trinkt Kognak um Kognak und erzählt Witz um Witz, und so, als wäre es verabredet, steht plötzlich ein Kollege vor uns, der aus dem Witzblatt geschnitten ist: Sehr hager, sehr schäbig, große runde Basedowaugen im dürren Vogelgesicht, das schräg, und so, als hinge es an einer bis zum Scheitel stoßenden Wirbelsäule, überm spiralig verdrehten Körper baumelt. Der Vogelköpfige hebt einen Finger gegen die Kellnerin, die schaut auf Ferenc, und Ferenc nickt, und der Kollege fragt, sich setzend, auf deutsch: »Kennste den?« Die Kellnerin bringt ihm einen Kognak; »kennste den?« fragt der Vogelköpfige, den Kognak kippend, »da kommen in Wien, auf dem Ring, verstehste, am Ring, kommen da zwei Jüden, die kennen sich nicht, kommen da also zwei Jüden in Wien aufm Ring aufeinander zu, und der eine sagt: Gestatten, Eckstein – und da sagt der andre: Was heißt Eckstein, bin ich ä Hund?« Der Vogelköpfige lacht schallend, kippt das leere Glas, Ferenc winkt der Kellnerin, der Vogelköpfige lacht nochmals und sagt zu mir: »Ham Sie's verstanden, Herr Kollega, den Witz, mein ich, also der is natürlich ka Eckstein, der Eckstein, der heißt nur so, Eckstein, verstehnse, das is sein Name, Eckstein, so heißt er, und drum stellt er sich vor: Eckstein, und der andre sagt: Was heißt Eckstein, bin ich ä Hund?, also der is natürlich ka Hund, wie der andre ka Eckstein, aber der heißt konträr auch nicht Hund wie der Eckstein Eckstein, sonst wär's ja ka Witz, sonst sagt der ja: Angenehm, Hund, und dann sagt der andre: Wieso Hund, ich bin doch ka Eckstein, ich heiß doch nur Eckstein, und dann sagt der andre: Ich heiß ja auch nur so, Hund, aber bin kaner!, sagt der andre: Ich auch nicht, soll das ä Witz sein, ka Hund und ka Eckstein, wenn beide so heißen – aber der heißt ja nich Hund, verstehnse, das is grad der Witz dran, der glaubt, der sagt Eckstein, weil der ihn für an Hund hält, no aber der kann doch nicht sagen: Gestattense, ich heiß nich Eckstein, wenn der heißt Eckstein, fragt der andre: Was heißt heiß nich, wie heißense denn nu, wennse heißen?, sagt der andre: Doch Eckstein, sagt der lieber gleich, ich heiß Eckstein, verstehn Sie das?« Er kippt den zweiten Kognak, »also Eckstein«, sagt er, und die Kellnerin schaut mich an, und ich nicke, »Eckstein«, sagt er, »wenn der nu nich Eckstein hieß, sondern Hund, no hätt er sich doch als Hund vorgestellt und nich als Eckstein, sagt der, hieß er Hund, ich heiß Hund, sagt der andre: Was heißt Hund, bin ich ä Eckstein?, das sagt der, der nich Hund heißt, wenn der andre Hund heißt statt Eckstein, aber hieß der nu Hund, sagt er auch Hund, schrein beide: Was heißt, soll ich ä Hund sein?, in Wien, aufm Ring, zwei Jüden, verstehn Sie, aber der heißt ja nur Eckstein, und der andre heißt gar nicht Hund, aber auch nicht Eckstein, der heißt Meier, verstehn Sie, Meier mit i«, und kippt den dritten

Kognak, steht auf, sagt: »Aber das gehört nicht zum Witz, daß der Meier heißt, nur der Eckstein Eckstein«, und steht auf, zeigt auf mich, sagt: »Dedeerr, ja?« und kippt das leere Glas und dreht sich hinaus

Um Gottes willen, frage ich Ferenc, wer war denn das?, und Ferenc sagt: Na der Eckstein, kennste etwa den Eckstein nich

Kennste den? fragt Ferenc, da kommt ein DDR-Bürger mit seinem Trabant nach Wien und parkt und stellt den Motor ab, und da sieht er, daß die Leut' stehenbleiben und auf seinen Wagen gucken, und immer mehr kommen, mehr und mehr und noch mehr, und schließlich stehn hundert rum und staunen und staunen, und da steigt euer Bürger aus und freut sich, daß die sich über seinen Wagen so freun, und da klopft ihm einer auf die Schulter und sagt: Tschuldgens, Herr Nachbar, da ham Sie aber a hübsches Auterl, habens denn das selber gemacht

Kennste den, Ferenc? frage ich, der Moische liest in der Schrift: Wer schwach ist im Geiste, den läßt der Herr nicht fallen, und Engel werden ihn auf Händen tragen – und Moische denkt, wunderbar, ich wollt' ja schon immer mal aus dem vierten Stock auf den Hof springen, und springt vom vierten Stock aufs Pflaster, brecht sich Arme und Beine, liegt da und schreit. Kommt der Abram und sieht den Moische liegen und fragt: Um Himmels willen, Moische, was liegste, was haste?, da schaut ihn der Moische an und sagt: Abram, nix weiter, ach hab nur grade erfahren, daß ach bin weise

Biste nu weise? fragt Ferenc stumm, und ich schüttle reglos den Kopf

Ferenc zeigt mir ein Antiquariat, das ich tatsächlich noch nicht kenne. Er sagt: »Ein Geheimtip«, und alle Wunschträume meiner Desideratenliste Nr. 3 stellen sich im Geiste ein: Band 50/51 der ersten Jean-Paul-Gesamtausgabe; Band 9 und 12 der Ludwig-Tieck-Gesamtausgabe; die Lichtenberg-Gesamtausgabe (warum denn nicht?); Band 1 der Plattdeutschen Märchen der Diederichsreihe, der noch in keinem Antiquariat bei uns aufgetaucht ist; Hegels Religionsphilosophie; Jahnns Pastor Ephraim Magnus; die Mutzenbacher; Kischs Gedichte bei Pierson; das Kinderverwirrbuch – doch nichts, und schlimmer als nichts: wie zum Hohn gleich doppelt der letzte Joseph Roth, der mir noch fehlte und der mir am Tag vor meiner Abreise in Berlin in die Hände gefallen ist

Und auch von meiner Liste Nr. 4 (Mythologica) kein einziges Stück

Madáchs Phalanstère-Szene, die vielumstrittene: Die Zukunft einer Menschheit, die sich, da ihre Energievorräte, vor allem die Sonne, in den nächsten viertausend Jahren versiegen, einem reinen Utilitätsdenken unterworfen hat und nur ein einziges Motiv menschlichen Handelns gelten läßt: meßbare Nützlichkeit. Alle Kräfte sollen auf das Ziel maximaler Energiegewinnung oder -ausnützung konzentriert werden; was diesem Ziel nicht nachweisbar dient, wird eliminiert, zum Beispiel Kunst und Philosophie. Aber dadurch wird die Gesellschaft eben schon viertausend Jahre vor ihrem berechneten Ende unmenschlich, und zwar nach allen Seiten hin unmenschlich, auch nach der Seite der Nützlichkeit hin. Diese Nützlichkeit bar jeglicher Phantasie ist selbst gänzlich unnütz; es ist die erstarrte Nützlichkeit von gestern in der Gesellschaft von heute und morgen; die Gesellschaft stagniert, und da sie in ihrer Borniertheit den mindesten statt des möglichsten Nutzens aus ihren Mitgliedern zieht, vertieft sie die Stagnation immer mehr. Michelangelo muß immer die gleichen Stuhlbeine drechseln; Luther überwacht die Temperatur eines Heizkessels; Plato hütet Vieh; über jede Eheschließung entscheidet eine lächerliche Eugenik, und einer, der Schrauben macht, muß sein ganzes Leben lang Schrauben machen, denn, so meinen die Greise, dadurch und nur dadurch entstünden die vollkommensten Schrauben der Welt ... Nun, sie entstehen eben gerade nicht so; die vollkommensten Schrauben entstehen in Automaten, und die werden, wenn Plato Vieh hütet, Michelangelo Stuhlbeine drechselt und Luther Heizkessel heizt, nie erfunden ... Was not täte, wäre die maximale Entfeßlung der Phantasie, der Sprung in ein radikal Anderes ... Eine Gesellschaft, die Plato Vieh hüten läßt, statt aus Viehhütern Philosophen zu entwickeln, ist hinter jeder Viehhütergesellschaft zurück und verdient unterzugehen, denn es herrscht nicht einmal die Utilität, sondern der hervorstechendste Zug des Bürgertums, die Beschränktheit und die Bösartigkeit; die bürgerliche Gesellschaft ist zu Ende gedacht, noch ehe sie begonnen, und siehe da: Ihre Endform ist das KZ

Du kannst tun, was du willst, du kommst von Auschwitz nicht mehr los

Mádach neu übersetzen, wenigstens ein paar Szenen, das wäre eine Aufgabe. Ich habe noch bei keiner unzureichenden Übertragung so deutlich wie hier gespürt, daß die unzulängliche Form den Inhalt der deutschen Fassung verändert haben muß

Gesetzt, du wärest nach Auschwitz kommandiert worden, was hättest du dort getan? Nein, sage nicht, die Frage sei unsinnig, da du ja eben nicht dort gewesen bist ... Gewiß, ein gütiges Geschick hat mich im Krieg (und auch davor) bewahrt, Grausamkeiten zu begehen; es ist nicht mein Verdienst, sie sind mir nicht befohlen worden. Ich brauchte auf keinen Wehrlosen zu schießen, kein Vieh wegzutreiben, kein Haus anzuzünden, weder Frauen noch Kinder abzuführen, keinen Obstbaum umzuhauen, bei keinem Verhör zu foltern und auch keines zu führen, nichts von alledem ... Aber wenn es mir befohlen worden wäre

Hätte ich nach Auschwitz kommen können? Gewiß: Ich hätte mich im September 1958 statt mit K. zur SA ja nur mit W. zur SS, zur Schwarzen SS zu melden brauchen; die Frage HJ, SA oder SS war für mich die Frage einer Freundschaft, sonst gar nichts. K. ging zur SA, da ging ich auch hin, hätte aber genausogut W. folgen können. Vielleicht hat mich auch das Gerücht geschreckt, daß es in der SS mehr Drill und weniger Freizeit gäbe, aber wenn W. mich in einer bestimmten Sache unterstützt hätte, wäre ich als Gegenleistung mit ihm in die SS gegangen. Und W. *ist* nach Auschwitz gekommen

Und es brauchte ja nicht Auschwitz zu sein, nur eine Handvoll Morde, und auch gar nicht im Krieg, nur in der Kristallnacht, und auch nicht eine Handvoll – ein einziger

Und war ich nicht enttäuscht, daß es in der SA dann nie zu dem kam, was wir als »Einsatz« ersehnten: kein Kämpfen, keine Saalschlacht, keine Grenzprovokationen, kein Eindringen in mysteriöse Unterwelten, wo der Feind mit Pistolen und Totschlägern lauerte, nichts von alledem, nur das Herumziehen durch die Straßen und Brüllen von Liedern und Büchsenklappern fürs Winterhilfswerk und ewiges Exerzieren und das gegenseitige Bewerfen mit Erdklumpen bei Geländespielen

Ich war, genau wie W., wie Hunderttausende meinesgleichen ein junger Faschist, habe wie sie gedacht, empfunden, geträumt, gehandelt und hätte in Auschwitz nichts anderes getan als die anderen auch und hätte es wie sie »meine Pflicht« genannt

Nein, rede dir nichts ein von dem Rest, der nicht aufgeht, von der Unstatthaftigkeit, aus Nichtgewesenem Schlüsse zu ziehen

Du hättest in Auschwitz vor der Gaskammer genau so funktioniert, wie du in Charkow oder Athen hinter deinem Fernschreiber funktioniert hast: Dazu warst du doch da, mein Freund

»Aber ein Kind hätte ich nie getötet ...« Du siehst dich mit einer großen Gebärde vorm Ofen stehen und einen Befehl verweigern und dich in die Flammen stürzen ... So träumen Zwölfjährige von Heldentaten ... Gewiß: Wenn dich dein Major vom Fernschreiber weggeholt und dich zu einem spielenden Kind auf der Straße geführt und dir befohlen hätte, es mit dem Spaten totzuschlagen, das hättest du nicht getan, aber *das* hätte auch kein anderer getan, das hätte ganz sicher auch W. nicht getan, doch das geschah ja nicht so in Auschwitz, das fing ja nicht so an in Auschwitz, das fing ja auch für W. nicht so an

Nun gut, du warst nicht dort, du hast also auch nicht die Möglichkeit gehabt, dich als Held in die Flammen zu stürzen ... Du hast etwas andres getan: du hast Auschwitz erhalten. Indem ich so brav und gut und ritterhaft hinter meinem Fernschreiber funktionierte, habe ich genau das getan, was man, daß Auschwitz funktioniere, von mir und meinesgleichen gewollt hat, und wir haben es so getan, wie man es gewollt hat ... Nicht jeder hat Kinder vergasen *sollen*

Nicht jede Reserve kommt in die Schlacht, aber sie ist ja eben darum Reserve, daß sie jederzeit zum Schlachten eingesetzt werden kann

Warst du denn von einer besonderen Art? Nichts, aber gar nichts deutet darauf hin, daß du dich von deinen Mitmenschen in einer Weise unterschiedest, die dich in Auschwitz zu einem anderen Verhalten als dem der anderen gezwungen hätte. Und wärest du tatsächlich das gewesen, was man weich nannte, so hättest du deine Weichheit verdammt und dich gerade in Härte geübt

Einer beteuert: »Ich war ein junger Faschist«, und er meint und interpretiert seine Meinung folgendermaßen: »Ich war jung, ich war glühend, ich war begeistert, ich war entflammt, ich war opferbereit, ich war einsatzfreudig, ich war voll Hingabe an Vaterland, Nation und Ehre, ich war gläubig, ich war mutig, ich war gehorsam, kurzum: ich war alles, nur das, was einen Faschisten zum Faschisten macht, das war ich nie, als ich Faschist war

Eins von beiden: Entweder du warst Faschist, dann wärest du auch in Auschwitz Faschist gewesen. Oder du warst keiner, dann verantworte dich, daß du den Faschismus überhaupt unterstützt hast. Oder du warst ein Drittes, dann warst du einer jener Lauen, die der Herr aus seinem Munde speit

Und diese Lauen hätten auch das Kind auf der Straße erschlagen

In diesem »Ich nicht! – Ich nie!« schaudert die Menschheit in dir, und ihr Schaudern ist auch dein bestes Teil. Doch mit ihm allein kommst du nicht weiter, denn dieses Schaudern schließt dich nicht ein

In diesem »Ich nicht! – Ich nie!« brüllt der Andere auf, daß er nie dieser Eine gewesen sei, und in *dieser* Form ist er dieser Eine ja auch nicht gewesen. Ohne dieses »Ich nicht!« könnte der Andere nicht leben; aber mit diesem »Ich nicht!« kann er den Einen nicht erkennen und also auch nicht überwinden

Dieses »Ich nicht! – Ich nie!« ist ein menschliches Grundrecht, und wer es nie gestammelt, wäre ein Stein. Aber in diesem »Ich nicht! – Ich nie!« lebt auch die romantische Auffassung vom geistig-moralisch souveränen Individuum fort, und damit sind die Bewegungen dieses Jahrhunderts nicht faßbar ... Nicht das ist der Faschismus: daß irgendwo ein Rauch nach Menschenfleisch riecht, sondern daß die Vergaser auswechselbar sind

»Ich nie!« – das war auch die Haltung jenes Chronisten des Großen Béla und all derer, die schaudernd-verachtend vom Verzehren der eigenen Füße lasen

Wie könnte ich je sagen, ich hätte meine Vergangenheit bewältigt, wenn ich den Zufall, der sie gnädig beherrschte, zum obersten Schiedsrichter über mich setze. Die Vergangenheit bewältigen heißt, die Frage nach jeder Möglichkeit und also auch nach der äußersten stellen

»Alles verstehen heißt alles verzeihen« ist eine Phrase jener, die den Unterschied zwischen verstehen und nachvollziehen nicht kennen und nicht das Eine noch Andre des zu verstehenden Falles sind. Sie sind zum Geschichtsschreiber wie Richter gleich untauglich

Also Gleichheitszeichen zwischen dir und Kaduk? Ja. – Die Graduierung der Schuld ist eine juristische Frage; deine Einsicht aber laute: Auch du hättest Kaduk werden können ... Du hast im Faschismus nicht gemordet, man hat dich nicht zum Tode verurteilt (was *auch* möglich und *auch* gerecht gewesen wäre, und was du ja auch erwartet hattest), aber du hast den, der du gewesen bist, zum Tode verurteilen müssen, sonst hättest du nicht weiterleben können. Deine Wandlung begann in dem Augenblick, als du Nürnberg als deine Sache und nicht als Sache irgendeines – wie hieß der doch gleich? – Göring oder Hitler zu begreifen anfingst

Aber wie vollstreckt man die Exekution seiner selbst? Ein Sprung am Fensterkreuz vom Schemel bis knapp über den Boden (den manche vollzogen haben, in der Latrine der Antifaschule, über der Senkgrube, mit einem Schild auf der Brust) löschte beide aus, den Einen wie den Anderen … Boll hat Boll am Kragen, und der Sturz vom Kirchturm wäre die schlechteste Wandlung … Es kann nur der Andere über den Einen siegen, und dies ist kein bloßer Erkenntnisakt, das geschieht nicht zu diesem Tag und zu dieser Stunde, wie es dem Saul vor Damaskus geschah, und auch der saß drei Tage blind und aß nicht und trank nicht … Es kann nur der Andere über den Einen siegen, der Andere, der aus dem Einen wächst, und er siegt, indem er in schwerem Hingang aus dem Einen der Andere wird … Es ist die Einheit des Widerspruchs, und die Wandlung ist jener Prozeß, in dem sich der Widerspruch auflöst – in was? In den neuen

Jener Widerspruch bestimmt die Teilfunktion, die genau zu versorgen deine erste und oberste Aufgabe wäre

Ich bin gleich Tausenden andren meiner Generation zum Sozialismus nicht über den proletarischen Klassenkampf oder von der marxistischen Theorie her, ich bin über Auschwitz in die andre Gesellschaftsordnung gekommen. Das unterscheidet meine Generation von denen vor ihr und nach ihr, und eben dieser Unterschied bedingt unsre Aufgaben in der Literatur … Ich werde der Vergangenheit nicht mehr entrinnen, nicht einmal in der Utopie … Ich kann auch hier aus meiner Haut nicht heraus, aber ich kann das tun, was dem, der nicht in ihr steckt, versagt ist: Alle, auch die äußersten, die gräßlichsten wie die tröstendsten Möglichkeiten dieses »So« ausschöpfen, und eben das habe ich kaum begonnen

Die neue Gesellschaftsordnung war zu Auschwitz das Andere; über die Gaskammer bin ich zu ihr gekommen und hatte es als den Vollzug meiner Wandlung angesehen, mich ihr mit ausgelöschtem Willen als Werkzeug zur Verfügung zu stellen, anstatt ihr Mitgestalter mit eben dem Beitrag, den nur ich leisten könnte, zu sein. Dies stand in jenem Gedicht, auf das der Hämische gewiesen hatte; ein schlechtes Gedicht, denn es sagte nur aus, daß man auf die neue Gesellschaft noch immer mit alten Augen sah. Vom Verständnis des Sozialismus als einer Gemeinschaft, in der die freie Entwicklung eines jeden die Vorbedingung der freien Entwicklung aller ist, war ich so weit wie je entfernt. Dies aber konnte nicht das Ende, es konnte erst der Anfang der Wandlung sein

Lärm auf der Straße; Lärm durchs offene Fenster; röhrende Rufe, brünstig, gurgelnd, betrunken; in der Hausfront gegenüber gehn alle Rolläden hoch; lachende, schmunzelnde, prustende, kichernde Gesichter hinter den Scheiben, und im Zimmer Lílioms stehen zwei junge Frauen im offenen Fenster und winken dem unsichtbaren Rufer zu. Er muß eine Etage unter mir wohnen, aber ein Sims springt vor, ich kann ihn nicht sehen, ich höre nur sein Rufen: »Komm!« gurgelt er, »komm, Frau! O Frau komm!«, und die Frauen, blond beide, üppig und schmal, lange Hose und Mini, gelbes Hemd und blaue Bluse, winken lachend hinunter ins Brünstige; sie strecken, Sirenen, verlangend die Arme aus und locken mit gewölbten, ziehenden Händen, nicken, zeigen auf sich und auf die andre, weißblondgelb, weißblondblau, ihre Augen sprühn, sie werfen eine Kußhand hinunter, und nun taucht Líliom auf, Líliom im roten Sporthemd, und lehnt sich auf die Schultern der beiden, und Líliom lacht, und die Luft ist Gelächter und Duft von Frauen, die Gasse lacht, und die Blonden knöpfen einander den obersten Knopf von Bluse und Hemd auf, und überall ist jetzt Licht, hell, lachend, lachendes Licht, eine lachende Gasse, eine Gasse voll Übermut, eine Gasse voll Tollheit, und Gelb spitzt die Lippen, und Blau schnalzt die Finger, und Rot greift den beiden ins Haar und zieht ihre Köpfe zurück und küßt sie beide, und unten schreit es, die Stimme im Schreien zerreißend, ein Brunstschrei, und Stille, und Gelb und Blau und Rot und die Front gegenüber lachen aus vollem Halse und lachen und klatschen in die Hände und halten sich die Hüften und lachen und zeigen mit den Fingern hinunter ins Fenster, das still ist und das ich nicht sehe; am gelben Mond fliegt Margarita vorbei, und da gehen im Lachen noch die Vorhänge zu; die Gesichter verschwinden, die Lichter verlöschen; Liliom läßt die Rolläden nieder, und einer hakt und bleibt schräg zum Fensterbrett stehen, Mallarmés Fächer, gedämpftes Licht dahinter, und Stille, und einmal huscht Blau vorbei, und dann ist nichts mehr

2. 11.

Sehr früh auf; im Morgendämmern den »Rebellierenden Christus« fertiggemacht und noch einmal »Nagyon fáj« und die Füst-Gedichte für die Lesung durchgegangen. Dann mit der biegsamen einbändigen Hendel-Ausgabe der Grimmschen Märchen, die ich, um beim ersten Besuch etwas zu kaufen, für ein paar Forint im kleinen Szegeder Antiquariat erstanden hatte, in den milden Tag irgendwohin zur Donau hinunter

Wandlung im Märchen – wie seltsam, daß der Held gewöhnlich nur die Funktion eines Katalysators hat. Er geht zwar durch die Tiergestalt, doch er bleibt im Wesen unverändert; er wird vielleicht »noch schöner«, »noch holder«, »noch stärker«, aber dies ist eine Floskel, damit auch er am Heil, das er bringt, beteiligt sei. Aber seine Umgebung, seine soziale Einheit (Familie, Schloß, Land, Reich) verändern sich, sie werden einen Fluch los, von einem Unheil befreit

Sie verändern sich, aber sie wandeln sich nicht, sie kehren zu ihrem Ursprung zurück. A wird über minus A wieder zu A, und alles ist genau wie vordem, leeres Werden

(Die Negation der Negation geht nach Engels von plus A über minus A zu A^2 mit den Wurzeln plus A *und* minus A. Die Negation der Negation ist mehr als die einfache Position, und in ihr ist ab nun und für immer auch die Negation enthalten; quadratische Gleichungen haben *zwei* Wurzeln

und quadratische Gleichungen sind erst zweidimensional

Idylle – Störung – Idylle – warum ist diese Bewegung im Märchen erträglich? Weil wir sie im Leben suchen und darum im Märchen finden wollen. Aber wäre das Märchen nur das, dann wäre es schal. Das, was uns im Märchen eigentlich bannt, schimmert unter dieser Bewegung

Eines ist schrecklich: daß der Held von seinen Fahrten in die andere Welt nichts mitbringt, keine Erinnerung, kein Wissen um das Anderssein, keine Erfahrung. Es war ein Durchgang, nicht mehr, und das ist furchtbar, denn es ist trostlos

Er *war* doch ein Bär (ein Pferd, ein Tiger, ein Reh, ein Fisch, ein Löwe, ein Hase, eine Blume, ein Baum, ein Stein, ein Tümpel), oder hatte er nur die Form dieser Wesen

Und wenn er ein Rabe war: Sehnt er sich nicht manchmal, fliegen zu können

»Ich bin verzaubert«, warum empfinden wir diese Formel nur rundum als positiv? In neunundneunzig von hundert Fällen war sie das Schrecklichste, was geschehen konnte

Nicht die Zauberei ist das Irreale im Märchen; ein bißchen Hexen kann jeder lernen ... Das Märchenhafte ist die beinah beliebig vollziehbare Kommunikation aller mit allen ungeachtet der Richtung und die Wiederherstellung der Idylle, das glückliche Ende, das Lachen, das den Western beschließt. Das Märchen kann in der Wirklichkeit aufgehn; die Wirklichkeit aber geht nicht im Märchen auf

Was man aus den Märchen herausliest – haben die Märchenerzähler es hineingelegt? Kaum; sie haben Märchen erzählt ... Aber die Mythen haben auch noch als Trümmer im Märchen ihre Kraft bewahrt

Und die Zuschauer lauschten dem Märchen und hörten es raunen: Deine Sache wird hier erzählt

und genau so habe ich nach Nürnberg und Auschwitz die Märchen empfunden: tua res agitur; und ich hatte erschüttert gedacht, daß hier das Wesen der deutschen Geschichte in einem Buch beschlossen liege, und ich hatte es hundertmal angeschaut, so wie die Leute hundertmal den Schweinehirten angeschaut hatten und nicht ahnten, daß er das Rettende war

Es war einmal –

tua res agitur

Am andern Tag, als sie mit dem König und allen Hofleuten sich zur Tafel gesetzt hatte und von ihrem goldenen Tellerlein aß, da kam, plitsch platsch, plitsch platsch, etwas die Marmortreppe heraufgekrochen, und als es oben angelangt war, klopfte es an der Tür und rief: Königstochter, jüngste, mach mir auf! Sie lief und wollte sehen, wer draußen wäre, als sie aber aufmachte, so saß der Frosch davor. Da warf sie die Tür hastig zu, setzte sich wieder an den Tisch, und war ihr ganz angst –

tua res agitur

Es sind so kuriose Namen, die machen mich so nachdenklich –

tua res agitur

Kaum aber war der Hund ein paar Schritte gelaufen, so stand er vor einem tiefen Pfuhl, konnte nicht weiter, und ein nackter Arm streckte sich aus dem Wasser, packte ihn und zog ihn hinab. Als der Jäger das sah, ging er zurück und holte drei Männer, die mußten mit Eimern kommen und das Wasser ausschöpfen. Als sie auf den Grund sehen konnten, so lag da ein wilder Mann, der braun am Leib war, wie rostiges Eisen –

tua res agitur

Da ging der Vater zu dem Mädchen und sagte: Mein Kind, wenn ich dir nicht beide Hände abhaue, so führt mich der Teufel fort, und in der Angst habe ich es ihm versprochen. Hilf mir doch in meiner Not, und verzeihe mir, was ich Böses an dir tue –

tua res agitur

Ich rieche, rieche Menschenfleisch –
tua res agitur

Mir hat geträumt, in einem Königreiche ständ ein Obstbaum, der hätte sonst goldene Äpfel getragen und wollte jetzt nicht einmal Laub treiben. Was war wohl die Ursache davon? – He, wenn sie's wüßten! antwortete der Teufel, an der Wurzel nagt eine Maus, wenn sie die töten, so wird er schon wieder goldene Äpfel tragen, nagt sie aber noch länger, so verdorrt der Baum gänzlich –
tua res agitur

Willst du die Wahrheit sagen und gestehen, daß du die verbotene Tür aufgeschlossen hast, so will ich deinen Mund öffnen und dir die Sprache wiedergeben –
tua res agitur

Da bringen wir nicht bloß den goldenen Vogel, sagten sie, wir haben auch das goldene Pferd und die Jungfrau von dem goldenen Schlosse erbeutet. Da war große Freude, aber das Pferd, das fraß nicht, der Vogel, der pfiff nicht, und die Jungfrau, die saß und weinte –
tua res agitur

Wie Katherlieschen nach langem Schlaf wieder erwachte, stand es halb nackicht da und sprach zu sich selber: Bin ich's oder bin ich's nicht? Ach, ich bin's nicht! –
tua res agitur

und waren fast sieben Jahre herum, da freuten sie sich und meinten, sie wären bald erlöst, und waren noch so weit davon –
tua res agitur

Da erstaunten die Bauern und sprachen: Bürle,

wo kommst du her? Kommst du aus dem Wasser? – Freilich, antwortete das Bürle, ich bin versunken tief, tief, bis ich endlich auf den Grund kam –

tua res agitur

Wo bist du denn all gewesen? – Ach, Vater, ich war in einem Mauseloch, in einer Kuh Bauch und in eines Wolfes Wanst; nun bleib ich bei euch –

tua res agitur

Und dabei stecken in den Märchen doch nur Trümmer von Mythen

Freilich: *wie* gefeilt und *wie* eingefaßt

Aus dem Café tritt ein alter, saurer, offenbar leberleidender Herr in einer braunen, engsitzenden Samtjoppe und einer braunen Samtmütze auf dem Kopf; er ist in sich zusammengekrümmt, nein, eigentlich in sich zusammengeschoben, die linke Schulter in die rechte Brust und die rechte Schulter in die linke Brust, aber die linke etwas unter die rechte; er lächelt schmerzlich nach allen Seiten, da kommt ein kleiner, runder Mann durch die Drehtür und schaut, schon in der Halle, noch einmal nach der Straße zurück und dreht dabei den Oberkörper um hundertachtzig Grad in den Hüften und beugt gleichzeitig die Mitte des also gedrehten Oberkörpers zur Seite – es ist eine sich in der Zeit entfaltende Bewegung im dreidimensionalen Raum abgebildet; der In-sich-Zusammengeschobene geht grüßend an ihm vorüber, und aus einem Sessel erhebt sich ein alter Mann mit buschigen Augenbrauen, der buckellos in der Vertikale in sich verschoben ist ... Die drei stehen einen Moment in einer Gruppe; es ist – ja was? – phantastisch, das Wort ist verbraucht, doch ich finde kein andres, und der Buschige schiebt die Schulter über das Ohr, und jetzt hab ich's: kubistisch, ich habe endlich den Kubismus begriffen, und auch der Gang des Leberleidenden weiter zur Drehtür ist kubistisch, eine Art Kräfteparallelogramm, das Resultieren zweier auseinanderstrebender Tendenzen in eine schließliche

Mittelachse; er geht gradaus, schnurgrade gradaus, doch gradaus als Mitte eines ständig nach links und rechts strebenden Auseinander, und der Runde schraubt sich zurück und dem Mann mit den Augenbraunbuschen entgegen, der, die Arme ausbreitend und den Runden umfangend, sich gegen sich selbst diagonal verschiebt

Vorgestern hat ein Ungar, Professor Gábor, den Nobelpreis für Holographie erhalten, für ein Verfahren, Dreidimensionales aus Zweidimensionalem zu entwickeln – gibt es das auch für die dritte in die vierte Dimension

Überhaupt: Wieviel Dimensionen braucht man zur Eindeutigkeit? Ich kann etwas Dreidimensionales eindeutig, das heißt eindeutig wiederherstellbar, in der Fläche abbilden, aber nicht die Fläche in der eindimensionalen Strecke: das Andere fehlt

Wenn ich Vierdimensionales eindeutig im Dreidimensionalen und Dreidimensionales wieder eindeutig im Zweidimensionalen abbilden kann, ist da nicht das Dreidimensionale überflüssig? Gewiß – aber dort, wo das Abbild herrscht: auf dem Papier

Ist jedes Zweidimensionale eigentlich immer ein Abbild von Räumlichem, oder gibt es reine Flächen? Die Malerei hat trotz aller Mühen den Raum nicht zu eliminieren vermocht. Das Märchen ist zweidimensional, aber man spürt immer die Tiefe des Abgrunds. Dagegen dann das Platte, das sich tief gibt – könnte man den Unterschied exakt fassen, gibt es eine Methode dafür, stimmt überhaupt die Terminologie? Was heißt denn in der Literatur »zweidimensional«? Was sind ihre Dimensionen, was ist die X-, was die Y-, was die Z-Achse; warum nennt man jenes Gedicht platt und dieses tief; was ist der Unterschied zwischen »zu lang« und »zu breit«; wie erscheint die Zeit in diesen Koordinaten

Auch die Tiefe ist ja nur *eine* Dimension; sie muß zu einer Fläche hinzutreten, um etwas Dreidimensionales zu ergeben. Allein ist sie nur eine Richtung ... Auch Tiefe und Breite, oder Tiefe und Länge geben nur Zweidimensionales

Die Märchen sind flach, doch sie weisen auf die Tiefe hin. Damit aber weisen sie über sich hinaus

Wer nur einer Richtung folgt, ohne anzustoßen, geht ins Leere

Die Märchen waren meine lyrische Konzeption gewesen, sie ist seit vielen Jahren erschöpft, doch ich habe, anstatt mich von ihnen zu lösen, weiter und weiter die Märchen befragt

Vom Zweidimensionalen zum Dreidimensionalen gehen heißt die Richtung ändern

Mythen sind Menschheitserfahrungen; Märchen sind Aufbereitungen von Mythenmotiven. Der Mythos schöpft aus der vollen Realität, das Märchen aus Bruchstücken der Mythen. Der Mythos ist erste, das Märchen zweite Hand. Dennoch sind noch im Märchen bestimmende Züge des Lebens sichtbar, zum Unterschied von mancher Literatur, die sich realistisch nennt, aber nur Papier ist

Die Märchen sind Kaleidoskopbilder von Mythensplittern, bunt, flächig, entzückend und auswechselbar

Das Märchen weist auf Abgründe hin, der Mythos *ist* abgründig

Im Mythos sind Menschen wie Götter ganze, unverkrüppelte Wesen. Im Märchen haben die Menschen nur Schattencharakter, und die Geister sind Hypertrophierungen dieser Schatten, aber von gleicher Dimensionalität. Darum kann, was im Mythos undenkbar ist, jeder mit jedem beliebig und nach jeder Richtung hin kommunizieren. Wer Aladins Lampe reibt, dem dient der Geist; im Mythos dürfte nicht jeder die Lampe berühren, geschweige daß ihm der Geist erschiene

Das Märchen kennt Wunderautomaten; der Mythos, strenggenommen, weder Automaten noch Wunder

Im Mythos sind Menschen und Götter einander das Andere, und der Eine ist nicht durch den Andern ausdrückbar. Er ist auch nicht sein Gegenteil. Das Märchen kennt nur zweipolige Gegensätze, und der Böse ist das genaue Gegenteil des Helden, Materie und Antimaterie, plus A und minus A. Bestenfalls gibt es Zwischenstufen, Graduierungen, Halbheiten, aber immer nur Graduierungen innerhalb einer Skala. Der Mythos ist vieldimensional

Märchen wie Mythen sind dem Spiel verwandt, doch im Märchen gibt es nur einerlei Spielregeln, und die sind eindeutig und werden stets eingehalten. Der Mythos kennt verschiedene Systeme von Spielregeln, solche für Menschen und solche für Götter, und jedem sind die der Anderen nicht vollkommen klar und auch nicht vollkommen erkennbar

Im Märchen geht es immer eindeutig gerecht zu, im Mythos gibt es verschiedene Gerechtigkeiten

Das Märchen lehrt träumen; der Mythos lehrt leben. Das Märchen gibt Trost; der Mythos Erfahrung

»Der Mythos ist frei von jedem Wunschdenken« – dieser Satz meines Briefpartners ist ein Schlüssel. Märchen sind Wunschträume auf Mythengrund

Märchen sind Linien auf der Fläche; Mythen Bewegungen im Raum

Der Mythos ist nie, das Märchen immer fatalistisch, darum kennt es auch keine Alternative. Das Happy-End ist gewiß, ja unvermeidbar, und ein, zwei Ausnahmen bestätigen die Regel, ein ungarisches Märchen zum Beispiel, in dem das Wunderöchslein mit dem abschraubbaren Horn dann sterben muß. Barbara war erschüttert, als ich es ihr vorlas; sie weinte, und ich wollte das Öchslein wieder lebendig machen, aber sie glaubte mir auch dann nicht, als ich umblätterte und mit dem Finger auf eine imaginäre Wiedererweckung wies. Sie traute meiner Beschwichtigung nicht; etwas hatte sie angefaßt, das mehr und schrecklicher war als der vierundzwanzigköpfige Drache: das Leben

Wir haben uns angewöhnt, mit dem Begriff des Fatalismus den des Pessimismus zu verbinden, aber es gibt ja auch ein durchaus optimistisches Fatalitätsdenken. Brechts Satz, der Sozialismus sei so gut oder schlecht, wie wir ihn machten, warnt vor ebendieser fatalen Automationsgläubigkeit

Im Märchen ist die Moral mechanisiert; im Mythos entsteht sie

Mythen sind Prozesse, Märchen Resultate

Im Märchen siegt immer der Gute (der immer der Held ist), im Mythos sind die Götter nicht unbesiegbar

Als Mythenerzählerin höchsten Ranges lebt Anna Seghers mit ihrem Gesamtwerk unter uns. Ihre »Bauern von Hruschowo« sind Gesang einer anderen Iliade; ihre Argonauten fahren nach Mexiko und Haiti; was in der Wohnung der Frau Kramptschik beim Aufstellen eines Maschinengewehrs geschieht, gehört in einen neuen Band Metamorphosen, und »Der Mann und sein Name« erzählt trotz manches Mißlungenen eine Odysseusgeschichte unserer Zeit

Man verbaut sich den Weg zum Verständnis der Mythen, wenn man mythisch mit mystisch verwechselt. Das mythische Element ist eben das, das den Realismus über den Naturalismus hebt und das Gestalten über das bloße Illustrieren. Dieser Unterschied ist ja nicht thematisch, etwa politisch, bedingt. Gerade bei der Seghers kann man lernen, wie ein solch eminent politisches Phänomen wie die Parteilinie literarisch erlebbar werden kann

Ich spüre hier einen Zugang zu meinem Problem der Scham und Schamlosigkeit. Im Mythos ist immer der ganze Mensch da, auch als Geschlechts-, auch als Naturwesen, aber nie auf diese reduziert. Solche Reduktionen sind ja nur die Kehrseite spießerhafter Prüderie, nicht ihre Überwindung, und darum nicht minder spießerhaft. Die Mitteilung etwa, daß der Mensch defäzieren muß, ist kein Ausbreiten einer Menschheitserfahrung und die Schilderung dieses Akts kein Zeichen von literarischem Mut, aber daß Saul, um seine Notdurft zu verrichten, in die Höhle des David muß und nun in seines Feindes Hand ist und daß der Feind-Freund ihm während dieses Aktes einen Mantelzipfel abschneidet, ist ein Stück großen Mythos, der sich nirgendwo und nirgendwie anders hätte ereignen können

Es ist höchste Zeit, daß ich einen Satz berichtige: »Immer hat der Held Angst.«
Er steht in einem meiner Märchengedichte, und ich habe hier einen Zug eines rumänischen Drachenkampfmärchens unzulässig verallgemeinert ... Dieser Zug hatte mich überwältigt; er war eben das, was ich im Märchen suchte, und ich habe, ihn aufgreifend, gehofft, daß er sich in andern Märchen bestätigen würde. Er konnte es nicht; im Märchen haben die Helden sonst eben *nie* Angst, die ist in der ausgesparten Dimension zu Haus

So dumm es klingt: Ich hatte manchmal gefürchtet, ohne diese Korrektur weggehn zu müssen, aber es bot sich nie ein Anlaß

Der Unterschied zwischen Märchen und Mythos ist der zwischen Verstehen und Nachvollziehen. Das Märchen geht in der Erklärung vollkommen auf, aber man kann es nicht nachvollziehen, es sei denn im Tagtraum. Mythen gehen im Rationalen sowenig ganz auf wie ein Kunstwerk, doch sie ereignen sich ununterbrochen, und wer sie sieht und erzählen kann, ist ein Dichter

Die Dialektik im Märchen ist ein Abglanz der Dialektik des Mythos; Ergebnis der Dialektik, nicht Dialektik als Prozeß. Mythen geschehen; Märchen sind das Gewordne, das nie geschehn ist

(Später bei Gábor die bekannte Äußerung Thomas Manns nachgelesen: »Zu oft war in den letzten Jahrzehnten der Mythos als Mittel obskurantischer Gegenrevolution mißbraucht worden, als daß nicht ein mythischer Roman wie der ›Joseph‹ bei seinem ersten Auftreten den Verdacht hätte erregen müssen, als schwimme sein Autor mit dem trüben Strom. Man hat ihn fallenlassen müssen, diesen Verdacht, denn man wurde bei genauerem Hinsehen einer Umfunktionierung des Mythos gewahr, deren man ihn nicht für fähig gehalten hatte. Man beobachtete einen Vorgang ähnlich dem, wenn in der Schlacht ein erobertes Geschütz umgekehrt und gegen den Feind gerichtet wird. Der Mythos wurde in diesem Buch dem Faschismus aus den Händen genommen und bis in den letzten Winkel der Sprache hinein *humanisiert*, – wenn die Nachwelt irgend etwas Bemerkenswertes daran finden wird, so wird es dies sein. –«

Und ein wenig weiter, im selben Vortrag, dies Wort von den Menschen, »deren Identität nach hinten offenstand und Vergangenes mit aufnahm ...«

Im Märchen ist alles, im Mythos nichts vertauschbar; der Mythos ist ein Prozeß, in den man nichts einfügen, aus dem man aber auch nichts herausschneiden kann. Mythen können wohl einander kreuzen, sie können sich auch miteinander verflechten, wie Aischylos etwa Io und Prometheus miteinander verflochten hat, aber ein Stück Prometheus ist nicht gegen ein Stück Io austauschbar, wohl aber ein Stück Aladin gegen ein Stück Ali Baba

Darum können sich die Menschen im Märchen auch nicht wandeln, sie können nur ver- oder entzaubert oder ins moralische Gegenteil verkehrt werden. A wird über minus A wieder A, oder minus A wird plus A. Diese Umschläge ins Gegenteil geschehen durch bloßes Auswechseln von Attributen. Im Mythos hingegen herrscht die Dialektik von Wandlung und Identität, die ich im Märchen immer vermißte

Die sowjetischen Märchendramatiker, wie Jewgeni Schwarz, Paustowski, Olescha, haben das Märchen zum Mythos zurückgeführt. »Der Schatten«, »Das gewöhnliche Wunder«, »Der Drache«, »Das eiserne Ringlein«, »Die drei Dickwänste« sind trotz ihres Namens Mythen, nicht Märchen, darum ihre Wirkung

Und umgekehrt: Die Kunstmärchenerzähler des Spießbürgertums haben das Märchen von der Zwei- auf die Eindimensionalität gebracht; sie haben ihre Produkte aus Trümmern und Splittern der Volksmärchen gezogen, sie sind dritte Hand, und was die gibt, ist Ausgewrungnes. Darin ist nichts mehr vom Mythos zu spüren und ebendrum nichts vom Leben mehr

Vom Märchen zum Mythos heißt: zum vollen Leben, zum ganzen Menschen, zur dialektischen Realität

Lesung; Gewißheit: Die Füst-Übertragungen stehen. Wenn dieses Publikum zustimmt, dann ist es so. Aber »Nagyon fáj« ist im Ansatz verfehlt und mißlungen. Józsefs Gedicht enthält schaurig-groteske Züge, die ich nicht ausgedrückt habe

Ob ich noch einmal die Kraft zu Ady finde

Und wer von uns weiß, was Petőfi ist

Langer Abendspaziergang mit Zoltán und Ferenc, und ich erfahre erst jetzt, bei einem Gespräch über Nagyvilág, die Zeitschrift für Weltliteratur, daß Zoltán den Scardanelli Hermlins übersetzt hat

Blumen und Sterne im Fluß, und von einer Stelle, nur einer, ein feuriges Rad

Ferenc zitiert Hölderlin

Ein Espresso; Kollegen; langes Gespräch übers Übersetzen und Schwierigkeiten beider Sprachen; ich klage, daß es im Deutschen auf das wichtigste Wort, auf »Mensch«, keinen Reim gibt, und Ágnes bejammert den öden Klang des Wortes »Liebe«: drei gräßliche kurze leere »e«: »szerelem«, schneddereng, der Klang einer Kindertrompete

Ferenc spricht von einem jungen Zigeunerlyriker; er nennt ihn Ungarns größte poetische Hoffnung ... Ich werde nicht mehr Ungarisch lernen

Ich bin ungerecht zu den Märchen gewesen; ich habe sie mit dem Mythos nur unter *einem*, freilich wesentlichen Aspekt verglichen. Aber oft sind die Märchen Juwelen, die Mythen nur Rohdiamanten

Gegenüber alle Rolläden geschlossen

Der Wahlspruch der Volkshelden des ungarischen Märchens: Irgendwie wird's schon gehen!

Nun gut, Bürschchen, sagte der König, aber sieh, hier sind neunundneunzig Menschenköpfe auf den Pfahl gespießt, und dein Kopf wird der hundertste sein, wenn du dich nicht gut verstecken kannst! Der kleine Schweinehirt ließ sich nicht einschüchtern, er sagte bloß: Irgendwie wird's schon gehen.

Ich würde euch gern beherbergen, aber es ist kein Plätzchen in unserm Haus, wo ihr euch hinlegen könntet, wir haben so viele Kinder. Das macht nichts, erwiderten die beiden Wanderer, wir legen uns auf die Erde auf ein bißchen Stroh. Nun gut, sagte der arme Mann, wenn ihr damit zufrieden seid! Aber das ist nicht das einzige Übel. Meine Frau ist hochschwanger, jeden Augenblick erwarten wir die Geburt. Wohin dann mit euch? Irgendwie wird's schon gehen, meinten die beiden Wanderer.

Es ist die Quintessenz der Erfahrungen eines Volkes … Das deutsche Märchen kennt diese Formel nicht

3. 11.

Traum:
Ich liege auf meiner Chaise und sehe am Fenster den gewohnten roten Vorhang und denke: Der soll jetzt grün sein! Im Traum kannst du doch alles. Der Vorhang wird auf der Stelle grün. Ich lache und sage fröhlich: Jetzt blau! Jetzt gelb! Jetzt schwarz!, und immer gelingt es. Ich richte mich auf und sage: Und jetzt rot und grün gepunktet!, und siehe da, auch das gelingt. Ich überlege, was ich nun wünschen soll; mir fällt nichts mehr ein, und da löst der Vorhang sich auf. Ich eile ans Fenster; der Vorhang ist verschwunden, das Fenster steht offen, und da ich hinausschaue, fährt unten ein planenüberspannter LKW vor. Der LKW hält; ich spüre eine tödliche Gefahr, da erheben sich unhörbar murmelnd durch die Plane zwei geschundene Männer, deren blutige rotbraune Körper zwischen den Schultern und an den Hüften mit Eidotter bepinselt sind. Ich will zurückfahren, aber ich kann mich nicht mehr bewegen; die Männer heben langsam die Köpfe, und da ich in den gehäuteten Muskelgesichtern die heilen runden Augäpfel erblicke, schreie ich auf und erwache schreiend

Meine Morgenlektüre; die ungarische Wortstellung, gegenläufig wie die Uhr auf der Prager Altneusynagoge, läßt mich nicht los

Wie kann eine Sprache, die doch ein Nacheinander ist, Gleichzeitigkeit ausdrücken? »Ich sehe zur Tür und höre gleichzeitig das Telephon.« Dieser Satz suggeriert trotz des »gleichzeitig« ein Nacheinander: Ich habe die Tür erblickt, sie als Tür begriffen und da, zwar noch im Vollzug des Anschauens, aber schon nach dem Abschluß des Erkannt-Habens, das Läuten des Telephons gehört. In bestimmten Fällen muß dieses Nacheinander sogar einen Kausalzusammenhang suggerieren: »Ich

sehe zur Tür, und gleichzeitig fällt mir N. N. ein.« Hier ist, wieder trotz des »gleichzeitig«, das Auftauchen des Namens eine Folge des Blicks zur Tür; wahrscheinlich, so denkt der Leser, habe es einmal einen Vorfall mit einer Tür gegeben (unerwarteter Besuch; Hinauswurf; plötzliches Pochen und ähnliches), durch den ein Erinnerungsalgorithmus hergestellt worden sei.
Am ehesten fasse ich das Zeitverhältnis, wenn ich zwei Sätze mit jeweils eigenem Subjekt bilde und sie dann ineinander verschränke: »Ich sehe zur Tür. Gleichzeitig läutet das Telephon.« – »Ich sehe, und das Telephon läutet, zur Tür.« Dieser Satz kommt an die Grenze der Gleichzeitigkeit; hemmend ist hier nur der sowohl transitive wie intransitive Charakter des »ich sehe«; das Verb müßte eindeutig auf ein Akkusativobjekt zielen. »Ich erblicke, und das Telephon läutet, die Tür.« Aber dieser Satz sagt wieder nicht, daß ich zur Tür sehe, also den Kopf bewege. Es ist zum Verzweifeln

Interessant, daß der Gewinn an Zeitgenauigkeit durch den Verzicht auf das ehemals gemeinsame Subjekt erkauft ist. »Ich sehe, und höre das Telephon, zur Tür« – dieser Satz ist Wirrnis

Interessant auch, obwohl nicht ganz unerwartet, daß in dem Augenblick, da Gleichzeitigkeit auch nur annähernd erreicht ist, das Wort »gleichzeitig« überflüssig wird, ja stört

Das Telephon ist Ferenc; er will mich zum Einkaufsbummel abholen

Der letzte Tag, und ich müßte ihn nützen, Notizen für die Reisebilder nachholen, die neue Metro zum Beispiel, die Synagoge, den Ring, das heißt die heterogenen Teile des Großen und des Kleinen Rings, die, voneinander grundverschieden, drei Welten innerhalb Pests abgrenzen – aber mir ist diese Stadt so selbstverständlich geworden, daß ich nichts mehr notieren kann, ich müßte sonst alles aufschreiben. Vor dem Hotel etwa: die kleine Passage, ihre Betonsäulen, deren Zahl, deren Form, deren Anordnung, deren Schatten auf dem Betonguß des Bodens, seine Struktur, seine Spuren, die eingeprägten, die flüchtigen, seinen Schmutz, sein Gefälle zum Bürgersteig, seinen Übergang in den Bürgersteig, alle Sohlen, die auf ihn treten, alle Schuhe, alle Füße, gehende, tretende, stehende; das Bistro in der Passagenecke, seine Speisekarte im Aushang, die Guckkastenform des Aushangs, seine Rahmung, sein Glas; das Speisenverzeichnis, die Schreibmaschinentype, den Zustand des Farbbands, die beiden Unterschriften, die Namen (Zuname, Vorname), die Schrift, ihre Züge, den Ort der Namen auf der Karte, die Rangbezeichnungen der Unterschriftsleistenden, die Art der Befestigung der Speisekarte im Aushang; den Aushangkasten des Nachtclubs mit seinen sieben Photos, und jedes Photo in seiner Gesamtheit und jedes Photo in allen Details, die Stellungen der Photos zueinander und ihre Gesamtstellung im Rahmen, den Rahmen, die Stellung des Rahmens zum Guckkastenrahmen, die Fläche zwischen den beiden, die Form dieser Fläche, das Nachtclubplakat, seine Schrift, ihre Wörter, deren Bedeutung, deren Type, die Befestigung des Plakats an der Wand und die Stellung des Plakats zum Photoaushang und der Wand und dem Winkel der Wand und der Wand und der Speisekartenumrahmung und den Blick ins Bistro durch die große Scheibe; die große Scheibe, ihre Dimensionen, ihr Material, ihre Umrandung und die Rillen zwischen ihr und ihrer Umrandung, die Spuren auf der Scheibe, die Spuren von Fingern, die Spuren von Fliegen, die Spuren von Lappen, die Spuren von Zeitungspapier, den Anflug von Staub, den Anflug von Ruß, die Stores an den Rändern der Scheibe, die Jalousie über der Scheibe, die Art ihres Geöffnet- oder Geschlossenseins, ihre Träger, ihre Fassung, ihren Ring für den Haken an der Stange zum Aufziehn; das Büfett, das Glas und das Nickel und das Messing des Büfetts, die Sandwiches, die obere Reihe der Sandwiches, die untere Reihe der Sandwiches, ein Sandwich, jedes Sandwich mit seinem Belag und der Größe und Form des Belags und die Stellung der Ingredienzien zueinander, die Kuchen, die Torten, das Konfekt, die Zigarettenschachteln, die Zigarrenschachteln, die Streichholzschachteln, den Bierhahn, die Hähne für gelbe und für rosa Limonade, den Tropfen an einem Hahn, das Rohr, seine Krümmung, den Riegel, die Schraubung; die Seltersflaschen im Abwaschbecken, die Kognakflaschen, die Likörflaschen, die Weinflaschen, das Abwaschbecken, die Hähne zum Abwaschbecken, die Bürste des Abwaschbeckens, die Blasen im Abwaschbecken, den Strudel im Abwaschbecken, die Gläser im Abwaschbecken, die Hände im Abwaschbecken, den Schmutz im Abwaschbecken, die Gläser vorm Abwaschbekken, die Gläser unter der unteren Reihe der Sandwiches, die Gläser in der Vitrine, die Vitrine, die einzelnen Reihen der Vitrine, die Kaffeemaschine, die Kaffeemaschine in ihren Teilen, die Kaffeemaschine in ihrer Stellung zum Büfett und zur Vitrine dahinter und zur Kasse davor; das Büfettfräulein, ihr Häubchen, ihre Frisur, ihr Gesicht, ihr Alter, ihr Lächeln, die Müdigkeit ihres Lächelns, die Zeichen der Müdigkeit ihres Lächelns in den Mund- und den Augenwinkeln, den Wechsel ihres Lächelns beim Wechsel der Kunden vor ihrem Büfett, den Wechsel des Grads des Lächelns, des Charakters des Lächelns, die Merkmale dieser Wechsel in ihrem Gesicht, den Unterschied dieser Unterschiede in den Mund- und den Augenwinkeln; die Kasse; die Kassenfrau; die Kaffeeaufbrüherin, und beider Häubchen, beider Frisur, beider Gesicht, beider Lächeln, den verschiedenen Charakter beider Lächeln, die Zeichen dafür im Gesicht; die Tische; die Stühle; die Stehtische, die Form der Stehtische, die Beine der Stehtische, die Befestigung der Beine der Stehtische im Fußboden; den Fußboden als Ganzes; die Winkel des Fußbodens; die Scheuerleiste um den Fußboden unter allen Wänden in allen Winkeln; den Fußboden unter jedem Stehtisch; die Platten der Stehtische, die Gläser und Teller und Aschenbecher und Besteckstücke auf jedem Stehtisch, ihre Form, ihren Inhalt; die Wände; die Bilder; die Decke; die Luft; die Tür; die Aufschriften der Toilettentüren; die Zeichen auf den Toilettentüren; die andere Glasscheibe; die Lampen; die Stielaschenbecher; die Schilder an den Wänden; die Schilder auf dem Büfett; das Schild vor der Kasse; die Preisschilder; die Garderobehaken, den Garderobeständer; die Garderobe, jedes einzelne Stück und ihre Gesamtheit; die Gäste, deren Zahl: neunzehn, nein, siebzehn, nein, zweiundzwanzig, die Kleidung, die Miene, den Körper, die Gestik, den Gang, die Art des Essens, die Art des Trinkens, die Art des Anstehns, die Art des Bezahlens, die Art des Sprechens, die Art des Flirtens, die Art des Rauchens; die Art des Reizens, die Pettingversuche, den Stil, den Charakter, das Wesen, die Sprache, die Persönlichkeit in ihrer Totalität, zweiundzwanzigfach, einundzwanzigfach verschieden in dem einen Bistro von vierhundert Budapests in der Früh um neun Uhr sieben Minuten des dritten Novembers des Jahres eintausendneunhundertundeinundsiebzig nach Christi Geburt, und jetzt dreiundzwanzig Gäste, jetzt vierundzwanzig, das unförmige Marktweib, das Männlein mit der zusammengerollten Aktentasche unterm Arm, das pummlige Mädchen im Knautschlackmantel und schwarzen Mini über dem viel zu engen Schlüpfer, den fröhlichen unrasierten Soldaten, die beiden backenbärtig Sardelleneier essend über das Straßentheater diskutierenden Deutschen, die zwei Fliegen am Fenster, die ihnen zuhören, den Zeitungsständer drinnen; den Zeitungsstand draußen, die Zeitungen, den Zeitungsverkäufer, seine Kasse, die Münzen und Scheine in seiner Kasse, seine Kunden, mich, die Passanten, alle Passanten der Passage nach links der Passage nach rechts der Passage zur Tiefe zur Metro mit den Menschenströmen hinauf und hinunter und der durchdringenden Stimme des stummen gesprenkelten Maiskolbenmädchens in den Strömen die steigen und stürzen durch Marmor Quellen Kanäle Kabel Sprudel Schlamm Gestein auf den Grund der Metro über Beton Stahl Gestein Schlamm Kabel Kanäle Unrat Gräber Trümmer Schutt Sprudel Fels Lava Magma Feuer explodierende Kerne

nichts kannst du fassen

Ferenc steigt maiskolbenknabbernd aus der Metro; Treibenlassen zur Váci utca in zwölferlei Gerüchen Rauch: von Maronen; von Kaffee; von Kohle; von Gas; von Holz; von Benzin; von Eisen; von Erde; von der Donau; von Wurst; von Tabak; Dunst in den Tag verwoben; Schiffe und Berge; das Viktoriaweiß des Brückentors und in dem einen Straßenstück ein Millionstel aller Menschen der Welt

Barbara hat sich schwarze Rahmen als Mitbringsel gewünscht; ich hatte sie als spottbillig in Erinnerung, aber sie sind viel teurer als bei uns. Erstaunlich preiswert und schön hingegen Wandteller als handgearbeitete Einzelstücke nach berühmten Museumsmustern, ebenfalls sehr preiswert Galvanoabformungen nach skythischem Schmuck als Spangen, Broschen, Kettenanhängsel, Manschettenstücke, Ringe, Armreifen, beides in einem fast leeren Laden zehn Schritte hinter dem von einkaufslüsternen Fremden wimmelnden Vörösmartyplatz, doch diese zehn Schritte tut der Ortsunkundige nicht mehr

Der Hof in einem alten Pester Haus von einem wunderbar frischen Weiß, die Teppichklopfstange ein Kunstwerk, eine glatte, sehr dicke, dunkelkornbraune Holzstange auf glatten, schwarzen, ganz wenig nach oben gekrümmten Eisenstützen in der rauhen Wand

Ein Gartenportal im Zopfstil vor einer Barockkirche lächelt entsagend

Schmale sechsstockhohe Gassen, düstere, strenge Schulkorridore, doch die Höfe wie Kemenaten von Bögen gefaßt und die milde fleischfarbene Luft in den offenen Fluren

Attilas Reiter mit Baskenmützen

Ein winziges Café, nicht größer als nischengroß, ein Fassadenschmunzeln

Gewaltige flache Tragkörbe voll Rosenknospen

Die mönchhafte Kirche im Kichern der Gassen

Käseräder

Traubentürkise

Ein Zigeunerkind redet mit einem Soldaten

Ein Mann im schwarzen Anzug pumpt sein Fahrrad auf

Schwarze Krüge und schwarze Teller

Nach innen gestülpter Klassizismus

Die Opferung Isaaks

Geraniensimse

Blasphemische Heilige körperlos in der Luft

Liebstöckelduft

Fenstergiebel wie Magierhüte

Eine verschämte Trafik

Barrikadenlaternen

Briefkästen gleich Kutschen

Ein hemdsärmeliger Ober

Rosenkranzhände

Wehende Wäsche

Kreisel und Katzen

wir schlendern dahin und Ferenc plaudert, da plötzlich geht neben uns ein Dritter, geht unsichtbar ein paar Schritte, und ich weiß, daß es Voland ist. Ein grauer Schatten, gestaltlos auf der grauen Mauer, ein wenig Kälte, ein bitteres Lächeln, und die Hälfte des Lebens ist lang vorbei. Gib Rechenschaft auch fürs Ungeschriebne! Im Märchen von der verlorenen Zeit hat eine Fee das Vertane gesammelt und das Ende fängt mit der Fülle des Anfangs an, hier aber zeigt Voland grinsend die schattengefüllten gehöhlten Hände; verlorene, unwiederbringlich verlorene Zeit. Vom Märchen weg heißt die Richtung ändern, aber habe ich noch die Kraft dazu? Die Dimension ändern heißt weder vorwärts noch zurück, es heißt, was es heißt: ins Andere ... Die Wand ist leer, der Schatten verschwunden; Sonne; Kinder; Maronen; Rosen; Ferenc erzählt von der Pester Altstadt, vom Calvinplatz und der Henszlmanngasse und der Magyar utca mit ihren berühmten Bordellen und dem berühmten Krúdy Gyula und seinen Huren und seinen Duellen und seinen Gelagen und seinem Ende in Kot und Wein und den traumhaften Büchern seiner Erfahrung, und Ferenc erzählt und erzählt, und ich nicke und frage, und wir schlendern: Höfe, Plätze, Arkaden, ein Garten, das Literaturmuseum, das Laboratorium Molnár és Moser, das feinste Parfümlabor Budapests, ein wenig weiter Heckenasts Druckerei, wo die Erzählungen Stifters erschienen, das Hotel Thomas Manns, ein Beisl Adys, ein Café Babits', jemand geht vorbei und jemand geht entgegen, vorbei und entgegen, entgegen, entgegen, vorbei, und jemand bleibt stehn, und eine Stimme sagt bitter: »Er kennt mich nicht mehr«, und: »Professor K.!« rufe ich, »Professor K., natürlich, das ist eine Freude, Professor, verzeihn Sie, wie könnte ich unser Gespräch denn vergessen, voriges Jahr auf der Galerie im Astoria über den kämpfenden Bronzekentauren, in der Halle stand der türkisblaue Herr aus Luxemburg mit den acht riesigen gelben schweinsledernen Koffern und brüllte, daß der neunte nicht da sei, und wir sprachen über Madách und über den Surrealismus und über die Psalmen«, und K. lächelt gütig wie immer, und er ist, höre ich, immer noch nicht umgezogen, das elfte Jahr noch nicht, obwohl das Wasser das elfte Jahr durch die Decke kommt und seine Bücher das elfte Jahr in Kisten verpackt sind, doch man kann ja auch im Café arbeiten, in der Bibliothek, im Gehen, überall, immer, und dann ist auch im Beisl die Fischsuppe heiß und scharf, und K. fragt, was ich jetzt so mache, und ich zucke die Schultern, und K. lächelt gütig, die Fischsuppe schmeckt, Voland ist bei Margarita, es riecht nicht nach Schwefel, die Topfennudeln sind köstlich, gebackene Butternudeln mit Quark und Schweinegrieben, und der Ober lacht und schlägt einen Salat auf, den er gar nicht gebracht hat, und dann lachen wir alle, ein netter Mittag, ein lustiger Abschied, und in ein paar Wochen werde ich fünfzig, und weiter ist gar nichts, und es wird langsam kalt

Nachmittags langes Gespräch mit A. G., und der Blick auf den Fluß und über die Berge

Das Gleichnis vom Grubenausheben: Hoffnung

Am Abend mit Ferenc im Nachtclub; langweilig; dämlich; geflohen; aus Wut ein hübsches Einsiedlerspiel improvisiert: Geeignete Sprichwörter (Bedingung: ganze und unverschränkte Sätze, Subjekt nur in der Einzahl, keine Relativpronomina) auseinanderschneiden, so daß das Subjekt hier und das Prädikat da liegt, dann jeden Teil auf Vorder- und Rückseite einer Karteikarte schreiben, die Karten mischen und dann zwei Karten ziehn und die Sprichwörterhälften vertauscht aneinanderfügen – und hier als Ergebnis:

Ein faules Ei findet Gegenliebe
Liebe verdirbt den ganzen Brei
Eine Laus im Kohl füllt keine Kammern
Jammern ist besser als gar kein Fleisch
Armut findet auch ein Korn
Ein blindes Huhn schändet nicht
Hunger ist aller Laster Anfang
Müßiggang ist der beste Koch
Wer keine Waden hat, muß klein anfangen
Was groß werden soll, soll keine engen Hosen tragen
Eine hübsche Frau schützt vor Torheit nicht
Alter ist ein gefährlich Stück Möbel
Ein weiser Mann scheißt immer auf den größten Haufen
Der Teufel fragt nicht nach Ehren
Der kluge Mann macht auch Mist
Kleinvieh baut vor

Das wären gute Themen für Erzählwettbewerbe

In der Tat: Ein Bändchen davon schreiben, vielleicht auch nur im Kopf, nur so

Beim Aufschlagen Jean Pauls jene Stelle, die mir als tröstlichster Satz deutscher Sprache erscheint: »Kleingläubiger, schau auf: Das uralte Licht kommt an!«

4. 11.

Abschied und Trinkgeld; der Chefrezeptionist und die Sanfte, und am Roten Telephon die Aufräumefrau. »Es war wundervoll bei Ihnen«, sage ich, »nur daß Sie mir das Radio nicht reparieren ließen, verzeihe ich Ihnen schwer!« – »Joj«, sagt der Chefrezeptionist und schüttelt väterlich das Haupt, joj, das Radio sei doch in Ordnung gewesen, ich hätte bloß eine ganz kleinwinzige Büroklammer hinten hineinstecken brauchen, da wo »Antenne« draufsteht, ein Stückerl Büroklammer, und schon hätt's gespielt, und ich frage, woher ich, zum Teufel, zum Kuckuck, beim Herrgott, das hätte wissen sollen, und der Chefrezeptionist schaut mich mit dem väterlichsten Lächeln eines ungarischen Portiers an und sagt mit dem mildesten Tadelton und dem nachsichtigsten Kopfschütteln tausendjähriger Weisheit: »Aber Herr F., das weiß man doch

Auf der Straße plötzlich Maschinengewehrsalven: Drei Burschen lassen die roten Kugeln aufeinanderklappern, und die Sanfte klärt mich auf, daß dies ein Nachhall der jüngsten Mode sei: tikitaki habe man's geheißen, das Kugelspiel tikitaki, und jeder, bitte schön, habe geklappert, es sei grad wie im Krieg gewesen, tikitaki, überall tikitaki, sogar hier im Hotel tikitaki, wie jetzt die Zigeuner so eine Plage, und schließlich habe man's in den öffentlichen Verkehrsmitteln und Gaststätten verbieten gemußt, doch nun sei es vorbei, und nur ein paar dumme Jungs könnten's nicht lassen

Die letzten Forint gebe ich dem Schlafwagenschaffner; er taxiert sie mit einem Blick und Handgriff und sagt mit gemessener Verbeugung: »Es wird Sie keiner störn bis Berlin, Herr Ingenieur

Wieder die kleinen, fast stammlosen Aprikosenbäumchen

Die Hügel von Dömös von der anderen Seite

Kleinwinzig ein Steinbrückchen über ein Bächlein, gebogen, nicht mehr als ein halbes Rohr, und ein kleiner Teich mit braunem Schilf und voll Entengrütze und vom Maisfeld dahinter im Wind ein gelblicher Schleier der mürben, zerstäubten Blätterreste

Den Standort bestimmen, deinen Standort; da anfangen, wo es anfängt: bei dir

Plötzlich unterbricht ein Hügel mit grellem Grün die Landschaft, und ich sehe erstaunt im matten Herbst und über dem Trott der fahlbraunen Fasane dies exotisch pralle, strotzende, frische Grün eines Häufleins junger Kiefern

Diese Wirbel, dieses Smaragd, diese wuchtigen Triebe: noch niemals habe ich Kiefern gesehen

Vorbei

Über grauem Fels mit grauen, efeuartigen Gewächsen die grauen Stämme der großen Buchen, und hinter dem Wald brennt das Feld, die Maisstoppeln brennen, das Feuer frißt sich in langen, langsam auseinander sich krümmenden Linien in die Ebene, und gelber Rauch, das ist Volands Abschied, und am Feldrand die Eschen und Eichen hundertfach von Misteln durchsetzt wie von Nestern großer, gefährlicher Vögel, und die Sonne sinkt langsam ins Feuer, und der Rauch wird grau

Margit leb wohl

Esztergom, Abendfunkeln, die zerbrochenen Brücken im großen, dunklen, ruhenden Fluß

Madách zu Ende, und ich muß hellauf lachen, da ich den letzten Vers dieser als pessimistisch verdächtigten Menschheitsdichtung lese: »Hör meinen Spruch, Mensch, und kämpf voll Vertrauen!«

Zoll; Grenze; Paß; Zoll; Paß; Paß; Zoll; Grenze; Paß; Zoll; der Dienstausübende (welches Ersatzwort haben wir eigentlich für »Beamter«?) prüft meine Zollinhaltserklärung; ich habe, wie stets, getreu alles aufgeführt, alle Titel der antiquarischen, neuerworbenen und mir von meinen Kollegen geschenkten Bücher, die Teller, die Galvanostücke (zwei Broschen, zwei Paar Manschettenknöpfe), zwei Rahmen und einen Pulli für Barbara, einen Kapuzenpullover für Ursula, eine halbe Wurst, ein Püppchen für Marsha, ein Kopftuch, den Flaschenkürbis aus Dömös, ein Kilo Maronen, nur eins steht nicht drauf, das Wertvollste: das Geheimnis der Salamifabriken Herz und Pick

Abfahrtssignale, deutsch, laut, deutlich, pünktlich, wiewohl weder einer einsteigt noch aussteigt

Die Elbe

Rauch

Birken

Eintönig Kiefernwälder. Seen und Sand

Kiefern

Vor Schönefeld der Teich und das Kriegerdenkmal

Rummelsburg; Ostkreuz; Warschauer Straße; Einfahrt; daheim

Kälte; Nebel; geliebter Norden

Anfangen? Oder: Aufhören?

„Zweiundzwanzig Tage oder Die Hälfte des Lebens“
erschien erstmals 1973 im Hinstorff Verlag Rostock.

Die Deutsche Bibliothek - CIP-Einheitsaufnahme

Fühmann, Franz:
Zweiundzwanzig Tage oder Die Hälfte des Lebens / Franz Fühmann. - 1. Aufl. der Neuausg. - Rostock : Hinstorff, 1999
ISBN 3-356-00830-7

1. Auflage der Neuausgabe 1999
Schutzumschlag: Dietmar Arnhold unter Verwendung eines Photos von Ricca Achalm
Druck und Bindung: Wiener Verlag GmbH, Nachf. KG
Printed in Austria
ISBN 3-356-00830-7

Bei HINSTORFF bereits erschienen

Barbara Heinze (Hrsg.):

Franz Fühmann –
Eine Biographie in
Bildern, Dokumenten
und Briefen

400 Seiten, gebunden
mit Schutzumschlag,
zahlreiche Abbildungen

DM 68,00 / ÖS 496,00 /
SFr 62,00
ISBN 3-356-00716-5

Barbara Heinze, die den Fühmann-Nachlaß in der Akademie der Künste in Berlin betreut, verwaltet nicht die Papiere eines Toten, die ganze Energie ihrer zarten Person geht dahin, Franz Fühmann mitten unter uns zu stellen. Ihr Buch, von Fühmanns Verlag, dem Hinstorff Verlag Rostock ediert, macht auf beeindruckende Weise deutlich: wir haben ihn nötig, brauchen ihn, diesen Franz Fühmann, mit seinem moralischen Rigorismus, seiner qualvollen Wahrheitssuche, seiner Produktivität selbst noch in seinen Irrtümern, seinem ständigen Unterwegssein, diesen Lauteren, Arglosen, diesen Glücksgott und Schmerzensmann. Er ist nicht gescheitert, wie er in seinem Testament sagt. Die Bedeutung seines Werkes wird wachsen; die Lektüre des Dokumenten-Bandes macht es zur Gewißheit. Keine leichte Lektüre, denn da wird nichts beschönigt, geglättet, vorschnell gewertet, die Brüche werden fast schmerzvoll herausgearbeitet, die Widersprüche in voller Schärfe gezeigt. Fühmanns Leben und Werk als *Paradigma* einer *Epoche*, und zugleich – das drängt den Leser zur Selbstbefragung, wie immer sich auch historische Konstellationen verändern mögen –, als existentielle Erfahrung eines, der sich *dem Abgrund Leben* gestellt hat. *Der Wahrheit nachsinnen – viel Schmerz.*

Sigrid Damm

[...] Der einzigartige Fühmann hat [...] ein exemplarisches Autorenschicksal durchlebt und zugleich schriftlich fixiert. Sein alter Verlag aus DDR-Zeiten, Hinstorff in Rostock, der das Werk weiter betreut, legt jetzt eine repräsentative „Biographie in Bildern, Dokumenten und Briefen“ vor, die weit mehr ist als eine schmückende, werbende Ehrengabe für den wichtigsten Autor des Hauses. [...] Fühmann wird nicht zur hochgestellten Denkmalsfigur erniedrigt. [...] Der Autor wird dadurch geehrt, daß die Autorin nicht hinter seinen Ansprüchen zurückbleibt.

Manfred Jäger, Deutschlandfunk, „Buch der Woche“

Wie aus einem Bergwerk zutage gefördert, Schicht um Schicht, bieten sich Leben und Werk Franz Fühmanns [...] in einer unerhörten Fülle von Selbstzeugnissen, Dokumenten, Bildern dar. Barbara Heinze [...] versammelt teilweise entlegenste Dokumente, wie Fühmanns in Moskau aufbewahrte Personalakte als Kriegsgefangener, brillante werkexegetische Briefe von Kurt Batt, dem legendären Lektor, Arbeitsbriefe von Freunden wie etwa dem tschechischen Lyriker Ludvík Kundera, Skizzen, letzte Entwürfe Fühmanns und bislang nicht veröffentlichte Briefe. Aber halten wir ein. Da wird ja nicht „Material“-Fetischismus betrieben. Wir werden noch einmal durch ein kluges, von großem Engagement bestimmtes Editionskonzept zu Zeugen eines komplizierten Schriftstellerlebens, Zeugen einer, wie Sigrid Damm im Geleitwort sagt, „grotesken Dressurapotheose, als die Fühmann sein Leben sah“. [...] Es sind Fühmanns Spaltungen und Risse, seine Wunden, die hier offenliegen in allem Widerstreit – eine Haltung, mit der er im krassen Gegensatz zu den Stilisierungen, ja Fälschungen anderer Schriftstellerkollegen steht. Es gibt wahrscheinlich keinen zweiten deutschen Schriftsteller des nun ausgehenden Jahrhunderts, der sein Scheitern so vehement mit einer Ästhetik und Moral verband, die er immer wieder in Frage stellte, um die er immer wieder neu ringen mußte – bis zu seinem Tod.

Hans-Jürgen Schmitt, Frankfurter Rundschau

[...] Das Ergebnis ist erstaunlich und auf seine Art wohl ziemlich einzigartig in der neueren deutschen Literaturgeschichte. [...] Wie nie zuvor werden Franz Fühmann, seine Unbedingtheit, seine Ehrlichkeit sich selbst und anderen gegenüber, seine persönlichen Motive, seine Skrupel, seine Freundschaften und die Ablehnung jeder Kleingeisterei und allen Dogmatismus' so deutlich und greifbar wie hier. Sein Werk, sein Ringen um Worte und Formulierungen, aber auch seine Projekte, Vorarbeiten für spätere Bücher, werden hier auf geradezu einzigartige Weise, aus der Zeit heraus, wie von selbst interpretiert. Man spürt die immensen Kenntnisse der Herausgeberin, die scheinbar mühelos noch aus den entlegensten Quellen ein Puzzle zusammenfügt, die sämtliche Primär- und zusätzlich auch noch die wichtige Sekundärliteratur für ihre sensible Auswahl parat hat. Doch nicht nur das: Der Band enthält zu einem Drittel Material, das bislang unveröffentlicht war und das Barbara Heinze zum Teil mühselig recherchiert hat. Eine nicht hoch genug einzuschätzende Arbeit. [...] Das Großartigste an Barbara Heinzes Buch ist jedoch, daß es nicht nur der Forschung neue Quellen erschließt, sondern mindestens im gleichen Maße auch für Literaturliebhaber lesbar bleibt. Nicht immer einfach, man muß sich schon auf die Collage-Technik einlassen, doch auf hohem stilistischen Niveau und an manchen Stellen geradezu spannend.

Hans-Georg Soldat, Berliner Morgenpost

[...] Welche Lebensvielfalt breitet Barbara Heinze vor uns aus! [... Eine] entschieden und überzeugend gegliederte Sammlung von Briefen und Gutachten, von Interviewtexten und Stasi-Berichten, von Tagebuchnotizen und Werkzitaten – nicht zu vergessen die Photos des immer schlanker und härter erscheinenden Autors [...].

Konrad Franke, Süddeutsche Zeitung

Franz Fühmann /
Egbert Herfurth

Der glückliche Ritter von
Trinitat ...

Mit einem Brief von Joachim
Damm und einem Epilog von
Barbara Heinze

72 Seiten, gebunden, zahlreiche Farbillustrationen
DM 19,80 /ÖS 145,00 /
SFr 19,00
ISBN 3-356-00807-2

Ein ritternder Ritter, der nur schlanke Wesen rettet – „von wegen dem Imätsch" –, ein Sklave, der entläuft, Prognostiker wird und bei seiner Rückkehr der Überraschungen viele erlebt, ein Drache ohne Erlaubnis, Feuer zu speien, sowie ein Sultan, der auf seinem Thron sitzt – „was soll er auch sonst tun".

Joachim Damm, Sohn von Sigrid Damm, ist es zu verdanken, daß eines der amüsantesten und tiefgründigsten Puppenspiele der deutschen Kinderliteratur entstand. Er war es, der 1976 als Zehnjähriger Franz Fühmann fragte, ob er ihm nicht „eine kurze Geschichte im Dialog geschrieben" verfassen könnte. Und so kämpfen sie denn nun, die freiwilligen und unfreiwilligen Einwohner von Trinitat, ums Glück, um die Macht, um Überzeugungen, wobei sie sich insbesondere einer Waffe bedienen, der des Wortes. Sie diskutieren im trefflichen Sinne von „Wir sagen unsre Meinungen, und die meine gilt" und erklären dabei auf betörend einfache Weise schwierige Zusammenhänge.

Ein Buch, ganz in der Tradition der berühmten „Dampfenden Hälse der Pferde im Turm von Babel", ein Buch, wunderbar illustiert von Egbert Herfurth, ein Buch für Kinder und besonders auch im Sinne Erich Kästners junggebliebene Erwachsene.